JN312891

宮本裕基のスッキリわかる マクロ経済学

はしがき

〈本書のねらい〉

　公務員試験・資格試験を目指す方の中には，経済学は理解が難しく苦手だという方も数多く見受けられます。しかし，経済学は段階を踏んで理解していけば，決して得点できない科目ではありません。本書は経済学の初歩から丁寧に説明しています。一歩一歩階段を上るように無理なく学習を進めていくことで，本書を終えるころにはきっと経済学を得点源とすることができるでしょう。

　本書はマクロ経済学編となります。ミクロ経済学については別冊になっています。

〈本書の対象〉

　公務員試験をはじめ，不動産鑑定士，中小企業診断士，証券アナリスト，公認会計士といった経済系の資格を目指す方など，経済学を理解したい方に幅広くご利用いただけます。

〈本書の特長〉

1　経済学のベテラン講師によるわかりやすい解説
　　本書は長年ＬＥＣ公務員講座で経済系科目を担当している宮本裕基ＬＥＣ専任講師による書き下ろしです。長年の経験から得られた経済学理解のポイント，コツを伝授します。
2　対話形式でわかりやすい解説
　　本書はユウゾウ先生と生徒のマナブ君，アキコさんとの会話形式になっています。初学者が抱きがちな疑問点について，ユウゾウ先生が語りかけるように解説します。

　本書をご活用いただき，最終合格を勝ち取られることを心より祈念しています。
　なお国家公務員試験について，平成24年度から国家Ⅰ種は国家総合職区分に，国家Ⅱ種は国家一般職（大卒程度）区分に名称が変更になりますが，過去問については出題当時の名称を使用させていただいております。みなさまのご理解のほど，お願い申し上げます。

2012年1月吉日

　　　　　　　　　　　　　　　　　　　株式会社　東京リーガルマインド
　　　　　　　　　　　　　　　　　　　ＬＥＣ総合研究所　公務員試験部

はじめに

　資格を取得してキャリア・アップや転職，起業をしたい！　公務員試験に合格して公務員になりたい！　この本を手にされるほとんどの方々は，そんな思いを持っていらっしゃると思います。しかし，特に文系学部出身者や大学での学問から離れてある程度の時間が過ぎている方にとって，第一印象が最も"良くない"科目は，経済学なのです。短い時間で合格に足る実力を身に付けたい！　と思っている皆さんからの声を集約してみると，学習を始める前に最も難しそうで最も時間がかかりそうに見える科目が経済学，経済原論のようです。なぜなのでしょうか？

　数式が出てくる，グラフを活用しなければならない，用語が難しそう，暗記だけでは点が取れないらしい，新聞やニュースを聞いて最も難しくてわかりにくいテーマが経済関連のものだ，等がその理由としてよく挙げられます。どれもある程度は当たっていると思います。ところが不思議なことに，講義を聴いて，そういった点を乗り越えた後には得意科目になってしまう方が多いのも経済学なのです。ただし，きっと自学自習だけではそのようになることは難しかったのではないかと思います。やはり講義形式での，講師と受講生との間の様々なやりとりや休憩時間中などにおける受講生との質疑応答が大きなポイントなのでしょう。

　そこで本書では，講義形式・会話形式で学習が進みます。生徒であるマナブ君とアキコさんからの質問や疑問は，日頃から受講生が抱きやすいものばかりで，そしてそこには，経済学を理解するうえでの重要な考え方が潜んでいるのです。登場するキャラクターについて紹介します。

ユウゾウ先生

　資格試験を目指す受講生をサポートする講師としての経験から，優しくわかりやすく経済学を教えてくれる。具体例を豊富に出して，身近なものをイメージしながら効率的に理解してもらえることを目指している。

マナブ君

　ちょっぴり数学に苦手意識を持っているけれど，元気に素直に前向きに経済学に取り組んでいて，どんどん質問してくる憎めないキャラクター。

アキコさん

　成績優秀で学級委員長タイプの容姿端麗（？）なキャラクター。素直な性格で，時々先生をびっくりさせる鋭い質問をする。

　この生徒たちに共感をしていただきながら，読み進むにつれて経済学の基本的な考え方を身に付けてもらえたら，私としては最高です。そしてまたいつか，過去問を実際にどんどん解けるようになることを目指した本が，この続編として出版されて皆さんとお会いできることを楽しみにしています。
　それでは，経済学という長い道のりに元気で旅立って行ってください！

2007年6月吉日

ＬＥＣ東京リーガルマインド専任講師
宮本裕基

CONTENTS

はしがき
はじめに
本書の効果的活用法
難易度＆出題予想率

●●● 講義を始める前に… ●●●

Part 1　0-1　マクロ経済学の基本的な考え方
　　　　　　　〜ケインズ派と古典派〜 …………… 2
Part 2　0-2　数式について ………………………… 7

●●● 第1部　国全体の経済活動 ●●●

Stage1　国民経済計算　　　　　　　　　　11
Part 1　1-1-1　ＧＤＰとは ………………………… 12
Part 2　1-1-2　帰属計算 …………………………… 16
Part 3　1-1-3　ＧＮＩ（ＧＮＰ）とは …………… 22
Part 4　1-1-4　三面等価の原則 …………………… 25
Part 5　1-1-5　【補論】"名目"と"実質" …………… 29
Part 6　1-1-6　【補論】"ストック"と"フロー" …… 32

Stage2　産業連関表　　　　　　　　　　　35
Part 1　1-2-1　産業連関表の構造 ………………… 36
Part 2　1-2-2　投入係数の意味 …………………… 44
Part 3　1-2-3　数量方程式の活用 ………………… 48
Part 4　1-2-4　【補論】雇用量への波及効果 ……… 54

●●● 第2部　財市場の分析 ●●●

Stage1　総需要と総供給　〜45度線分析に向けて〜　59
Part 1　2-1-1　「セイの法則」と「有効需要の原理」…… 60

Part 2	2-1-2	総需要と総供給 ・・・・・・・・・・・・・・・・・・・・ 64
Part 3	2-1-3	消費関数 ・・・・・・・・・・・・・・・・・・・・・・・・・・・・ 68
Part 4	2-1-4	貯蓄関数 ・・・・・・・・・・・・・・・・・・・・・・・・・・・・ 73
Part 5	2-1-5	投資関数 ・・・・・・・・・・・・・・・・・・・・・・・・・・・・ 75
Part 6	2-1-6	政府支出と租税について ・・・・・・・・・・・・・ 77
Part 7	2-1-7	輸出と輸入について ・・・・・・・・・・・・・・・・・ 79
Part 8	2-1-8	【補論】投資の限界効率論 ・・・・・・・・・・・ 81

Stage2　国民所得の決定　～45度線分析～　　　　83

Part 1	2-2-1	国民所得の決定（財市場の均衡）・・・・・・・・ 84
Part 2	2-2-2	【補論】ＩＳバランス論 ・・・・・・・・・・・・・・・・・ 91
Part 3	2-2-3	デフレギャップとインフレギャップ ・・・・・・ 94
Part 4	2-2-4	総需要管理政策 ・・・・・・・・・・・・・・・・・・・・・100
Part 5	2-2-5	乗数効果の意義とメカニズム （45度線分析との関連性）・・・・・・・・・・・・・107
Part 6	2-2-6	投資乗数 ・・・・・・・・・・・・・・・・・・・・・・・・・・・113
Part 7	2-2-7	政府支出乗数 ・・・・・・・・・・・・・・・・・・・・・・116
Part 8	2-2-8	租税乗数（減税乗数）・・・・・・・・・・・・・・・・119

●●● 第3部　貨幣市場の分析　●●●

Stage1　貨幣需要について　　　　123

Part 1	3-1-1	貨幣とは　～貨幣の３機能～ ・・・・・・・・・124
Part 2	3-1-2	貨幣を"必要"とする動機 ・・・・・・・・・・・・128
Part 3	3-1-3	取引需要 ・・・・・・・・・・・・・・・・・・・・・・・・・・・133
Part 4	3-1-4	債券とは　～資産市場について～ ・・・・・・136
Part 5	3-1-5	債券価格と利子率との関係 ・・・・・・・・・・・138
Part 6	3-1-6	投機的需要 ・・・・・・・・・・・・・・・・・・・・・・・・143

Stage2　貨幣供給（マネーサプライ）について　　　　153

| Part 1 | 3-2-1 | 貨幣供給（マネーサプライ）・・・・・・・・・・・154 |

Part 2	3-2-2	ハイパワード・マネー……………………157
Part 3	3-2-3	貨幣乗数（信用乗数）……………………159
Part 4	3-2-4	中央銀行の役割 …………………………164
Part 5	3-2-5	金融政策の具体的手段1
		〜公定歩合操作〜 ………………………166
Part 6	3-2-6	金融政策の具体的手段2
		〜預金準備率操作〜 ……………………169
Part 7	3-2-7	金融政策の具体的手段3
		〜公開市場操作〜 ………………………175
Part 8	3-2-8	信用創造 …………………………………178

Stage3　貨幣市場の均衡について　　　　　　　183

Part 1	3-3-1	貨幣市場の均衡　〜ケインズ派〜 ……184
Part 2	3-3-2	古典派の貨幣数量説とは ………………188
Part 3	3-3-3	マーシャルのkの意義
		〜ケインズ派との比較〜 ………………190

●●● 第4部　財市場と貨幣市場の同時分析　〜IS−LM分析〜 ●●●

Stage1　財市場の分析　〜IS曲線〜　　　　　　193

Part 1	4-1-1	IS曲線の定義と導出 ……………………194
Part 2	4-1-2	財市場における超過需要と超過供給 …198
Part 3	4-1-3	財政政策とIS曲線のシフト …………201

Stage2　貨幣市場の分析　〜LM曲線〜　　　　205

Part 1	4-2-1	LM曲線の定義と導出 …………………206
Part 2	4-2-2	貨幣市場における超過需要と超過供給…210
Part 3	4-2-3	金融政策とLM曲線のシフト …………216

Stage3　財市場と貨幣市場の同時均衡　　　　　219

| Part 1 | 4-3-1 | 財市場と貨幣市場の同時均衡および調整過程…220 |

Part 2	4-3-2	財政政策の効果 ······················225
Part 3	4-3-3	クラウディング・アウト ···············228
Part 4	4-3-4	金融政策の効果 ······················230

Stage4　その他のIS-LM分析　〜特殊なケース〜　233

Part 1	4-4-1	金融政策が無効になるケース1
		〜流動性のワナのケース〜 ············234
Part 2	4-4-2	金融政策が無効になるケース2
		〜投資の利子弾力性ゼロのケース〜 ····238
Part 3	4-4-3	財政政策が無効になるケース1
		〜貨幣数量説ケース〜 ················242
Part 4	4-4-4	財政政策が無効になるケース2
		〜実物利子論ケース〜 ················245

●●●　第5部　労働市場の分析　●●●

Stage1　古典派による労働市場の分析　251

Part 1	5-1-1	労働需要 ····························252
Part 2	5-1-2	労働供給 ····························258
Part 3	5-1-3	労働市場の均衡 ······················263

Stage2　ケインズ派による労働市場の分析　269

Part 1	5-2-1	労働需要 ····························270
Part 2	5-2-2	労働供給 ····························272
Part 3	5-2-3	労働市場の均衡 ······················276
Part 4	5-2-4	【補論】失業の分類 ··················279

●●●　第6部　財市場,貨幣市場,労働市場の同時分析 〜AD-AS分析〜　●●●

Stage1　財市場,貨幣市場の同時均衡　〜AD曲線〜　283

| Part 1 | 6-1-1 | AD曲線の定義と導出 ················284 |

Part 2　6-1-2　ＡＤ曲線のシフト ･････････････････292

Stage2　労働市場の均衡　～ＡＳ曲線～　　　　　297
Part 1　6-2-1　ＡＳ曲線の定義 ･･････････････････298
Part 2　6-2-2　古典派のＡＳ曲線 ･･････････････････300
Part 3　6-2-3　ケインズ派のＡＳ曲線 ･･････････････304
Part 4　6-2-4　AS曲線のシフト　～サプライサイド学派～ ･･･315

Stage3　財市場，貨幣市場，労働市場の同時均衡
　　　　　～ＡＤ－ＡＳ分析～　　　　　　　　321
Part 1　6-3-1　ＡＤ－ＡＳ分析１　～ケインズ派～ ････322
Part 2　6-3-2　ＡＤ－ＡＳ分析２　～古典派～ ･･･････326
Part 3　6-3-3　ＡＤ－ＡＳ分析３　～サプライサイド学派～ ･･･328

第7部　インフレについて

Stage1　インフレの分類　　　　　　　　　　　331
Part 1　7-1-1　インフレ発生原因に基づく分類 ･･･････332
Part 2　7-1-2　インフレ進行速度に基づく分類 ･･･････335

Stage2　フィリップス曲線　　　　　　　　　　337
Part 1　7-2-1　フィリップス曲線とは ･････････････338
Part 2　7-2-2　物価版フィリップス曲線 ････････････340
Part 3　7-2-3　ケインズ派によるフィリップス曲線に対する考察･･･344
Part 4　7-2-4　自然失業率仮説 ･････････････････347
Part 5　7-2-5　合理的期待形成仮説 ･････････････358

第8部　国際マクロ経済学

Stage1　国際収支と外国為替　　　　　　　　　363
Part 1　8-1-1　国際収支とは ･････････････････････364

Part 2	8-1-2	外国為替市場	369
Part 3	8-1-3	"円高・円安"と"輸出・輸入"との関係	375
Part 4	8-1-4	マーシャル＝ラーナー条件とJカーブ効果	378
Part 5	8-1-5	変動相場制と固定相場制	381
Part 6	8-1-6	【補論】不胎化政策	384

Stage2　ＩＳ－ＬＭ－ＢＰ分析　　387

Part 1	8-2-1	ＢＰ曲線の定義と導出	388
Part 2	8-2-2	ＢＰ曲線の形状と国際収支	390
Part 3	8-2-3	変動相場制下での財政政策	395
Part 4	8-2-4	変動相場制下での金融政策	398
Part 5	8-2-5	固定相場制下での財政政策	401
Part 6	8-2-6	固定相場制下での金融政策	404

ミクロ経済学　目次

講義を始める前に…
第１部　消費者の行動
第２部　生産者の行動
第３部　完全競争市場
第４部　不完全競争市場
第５部　市場の失敗
第６部　国際貿易論

本書の効果的活用法

部ガイダンス

経済学を初めて学習する人にとって"スッキリと"理解できるように,各部でどのような内容の学習をするのかについて整理しました。

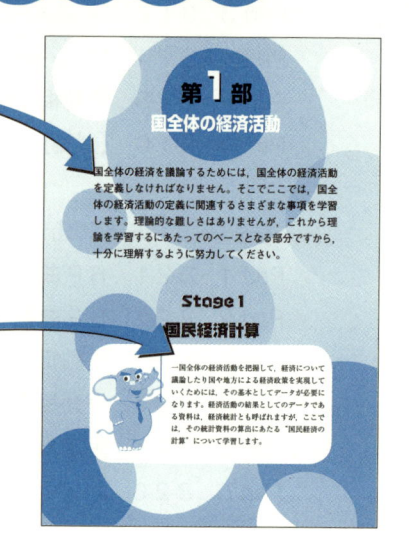

第1部 国全体の経済活動

国全体の経済を議論するためには,国全体の経済活動を定義しなければなりません。そこでここでは,国全体の経済活動の定義に関連するさまざまな事項を学習します。理論的な難しさはありませんが,これから理論を学習するにあたってのベースとなる部分ですから,十分に理解するように努力してください。

Stage 1 国民経済計算

国全体の経済活動を把握して,経済について議論したり国や地方による経済政策を実施していくためには,その基本となるデータが必要になります。経済活動の最終的にはデータとしての各資料は,経済統計として作成されますが,ここでは,その統計資料の算出にあたる"国民経済の計算"について学習します。

Stageガイダンス

各Stageで理解すべき内容や学習すべきポイントについてまとめました。

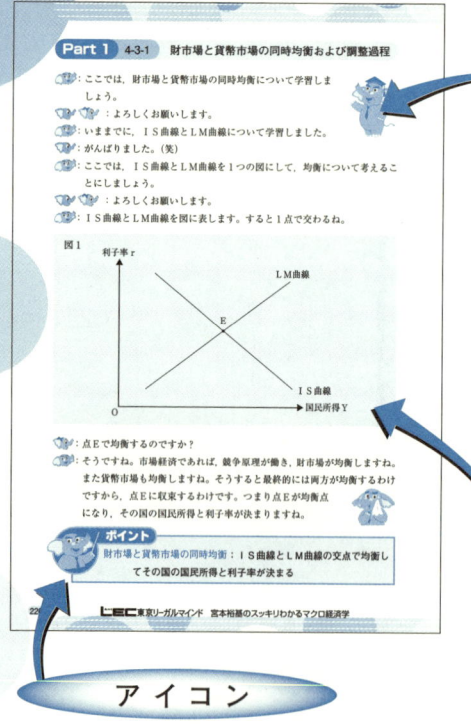

Part 1 4-3-1 財市場と貨幣市場の同時均衡および調整過程

ここでは,財市場と貨幣市場の同時均衡について学習しましょう。

よろしくお願いします。

いままでに,IS曲線とLM曲線について学習しました。

がんばりました。(笑)

ここでは,IS曲線とLM曲線を1つの図にして,均衡について考えることにしましょう。

よろしくお願いします。

IS曲線とLM曲線を図に表します。すると1点で交わるね。

図1

点Eで均衡するのですか?

そうですね。市場経済であれば,競争原理が働き,財市場が均衡しますね。また貨幣市場も均衡しますね。そうすると最終的には両方が均衡するわけですから,点Eに収束するわけです。つまり点Eが均衡点になり,その国の国民所得と利子率が決まります。

ポイント
財市場と貨幣市場の同時均衡:IS曲線とLM曲線の交点で均衡してその国の国民所得と利子率が決まる

本　文

ユウゾウ先生とマナブ君,アキコさんが会話しながら学習を進めています。ユウゾウ先生の過去の経験や,いろいろな生徒さんたちから受けた過去の質問,誰もが間違えそうな部分を織り交ぜながら,3人(3頭?)の性格を楽しみつつ会話を読み進めましょう。みなさんもいつの間にか経済学についての理解を深めてしまってください!

図　表

経済学を"スッキリと"理解し,本試験の問題を"スッキリと"解くために,図や表はとても大事な"武器"です。何度も何度もよーく見て,自分で描いてみることも良いでしょう。

アイコン

ユウゾウ先生の出番のところですね。詳しくは,次のページを見てね!

Exercise

最新の本試験からセレクトした過去問です。基本的で標準レベルの問題を選びましたので,理解した内容の確認にぜひ活用してください!

●●● Exercise ●●●

地方上級 2003年

封鎖経済の下で,政府支出が3,000億円増加された場合,乗数理論に基づいて計算したときの国民所得の増加額はどれか。ただし,限界消費性向は0.8とし,その他の条件は考えないものとする。

1　2,400億円
2　3,750億円
3　5,400億円
4　1兆2,000億円
5　1兆5,000億円

解説 正解 5

租税を無視して均衡国民所得を求めると,以下のようになる。

$Y = C + I + G$
$C = C_0 + 0.8Y$

このCをYに代入する。

$Y = C_0 + 0.8Y + I + G$
$0.2Y = C_0 + I + G$

$Y = \dfrac{1}{0.2} C_0 + I + G)$ ……①

いま,政府支出を増加させるので,政府支出乗数を求める。よって,①式に注目して,YをGで微分する。

$\dfrac{\Delta Y}{\Delta G} = \dfrac{1}{0.2}$

$\Delta Y = 5 \Delta G$

解 説

理解してきたはずの内容を思い出しながら読んで,正解を確認してください。不明な点があったら,もういちど本文を読み直してみてね!きっとヒントが見つかるはずだよ!

ポイント

経済学を理解するうえでとても重要で"はずせない"部分の確認です。しっかり頭に入れてしまいましょう!

公 式

特に計算問題に対応するうえで,"そのまま暗記してしまうとお得"な箇所をピックアップしました。

ことばの意味

経済学として重要とされている用語の意味を確認しました。何度でも見直してください!

補 足

文字通り,ちょっとした補足です。みなさんにとって,参考になりそうなことにふれてみました。気軽に読んでみよう!

アドバイス

ミスしやすいところ,勘違いして覚えてしまう人が多いところについて,ミスや勘違いを防ぐために確認しました。

web ①

先生が特につまずきやすいところをweb講義でワンポイント解説しています。詳しく勉強したい人は,ネットからアクセスして確認しよう!下の数字は講義番号です。

難易度 & 出題予想率

難易度について

各種の資格試験合格を目指して学習する初学者からの声や模擬試験での結果などに基づいて,各ステージでの習得難易度を表示しました。易しい内容→難しい内容という順にA→B→C→Dとしてあります。

出題予想率について

資格試験別に近年の過去問のデータに基づいて出題される可能性を予想して表示しました。予想される可能性の高いもの→低いものという順に◎→○→◇→△としてあります。

	難易度	資格試験別の出題予想率						
		国Ⅰ	国Ⅱ	地上	国税	公認	中小	不動
第1部　国全体の経済活動								
Stage 1　国民経済計算	A	◇	◎	○	◎	○	○	○
Stage 2　産業連関表	C	○	◇	○	○	△	△	△
第2部　財市場の分析								
Stage 1　総需要と総供給 〜45度線分析に向けて〜	A	◇	◎	◎	○	◇	◇	○
Stage 2　国民所得の決定 〜45度線分析〜	B	◇	◎	○	◎	◇	◇	○

			国I	国II	地上	国税	公認	中小	不動
第3部	**貨幣市場の分析**								
Stage 1	貨幣需要について	B	◇	◇	○	◇	○	◎	○
Stage 2	貨幣供給(マネーサプライ)について	B	◇	◇	◎	◇	○	○	○
Stage 3	貨幣市場の均衡について	B	○	△	△	△	○	◎	○
第4部	**財市場と貨幣市場の同時分析　～IS−LM分析～**								
Stage 1	財市場の分析　～IS曲線～	B	◇	○	○	○	◎	◎	◎
Stage 2	貨幣市場の分析　～LM曲線～	C	◇	○	○	○	◎	◎	◎
Stage 3	財市場と貨幣市場の同時均衡	C	◎	○	○	○	◎	◎	◎
Stage 4	その他のIS−LM分析　～特殊なケース～	D	○	○	○	○	○	◎	◎
第5部	**労働市場の分析**								
Stage 1	古典派による労働市場の分析	C	◇	△	◇	△	○	△	◇
Stage 2	ケインズ派による労働市場の分析	B	◇	△	△	◇	○	△	◇
第6部	**財市場, 貨幣市場, 労働市場の同時分析　～AD−AS分析～**								
Stage 1	財市場, 貨幣市場の同時均衡　～AD曲線～	C	○	◎	△	◎	○	△	○
Stage 2	労働市場の均衡　～AS曲線～	B	◇	○	△	○	○	△	○
Stage 3	財市場, 貨幣市場, 労働市場の同時均衡　～AD−AS分析～	C	◎	◎	△	○	◎	△	○
第7部	**インフレについて**								
Stage 1	インフレの分類	A	△	△	◇	△	◇	◇	△
Stage 2	フィリップス曲線	D	◎	◇	○	○	○	◇	○
第8部	**国際マクロ経済学**								
Stage 1	国際収支と外国為替	B	△	△	○	△	◎	◎	◎
Stage 2	IS−LM−BP分析	C	◎	◎	○	◇	◎	◇	○

(注) 表内で用いられている省略表示の意味は、以下の通りです。
　　国I→国家I種行政職試験→（新試験）国家総合職試験,
　　国II→国家II種行政職試験→（新試験）国家一般職（大卒程度）試験（行政）,
　　地上→地方上級試験、国税→国税専門官試験、公認→公認会計士試験,
　　中小→中小企業診断士試験、不動→不動産鑑定士試験

本書をさらに活用するための　本書と連動したWeb講義のご案内

～経済学をよりスッキリ理解したい方のための～
宮本裕基の「経済学ワンポイント解説」

視聴期限：2013年3月31日

無料！！登録不要！！

多くの受験生が理解できずに質問してくる箇所や誤解しやすい箇所など、経済学の中で、特につまずきやすいところを本書の著者である宮本講師が、自ら解説しています。
なお、本書に入っているWebアイコンマークの箇所が、Web講義と連動しています。
（下の数字が講義の番号となります。）

Web講義のここがすごい！

①Web講義でさらにスッキリ理解できる！
　⇒宮本講師のわかりやすい解説で、経済学の難解な箇所をスッキリ理解できます。
②短時間の解説講義で、簡単に理解が深まる！
　⇒それぞれの解説講義は15分程度の短時間です。負担なく理解を深めることができます。
③わかりにくいところが何度でも見られる！
　⇒アクセス回数に制限がないので、スッキリ理解できるまで何度でもご覧いただけます。
④24時間いつでも学習できる！
　⇒Web講義なので、自分の好きな時間に好きなだけ見ることができます。

利用方法

①WEB講義専用サイト　www.lec-jp.com/koumuin/bm/miya/
　へアクセスしてください。
②専用ページには、講義リストが並んでいます。その中から、自分の見たい講義を選んでください。

※Web通信教材使用上の注意
■Web通信講座をご受講いただくには、動作環境を満たしたパソコンが必要となります。受講申込前に必ず下記サイトよりご確認ください。　www.lec-jp.com/tsushin/
■受講にあたり必要なOS、ソフトウェアは、下記の通りです。詳しくは動作環境サイトをご確認ください。
　＜OS＞
　Windows®XP 日本語版
　＜ソフトウェア＞
　Internet Explorer 6 以上／Microsoft® Windows Media® Player9 以上
　Flash® Player7以降／Adobe® Reader 5.0以上
※Microsoft、Windows、Windows Mediaは、米国Microsoft Corporationの米国およびその他の国における登録商標または商標です。
※Flashは、Macromedia,Inc.の米国およびその他の国における登録商標または商標です。
※Adobeは、Adobe Systems Incorporatedの米国およびその他の国における登録商標または商標です。

※視聴期限について
2013年3月31日以降に上記URLにアクセスいただいてもご覧いただくことはできません。予めご了承ください。

講義を始める前に

ここでは,これから学習を進めるマクロ経済学とはどのようなものか,という点について確認します。ガイダンスとして活用してもらえることを期待しています。

Part 1　0-1　マクロ経済学の基本的な考え方　〜ケインズ派と古典派〜

:マクロ経済学の学習に入る前に、基本的な考え方について学習しておきましょう。

:はい。よろしくお願いします。

:マクロ経済学とは、一言で言うと、国民所得理論になります。これは国全体の経済の動きを観測することを意味しています。そしてそれをもとに、その国で失業が発生している場合やインフレが発生している場合に、政府が政策でもって経済に介入して、その国の経済活動を安定化させようとするものです。

:国全体の経済を意味するから、マクロ経済というのですね。

:そうですね。ミクロ経済は、特定の財の分析でしたが、マクロ経済は、その国全体の経済活動の分析になります。

:マクロ経済学の意味はわかったのですが、失業やインフレが発生しているときには、政府が介入しなければ経済は安定しないのですか。ミクロ経済学では、原則として政府の介入によって資源配分の効率性が損なわれたような気がしたのですが…。

:いい質問ですね。実はマクロ経済学には大きな2つの流れがあって、政府の政策は必要だというケインズ派の流れと、そのような政策は必要ないという古典派の流れがあります。前者のケインズ派は名前どおり、ジョン・メイナード・ケインズ（John Maynard Keynes, 1883〜1946）が1936年に『雇用、利子および貨幣に関する一般理論』を発表してから注目されるようになった考え方を主張するグループで、不完全競争のもとで均衡が存在するとした上で、その均衡を完全雇用に移行するためには政府の政策が必要であると主張するものです。アメリカにおけるF.ルーズベルト大統領による「ニューディール政策」の理論的根拠にもなりました。この結果、古典派経済学との対立が起き、2つの流れが起こったのです。

:古典派経済学はケインズの逆なのですか。

:そのとおりです。古典派については、やや詳しく説明しておく必要がありますね。少し長くなりますが聞いておいてくださいね。

: はい。

: 古典派経済学（Classical economics）とは，基本的には18世紀後半から19世紀前半の頃に始まる経済学を指します。この時代は経済学が学問として確立されてきた時代になります。アダム・スミス，デビッド・リカード，あるいはマルサスやJ．S．ミルといった人物が活躍した時代です。その後19世紀の後半に「限界革命」と呼ばれる学問的発展を遂げて，新古典派経済学（Neoclassical economics）へと移行します。「限界革命」とは，ミクロ経済学で学習する限界効用や限界費用といった概念のことですね。19世紀の後半にこのような考え方が生まれてきたのでした。やがてマーシャル（Alfred Marshall, 1842～1924）によってこの考え方が集大成され，「新古典派経済学」として成立しました。この「新古典派経済学」は，弟子のピグーらによって継承されていきます。専門家の間では原則として「新古典派経済学」というとこのマーシャル経済学を指します。しかし，資格試験ではこれが異なります。

: なんだかややこしくなってきたなあ…。

: 戦後になりますが，ケインズ経済学の隆盛をむかえた後に対立が起こり，サミュエルソンによる新古典派総合というケインズと古典派を融合するという時代を経たりもするのですが，1970年代あたりから，ケインズ経済学の問題点が露呈したため，それとともにフリードマンらをはじめとして，古典派の経済学の考えが復活してきます。この頃の古典派経済学を「新しい古典派経済学（New classical economics）」などといったりします。この「新しい古典派経済学」のことを資格試験では，「新古典派経済学」と呼んでいます。

: マーシャルの経済学と1970年代以降の経済学ではどの部分が異なるのですか。

: この本の後半で学習することになるのですが，新しい古典派経済学では「短期」と「長期」という概念が入ってきます。「長期」という状態が，マーシャルが想定する経済学の世界になるのですが，その長期に至るのには時間がかかるため，一時的には「短期」というマーシャルの想定する状態とは異なる状態が存在すると考えるわけです。細かい部分はこの本の後半で学習していくことにしましょう。新古典派経済学についての理解を混乱すると，これから先の学習に影響が出るの

で，図でポイントをまとめておきます。図で経済学の歴史的な流れも確認しておいてください。

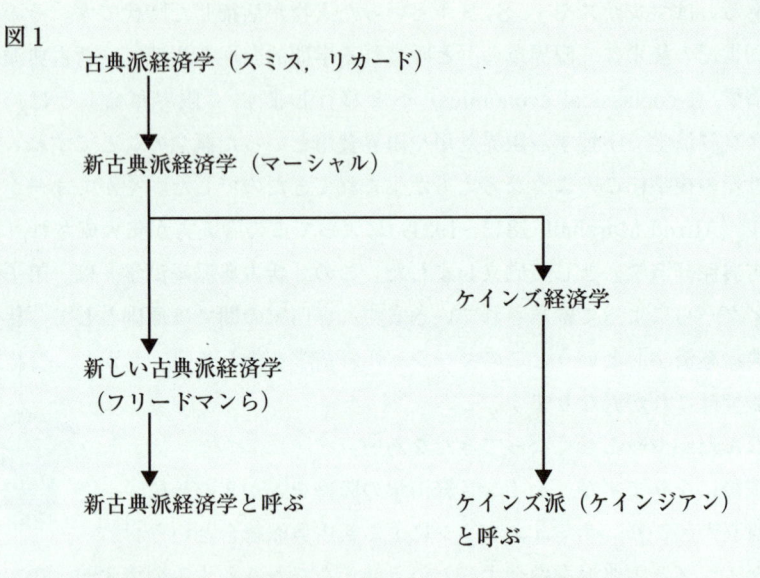

：はい。わかりました。

図1

古典派経済学（スミス，リカード）
↓
新古典派経済学（マーシャル）
↓　　　　　　　　　↓
新しい古典派経済学　　ケインズ経済学
（フリードマンら）
↓　　　　　　　　　↓
新古典派経済学と呼ぶ　ケインズ派（ケインジアン）と呼ぶ

※現代のマクロ経済学には，2つの大きな流れがあることを確認しておいてください。

：それでは最後に，マクロ経済学で登場する3つの市場とマクロ経済学全体の体系を見ておきましょう。

ことばの意味

財市場：一国全体の「財」に注目する市場。その国全体の財の総需要と総供給から国民所得を求める。

貨幣市場：一国全体の「貨幣」に注目する市場。貨幣の需要と供給から利子率を求める。

労働市場：一国全体の「労働」に注目する市場。労働の需要と供給から賃金水準を求める。

マクロ経済学には大きく分けて，上のような3つの市場があります。これ

らの市場から一国全体の国民所得を分析することになりますが，財市場のみで分析する単元，財市場と貨幣市場から分析する単元，および財市場，貨幣市場，労働市場の3つから分析する単元があります。徐々に難しくなりますので，確実に理解しながら進んでいかれることを望みます。

マクロ経済学の体系

1 国民所得の概念
　　国民所得の定義について学習する。
2 国民所得決定理論【45度線分析】
　　財市場の分析からその国の国民所得を考える。
3 IS－LM分析
　　財市場と貨幣市場の分析からその国の国民所得を考える。
4 AD－AS分析
　　財市場と貨幣市場と労働市場からその国の国民所得を考える。
5 経済成長理論
　　その国の最適な経済成長を考える。
　　（発展的な内容なので，本書では扱わない）
6 国際マクロ経済学
　　外国部門を含めたマクロ経済学

🐘：とりあえず3つの大きな市場があるということを知っておけばいいですね。

🐘：そうだね。あとこれらの単元の中で，特に重要になるのが2，3，4になるので，これを図示しておきます。

図2

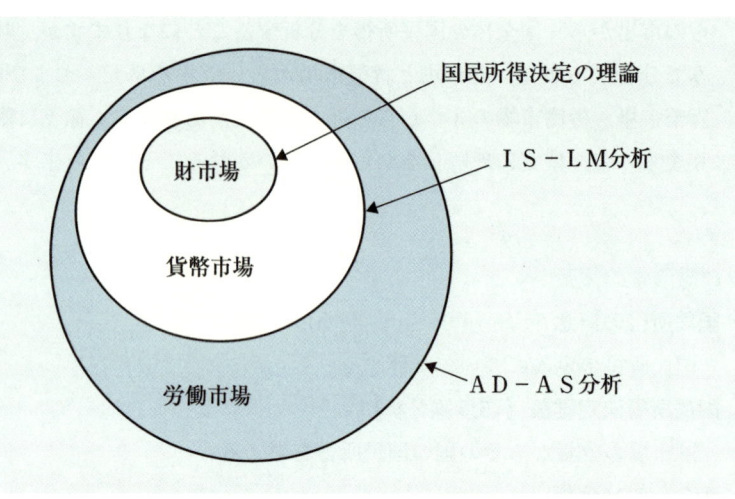

- 国民所得決定の理論 → 財市場
- IS－LM分析 → 貨幣市場
- AD－AS分析 → 労働市場

　この関係を理解してから学習を始めるのと，理解しないで始めるのとでは，マクロ経済学全体の理解度に大きく差が出るので，今のうちによく確認しておいてくださいね。それでは，これくらいにしておきまよう。

：はい，ありがとうございました。

Part 2　0-2　数式について

🐘：本格的な学習に入る前に，ここでは，マクロ経済学で多く見られる数式である差分方程式について学習しておきましょう。

🐘：はい。よろしくお願いします。

🐘：でも，数学は苦手だから不安です。

🐘：心配しないでください。難しくないですよ。下の式を見てください。

$$Y = C + I + G$$

このような式があったとしましょう。これは次のStageで学習する国内総生産（ＧＤＰ）というものなんだけど，Yが国内総生産（ＧＤＰ），Cは消費，Iは投資そしてGは政府支出になります。とりあえずここでは項目を覚える必要はないので，式の形だけ確認してください。

🐘：式の形は，単なる足し算の式ですけど，この式をどうするのですか。

🐘：この式に数値を代入しますね。いま，

$$C = 100,\quad I = 50,\quad G = 50$$

だとしましょう。このときYの値はいくらになりますか。

🐘：代入すると，

$$Y = C + I + G$$
$$= 100 + 50 + 50 = 200$$

になります。

🐘：そうですね。Y＝200となりました。

🐘：これならボクでも簡単なのですが，何か意味があるのですか。

🐘：まあ，あわてないでください。マナブ君，いまこの数値から，Gが60に変化するとしましょう。そうするとYはいくらになりますか。

🐘：えーと，210になると思います。

🐘：そうですね。これはどのようにして求めたのですか。

🐘：えーと，100＋50＋60＝210で求めました。

🐘：なるほど，そのとおりですね。ところではじめのYに比べて，10だけ増加していますが，なぜ10だけ増加したのですか。

🐘：なぜかというと，Gが50から60になったからじゃないですか。

🐘：そうですね。では同様に，Gが60，Cが120，Iが70に変化したとしましょう。そうするとYはいくらになりますか。

🐘：250になります。

🐘：どのようにして求めたのですか。

🐘：120＋70＋60＝250で求めました。

🐘：そうですね。そのとおりです。そこで，この変化における増加した分だけを取り出して考えてみましょう。

$$Y = C + I + G$$
（はじめ）　$200 = 100 + 50 + 50$
（変化後）　$250 = 120 + 70 + 60$

Yが50増加しているのですが，これはCが20，Iが20，Gが10増加したから，このようになりました。このことを式で表現すると次のようになりますね。

増加分をとる
$$(250 - 200) = (120 - 100) + (70 - 50) + (60 - 50)$$

🐘：これもボクにとっては難しくないです。楽勝ですね。

🐘：楽勝と言ってくれるのはありがたいことです。ではこの増加分（変化分）を一般的な形で表現してみましょう。通常，増加分（変化分）はΔ（デルタ）という記号をつけて表現するので，それに従って表現すると，

増加分をとる
$$\Delta Y = \Delta C + \Delta I + \Delta G$$

となります。ΔYとは，Yの増加分（変化分）のことです。上の例でいうなら50のことになります。同様に，ΔCとはCの増加分（変化分），ΔIはIの増加分（変化分），ΔGはGの増加分（変化分）になります。このように文字で表すことができますが，増加分（変化分）に注目して表したこの式を<u>差分方程式</u>といいます。

🐘：ユウゾウ先生！　いま気付いたのですが，この差分方程式は，はじめの式の記号の文字の前に，Δ（デルタ）をつけた形になっているように思うの

ですが，正しいですか？

🐘：アキコさんはいいところに気付きましたね。実は差分方程式は，基本的には，もとの式の文字の前に Δ（デルタ）をつけることで求められます。

🐘：ユウゾウ先生！　これはすべての場合に成り立つのですか。もし成り立つのなら，すごく便利なのですが…。

🐘：すべての場合に成り立ちます。ですから増加分（変化分）の式といわれたら，はじめの式の文字の前に Δ（デルタ）をつけて求めてくださいね。

🐘：なーんだ。簡単でよかった。

🐘：私もホッとしました。

🐘：それでは練習として，次の式の増加分（変化分）をとってみてください。

$$Y = C + I + G + X - M$$

🐘：えーと，文字の前に Δ（デルタ）をつければ求められるので，

$$\Delta Y = \Delta C + \Delta I + \Delta G + \Delta X - \Delta M$$

でいいのかな。

🐘：正解です。それでは次の式はどうかな。

$$C = C_0 + cY \quad （C_0 と c は定数）$$

🐘：えーと，少し難しいですね。でも増加分（変化分）の式だから，定数のような変化しない文字に注意すると，

$$\Delta C = c\Delta Y$$

になるのじゃないかしら。

🐘：そのとおりです。よくできました。重要なことなのですが，増加（変化）しないものは，Δ（デルタ）をつけてはいけません。C_0 は定数と書かれていましたね。だから ΔC_0 としてはいけません。差分方程式では消してください。また，Yの係数となっている c も定数ですので，Δをつけてはいけません。ただし，c については掛け算でYとつながっているので，消さずにそのままにしてください。この2点に注意するようにしてください。資格試験では，$C = 65 + 0.8Y$ のような形の式が出てきて，その差分方程

式を求める場合がよくあります。このような場合は，定数である65は増加（変化）しないので，$\Delta C = 0.8 \Delta Y$となりますね。

：はい，わかりました。

> **ポイント**
> 差分方程式の作り方
>
> 与えられた式の，変化する文字の前にΔ（デルタ）をつけると，その式の差分方程式になる。ただし，変化しない値は消すこと。

：それでは，これで終わりにしましょう。

：ありがとうございました。

第1部 国全体の経済活動

国全体の経済を議論するためには，国全体の経済活動を定義しなければなりません。そこでここでは，国全体の経済活動の定義に関連するさまざまな事項を学習します。理論的な難しさはありませんが，これから理論を学習するにあたってのベースとなる部分ですから，十分に理解するように努力してください。

Stage 1 国民経済計算

一国全体の経済活動を把握して，経済について議論したり国や地方による経済政策を実現していくためには，その基本としてデータが必要になります。経済活動の結果としてのデータである資料は，経済統計とも呼ばれますが，ここでは，その統計資料の算出にあたる"国民経済の計算"について学習します。

Part 1 1-1-1　GDPとは

🐘：ここでは，GDPをはじめとした経済指標の定義について学習します。覚えることが多くなりますが，がんばって学習していきましょう。

🐘：はい，よろしくお願いします。

🐘：皆さんも新聞やテレビなどで聞いたことがあると思うのですが，一国の経済活動を表す指標としてGDPというものがあります。これはGross Domestic Productの略で，国内総生産ともいいます。定義は，その国に居住する生産者が一定期間，通常は1年ですが，その期間に新たに生み出した付加価値の合計で求められます。

🐘：付加価値って何ですか。

🐘：ごくごく単純に言えば，人間の生み出した価値になりますね。直感的にはサービスがわかりやすいと思うので，レストランのサービスで話しましょう。皆さんはファーストフードのハンバーガーショップに行ったことはありますか。

🐘：はい，あります。

🐘：よく行きます。

🐘：そこではパンを2つに切って，その中にハンバーグとレタスを入れて，ハンバーガーを作り，お客様にそれを提供しています。ハンバーガーを作るのは人間で，彼らが働いてハンバーガーを作った結果，本来ならば，原価が100円程度しかないパンやハンバーグやレタスなどの商品が，200円を超えるような価格のハンバーガーに変わるわけです。この差額が付加価値と呼ばれるもので，人間が生み出した価値になりますね。

🐘：先生，ファーストフードのハンバーガーは安いけど，もしもハンバーガーショップが，一流レストランのように座席まで持ってきてくれたり，片付けてくれたりすれば，もっと価格は高くなるのですか。

🐘：アキコさんはいいところに気付きました。そのとおりで，座席まで持ってきたり，片付けたりするようなサービスが付け加わると，これも人間の生み出した価値になりますから，当然ハンバーガーの価格にこのサービス分が上乗せされますね。だから価格は高くなりますね。重要なポイントです。

> **ことばの意味**
>
> 付加価値：一定期間に生産者が生み出した価値のこと

🐘：なるほど。何となく付加価値の意味がわかってきたような気がしました。

🐘：そうですか。でももう少し詳しく理解しておかなければならないので，パンを製造するまでの流れで，付加価値を説明しましょう。たとえば，パンは一般に以下の図1のような過程を経て生産されますね。

図1

農家が小麦を生産する。それを製粉業者に10万円で売る。

↓

製粉業者が小麦粉に加工して，パン屋に15万円で売る。

↓

パン屋がパンを作り，それを消費者に25万円で売る。

この製造工程の結果，最終的にパン屋は25万円の売上を得ました。このときの付加価値を考えましょう。

🐘：付加価値はパン屋の売上が25万円で，パン屋は15万円で小麦粉を買っているから，10万円が付加価値になるのですか。

🐘：違います。正確に考えてください。付加価値とは，新たに生み出された価値のことで，言い換えると，人間が活動することで，新たに生み出された価値になります。これは農家も小麦を作る過程で働いて価値を生み出していますし，製粉業者も小麦粉に加工する過程で価値を生み出しています。したがって，彼らのその価値も含めなければなりませんね。

🐘：そうか。難しいなぁ。

🐘：農家は，小麦の種をまいて，手入れをした結果，小麦を作ります。いま，小麦の種や肥料などの費用はかからなかったとしましょう。つまり原材料費は0円です。それに対して，作った小麦は10万円で売れました。このと

き農家の人が働いて生み出した価値は10万円になります。これが付加価値です。同様に考えると，製粉業者は10万円で小麦を買ってそれを加工して小麦粉にしました。小麦粉になる過程で，製粉業者の人が働いて価値を生み出しています。彼らの価値ですが，小麦粉は15万円で売れたので，原材料費の10万円を引いた5万円が付加価値になりますね。さらに，パン屋が小麦粉をパンにして売ったので，パン屋の人も価値を生み出していますね。その額は小麦粉を15万円で購入してパンを作り，25万円でパンを売ったので，その差額の10万円がパン屋の人の生み出した価値になりますね。以上から，最終的にこの場合の付加価値は10万円+5万円+10万円=25万円になります。

: いろいろなところで，いろいろな人が働いているのですね。

: そうです。このようにして付加価値を求めるのですが，これを国全体でまとめるわけです。それをまとめたものが一国の付加価値，つまりGDP（国内総生産：Gross Domestic Product）というものになるのです。

: "国全体でまとめる"とは，どういうことですか？

: 国内にはさまざまな産業がありますね。日本を見ても，パンだけでなく，鉄鋼業や自動車産業，電器産業，さらには携帯電話産業など，数え切れないくらいたくさんの産業があります。これらの産業で多数の人々が働いていて，日々付加価値を作り出しています。それらの産業における付加価値をすべて合計することによってGDPが求められるのです。計算では国内での総生産額（売上額と考えてよい）から，中間生産物（中間投入額）を差し引いたものになります。中間生産物とは，生産過程で投入した原材料などの財の額をいいます。

: GDPの定義はわかったのですが，日本のGDPってどれくらいの額になるのか，興味が湧いてきました。

: 日本のGDPは約550兆円と理解しておけばいいです。アメリカのGDPは日本の約2倍以上あります。ただ，日本もアメリカも世界から見れば有数のGDPの大きな国ですね。経済大国といわれていますからね。それでは，GDPのポイントをまとめておきましょう。

公 式

GDP（国内総生産）：一国内に居住する生産者が一定期間に新たに生み出した付加価値の合計のこと

GDP＝国内の総生産額－中間生産物

：このGDPですが，一国全体の経済活動の規模（大きさ）を表すものと考えてください。そしてこの値が大きければ，その国の経済活動が大きいといえ，この値が小さければその国の経済活動は小さいといえます。この値を豊かさの指標と捉えることがありますが，基本は付加価値の合計ですので，パンの例をもとにしっかりと概念を理解しておいてください。

：確かに，日本は世界でも有数の経済大国になったけど，これは単に経済活動の規模が大きいということだけですね。

：だからGDPが大きいだけで，精神的な豊かさも得られるとは限らないのですね。

：そうだね。資格試験に合格して落ち着いたら，GDPと精神的豊かさについても考えてみてください。それでは，これぐらいにしておきましょう。

：ありがとうございました。

Part 2　1-1-2　帰属計算

🐘：ここでは，帰属計算について学習しましょう。

🐘🐘：はい。よろしくお願いします。

🐘：この前のPart 1でGDPについて学習しました。このGDPは小麦からパンが作られ，それが最終的に消費者のもとに行くまでの過程でGDPを求めました。パンのように市場で取引できるものは，小麦の価格がいくら，パンの価格がいくら，といった形で価格が市場で決まるので，付加価値が比較的簡単に求められます。しかし，警察や消防のような仕事はどうなると思いますか。

🐘：警察や消防は，政府が供給して税金で費用を徴収するので，需要と供給のバランスで市場価格が決まる，という市場メカニズムが機能していないのですよね。

🐘：そうです。公務員の仕事などはまさに代表的なものですが，警察官は犯罪を検挙したりする過程で，付加価値に相当するものを生み出しています。消防官も火事を消したり，救急車で病人を病院に運んだりする過程で，付加価値を生み出していますが，いずれも市場での価格はつきません。警察，消防，国防などをはじめとする行政サービスなどは，市場で取引されていません。GDPは経済活動の規模（大きさ）を表すものですから，基本的には市場で取引されたものだけを対象とします。したがって市場で取引されない警察や消防などの活動はGDPに入らないことになってしまいます。

🐘：GDPとは，付加価値の合計ですよね。付加価値とは人間が働いて生み出した価値ですよね。警察官や消防官も価値を生み出しているのではないですか。

🐘：そのとおりです。警察や消防などのような公務員の仕事も，彼らが働いて，付加価値を生み出しています。それもかなりの額の付加価値になります。それを市場で取引されていないからといって無視すると，経済活動の規模が不正確になってしまいます。そこで，帰属計算を行って彼らの付加価値をGDPに含める，というルールにしたのです。

🐘：どのように計算するのですか。

🐘：帰属計算とは，市場で取引されなかったものを，あたかも市場で取引されたものとみなして記録することです。嚙み砕いて言うと，もし市場で取引

されたならば，いくらになるかを考えて，警察や消防などの経済活動の付加価値を求めることになるのです。

：帰属計算について，もう少し詳しく知りたいです。

：そうですか。それでは，もう少しだけ詳しく説明しましょう。国民所得の推計にあたっては，警察，消防，国防および義務教育などの政府サービスの付加価値は，そのサービスが作り出すのに必要とした費用で計るものとするという決まりがあります。この計算は，たとえば警察官が生み出した付加価値は，彼らが受け取った給与や業務を行うにあたって国が支出した費用の合計で計られています。これはもしも市場で警察サービスが取引されたならば，彼らの給与や業務を行うにあたって必要になった費用の合計が市場取引額になるであろうと考えられるからです。消防，国防，行政サービスなどの他の公務員の業務も同様の方法で行われています。

ことばの意味

帰属計算：市場で取引されないものを，あたかも市場で取引されたものとみなして計算すること

：先生！　帰属計算は，警察，消防などの公務員の業務についてだけなのですか？

：いいえ，他にもありますよ。農家の自家消費分，持ち家のサービスから得られる帰属家賃，企業からの現物支給，医療費の社会保険分などが帰属計算されてＧＤＰに加算されています。

：農家の自家消費分とは何ですか。

：これは農家が作った作物を自分の家で食べてしまうことですよ。なぜこれが加算されるのかも説明しておきましょう。

たとえば，コメを作っている農家で考えてみましょう。秋の収穫期に100トンのコメを作りました。そのうち農家は自分ところで食べる分を１トン残して，99トン出荷したとしましょう。このとき，99トンは市場に出回ることになりますから，ＧＤＰに加算されますが，自家消費分の１トンはそのまま農家が食べてしまいますから，市場で取引されず，本来ならばＧＤＰには加算されません。しかしその１トンも，農家の人が働いて生み出した付加価値ですから，ＧＤＰに加算すべきだとは思いませんか。そこで，

この農家の自家消費分は帰属計算してGDPに加算するわけです。ですから自家消費とは，自分の家で消費してしまった分，ということになります。

🐘：持ち家のサービスから得られる帰属家賃をGDPに加算するのはなぜですか？

🐘：ボクは帰属家賃の意味がわからないな。

🐘：では，これらについても説明しておきましょう。家は持ち家に住む人と，賃貸物件の家に住む人がいますね。持ち家に住む人は家賃を払うことはないのですが，賃貸物件に住む人は，毎月家賃を払っています。賃貸物件の家は，不動産関係の人がそれを作って供給し，それが市場で取引され，消費者が需要します。これは消費者が住宅サービスを供給していることを意味しますから，毎月の家賃はサービスの対価ということになり，付加価値としてGDPに加算されます。ところが，持ち家の場合は，家賃は発生しません。持ち家であろうと賃貸物件であろうと，住宅からそれなりのサービスを享受しているにもかかわらず，賃貸物件の場合には住宅サービスがGDPに加算され，持ち家の人が自分の家から得るサービスは，市場で取引されない，という理由でGDPに加算しないのでは，国民所得の概念としては不正確といえます。言い換えれば，帰属計算しなければ，賃貸に住む人が多い国と，持ち家に住む人が多い国とのGDPが不正確になって，国際比較ができなくなりますよね。そこで持ち家も，そこからサービスを享受しているとみなして帰属計算がなされるのです。帰属家賃とは，持ち家の人がもしその家が賃貸物件であったならば，どれだけの家賃になるかを求めたものだと考えてください。

ポイント

GDPに帰属計算されるもの：農家の自家消費分，持ち家のサービスから得られる帰属家賃，企業からの現物支給，警察や消防，国防，および義務教育などの公務員の業務，など

🐘：GDPは，市場で取引されないものを帰属計算して，うまく作っているのですね。

🐘：ただし，このGDPは経済規模を正確に表す完全な指標とはいえませんね。だから問題点もありますね。たとえば，主婦の家事サー

ビスは，ＧＤＰには加算されていませんね。同じ家事サービスなのに，家政婦を雇った場合は，その人の働きはＧＤＰに加算されますが，主婦が同じことをした場合はＧＤＰには加算されません。同じようなことが介護の世界でもいえます。家族が老人を介護した場合はＧＤＰには入りませんが，介護サービスで同じことをしてもらうと，これはＧＤＰに入ります。他にも理髪店に行く代わりに自分で行った散髪や，農家ではない人が庭などで栽培した野菜などを自分で食べた場合などが挙げられます。このように問題点もある指標であるということも理解しておいてください。

> **ポイント**
> ＧＤＰに帰属計算されないもの：主婦の家事サービス，理髪店に行かずに自宅で行った散髪，農家ではない人が，自宅の庭で栽培した農作物，など

：なーんだ。ＧＤＰって，あまりあてにならない指標かも知れないな。

：まあ，"あてにならない"は言いすぎですが，実際のところ完全な形でその国の経済活動を表すのはとても難しい，ということなんですね。いまのところＧＤＰが最も支持されている経済活動を表す指標であり，常に改善がなされているため，十分に意味のある指標といえます。したがって，指標の意味と作り方をしっかりと理解しておいてくださいね。それでは，これぐらいにしましょう。

：ありがとうございました。

●●● Exercise ●●●

国家Ⅱ種　2002年

ＧＤＰに関する次の記述のうち，妥当なのはどれか。

1　1億円の土地が売買され，その取引を仲介した不動産業者に10％の手数料が支払われた場合，この取引による土地の代金および仲介手数料はＧＤＰに計上される。

2　絵画が10億円で売買され，仲介手数料として画商に取引金額の5％が支払われたとしても，絵画や株式のような資産の取引はＧＤＰに計上されないので，仲介手数料についても計上されない。

3　ＧＤＰには，市場で取引されるものがすべて計算されるわけではなく，各産業の生産額から原材料などの中間生産物額を差し引いた付加価値だけが計上される。

4　農家の生産物の自家消費分は市場で取引されなくてもその金額がＧＤＰに計上されるのと同様に，サラリーマンが庭で野菜を栽培し，それを自分で消費する場合も自家消費分としてＧＤＰに計上される。

5　日本の企業がアメリカへ進出し，そこに工場を建てて生産をおこなった場合，現地で雇用したアメリカ人労働者が得た所得は，アメリカのＧＤＰを増加させるが，日本から派遣された日本人労働者が得た所得は，日本のＧＤＰを増加させることになる。

解説 　　正解　3

帰属計算に注意して考える。
1 　妥当でない　土地の代金は付加価値ではないので，ＧＤＰには含まれない。
2 　妥当でない　仲介手数料は画商による付加価値だから，ＧＤＰに計上される。
3 　妥当である　そのとおり。各産業の生産額から原材料などの中間生産物を差し引いて求める。
4 　妥当でない　サラリーマンの家庭菜園はＧＤＰには含まれない。
5 　妥当でない　日本人であってもアメリカで働けば，アメリカのＧＤＰに計上される。

Part 3　1-1-3　GNI（GNP）とは

- ：ここでは，GNIについて学習しましょう。
- ：よろしくお願いします。
- ：Part 1 とPart 2でGDPについて学習しましたね。GDPというのは国内総生産のことであり，一国に居住する生産者が一定期間に新たに生み出した付加価値のことをいいましたね。
- ：パンで付加価値の説明を受けました。
- ：そのGDPは国内の付加価値の合計なのですが，国民の付加価値で考えたGNIという指標があります。これは一国の国民が，一定期間に生み出した付加価値の合計になります。この GNI とは，Gross National Income の略で，国民総所得と表現する場合もあります。
- ：国民と国内では，どこが違うのですか。
- ：国内は，その国に居住する外国人を含むと考えてください。国民とは，その国の国民だから，外国人を除くと考えてください。正確にはGDPに海外からの純要素所得を加えたものがGNIになりますね。

ことばの意味

GNI：一国の国民が一定期間に生み出した付加価値のこと
GNI＝GDP＋海外からの純要素所得

- ：海外からの純要素所得って初めて聞くのですが，どういうものなのですか。
- ：これは，「（一国の居住者が海外から受け取る要素所得）－（一国の居住者が海外へ支払う要素所得）」で表されます。
- ：でも，まだ要素所得がわからないわ。
- ：これは，資本や労働などの生産要素の供給によって得られる所得のことで，賃金，利子，配当，および賃借料などのことをいうんだよ。具体的に考えることにしましょう。いま日本とアメリカで経済活動が行われたとしましょう。

　　①日本の国内で，日本国民が280兆円，アメリカ国民が20兆円の付加価値を生み出した。

②アメリカの国内で，アメリカ国民が500兆円，日本国民が50兆円の付加価値を生み出した。

このとき，それぞれの国民が所得（付加価値額）のすべてを自国に送金しているとするとき，それぞれのGDPとGNIを求めてみましょう。

日本のGDP ＝ 280 ＋ 20 ＝ 300兆円
日本のGNI ＝ GDP ＋ 海外からの純要素所得
　　　　　＝ GDP ＋ 海外から受け取る要素所得
　　　　　　　　　　　　　　　－ 海外へ支払う要素所得
　　　　　＝ GDP ＋ アメリカからの送金 － アメリカへの送金
　　　　　＝ 300 ＋ 50 － 20
　　　　　＝ 330兆円

アメリカのGDP ＝ 500 ＋ 50 ＝ 550兆円
アメリカのGNI ＝ GDP ＋ 海外からの純要素所得
　　　　　　　＝ GDP ＋ 日本からの送金 － 日本への送金
　　　　　　　＝ 550 ＋ 20 － 50
　　　　　　　＝ 520兆円

この具体例でGDPとGNIの違いを理解してください。

:何となくわかったような気がします。

:それでは最後に，GNIとGNPの関係について説明しておきましょう。GDPなどの指標は，国連が定めるSNA（System of National Accounts）と呼ばれる基準に基づいて作成されています。この基準ですが，日本は2000年10月まではGSNAと呼ばれる基準に基づいて作られていたのですが，2000年10月以降は93SNAの基準に基づいて作られることになりました。そこで基準が変わったために，以前はGNP（国民総生産, Gross National Product）と表現していた指標も，GNI（国内総所得, Gross National Income）と改められました。古いテキストなどをみると，GNPという表現で書かれていたりしますが，これはGNIに改定されたと覚えておいてください。

:要するに，GNPは古い表現で，いまはGNIという表現が使われているということですね。

:そうです。簡単に表現すると，マナブ君の言うとおりになるね。資格試験においては，ほぼGNIに統一されているのですが，場合によってはGNPの表現で出題されているので，少し注意しておいてください。それでは，これくらいで終わりましょう。

:ありがとうございました。

●●● Exercise ●●●

中小企業診断士　2002年

GDPは，GNPとともに国の経済活動の水準を表す指標であるが，その算定方法について，最も適切なものを選べ。

ア　日本のGDPは，外国人が日本で得た所得は含まれないが，日本国民が外国で得た所得は含まれる。
イ　日本のGDPは，外国人が日本で得た所得は含まれるが，日本国民が外国で得た所得は含まれない。
ウ　日本のGDPは，外国人が日本で得た所得も，日本国民が外国で得た所得も含まれない。
エ　日本のGDPは，外国人が日本で得た所得も，日本国民が外国で得た所得も含まれる。

解説　　正解　イ

GDPは国内の付加価値の合計，GNI（GNP）は国民の付加価値の合計である。それを踏まえて正解を探す。

ア　適切でない　GDPは日本人が外国で得た所得は含まれない。
イ　適切である　外国人が日本で得た所得は含まれるが，日本国民が外国で得た所得は含まれない。したがって，これが正解。
ウ　適切でない　外国人が日本で得た所得は含まれる。
エ　適切でない　日本国民が外国で得た所得は含まれない。

Part 4　1-1-4　三面等価の原則

🐘：ここでは，三面等価の原則について説明しましょう。

🐘🐘：よろしくお願いします。

🐘：この前のPart 1で学習した例を用いて説明しましょう。Part 1では，パンが消費者にいきわたるまでの過程を見ながら，ＧＤＰを計算しましたが，それぞれの生産者の付加価値を合計することで求めることができましたね。

図1

農家が小麦を生産する。それを製粉業者に10万円で売る。
↓
製粉業者が小麦粉に加工して，パン屋に15万円で売る。
↓
パン屋がパンを作り，それを消費者に25万円で売る。

そして付加価値の合計は10＋(15－10)＋(25－15)＝25万円となりました。このときＧＤＰは，生産活動の視点から求めているので，生産面からみたＧＤＰといいます。一方，企業はこのような活動を行った結果，売上が得られますね。たとえば，パン屋は10万円の売上を得ています。この売上は従業員への給料の支払いや，株式会社ならば株主への配当が行われるでしょうし，資本の減耗分に対して補填を行うこともあるでしょう。また，企業内部に内部留保として保管される利潤にもなります。さらには政府への税金の支払いに充てられたりします。つまり，付加価値として計上されたＧＤＰは，必ず家計部門か企業部門か政府部門かに分配されるということになりますね。では逆に，この家計部門，企業部門，政府部門の収入を合計すればＧＤＰが求められると思いませんか。そこで家計部門，企業部門，政府部門の収入を合計する形で求めたＧＤＰを分配面からみたＧＤＰといいます。この分配面からみたＧＤＰは雇用者所得，営業余剰，固定資本減耗，および間接税を加えて，補助金を引いたものになります。

> **ことばの意味**
>
> 生産面からみたGDP＝国内の総生産額－中間生産物
>
> 分配面からみたGDP＝雇用者所得＋営業余剰＋固定資本減耗＋間接税－補助金

語句の意味も簡単に説明しておきましょう。雇用者所得とは家計部門，つまり我々の所得（賃金）を意味します。営業余剰とは，企業の営業活動の余剰ですが，これは利子，配当，賃貸料などで，家計に分配されるものや，法人税として政府に分配されるものなどがあります。残ったものは企業内部に蓄積されますね。固定資本減耗とは，会計上の減価償却費のことで，産業用の機械などのような長期的に活用する固定資本の価値の減少換算分になります。間接税や補助金は，政府の純受取額とも呼ばれるもので，政府が受け取った税収から，支払った支出である補助金を引く形になっています。

🐘：この分配面からみたGDPというものは，はじめに学習した生産面からみたGDPと同じ値になるのですか？

🐘：同じ国のGDPなんだから，同じ値になるに決まってるんじゃない？

🐘：そうですね。アキコさんの言うとおりで，生産活動の結果得た付加価値分が家計，企業，政府へ"所得"という形で分配されるわけですから，分配面からみたGDPは，常に生産面からみたGDPと一致します。

🐘：それと，税収はわかるのですが，なぜ補助金を引くのですか。

🐘：ある財に補助金が支給されると，その分だけ財の価格が低下します。実際にコメなどの商品には補助金が支給されており，その補助金のおかげで，われわれは実際よりも安く商品を購入しています。ところで，GDPは市場で取引された価格をもとに導出します。つまり，補助金をもらって価格が低下した場合は，その市場価格で導出しますから，補助金額だけGDPが小さくなるのです。したがって，その補助金を引くことになるのです。

🐘：何となくわかったような気がします。

🐘：それでは次に行きましょう。このGDPは，実は支出という視点からも求

められます。これはＧＤＥ（Gross Domestic Expenditure）という表現で正式に定義されているものですが，家計，企業，政府のそれぞれの部門からの支出という視点から求めたＧＤＰと理解しておいてください。この支出面からみたＧＤＰの項目は以下のようになります。

> **ポイント**
>
> 支出面からみたＧＤＰ（国内総支出）
> ＝民間最終消費支出＋民間総固定資本形成＋在庫品増加＋政府最終消費支出＋政府総固定資本形成＋財・サービスの輸出－財・サービスの輸入

ことばの意味の確認をしておきましょう。民間最終消費支出とは，民間部門（消費者や生産者）による消費のことで，一般には消費（C：Consumption）と省略されます。国内総固定資本形成とは，民間（主に企業）による投資を目的とする消費のことで，企業にとっての売れ残りにあたる在庫品増加を含めて一般には投資（I：Investment）と呼ばれます。政府最終支出とは，政府による最終的な消費であり，政府総固定資本形成とは政府による公共投資を目的とした消費になり，通常は両者をあわせて政府支出（G：Government）と省略されます。輸出と輸入は言うまでもないと思います。

🐘：在庫品増加があるのはなぜですか。

🐘：企業が作った商品がすべて売れるわけではありません。Part 1の具体例を使って考えてみましょう。

図2

農家が小麦を生産する。それを製粉業者に10万円で売る。
↓
製粉業者が小麦粉に加工して，パン屋に15万円で売る。
↓
パン屋がパンを作り，それを消費者に25万円で売る。
↑　　　　　　　　　↑
消費者が22万円分買った　売れ残りが3万円発生した

このような売れ残りが出た場合を考えてみましょう。生産面のＧＤＰでは，25万円になりました。ところが支出面から考えると，消費者の消費分が22万円ですから，付加価値は22万円になってしまいます。つまり，ＧＤＰは22万円になってしまいます。これでは生産面と支出面でＧＤＰの額が異なってしまいます。同じ経済活動なのに，視点を変えると付加価値の額が異なってしまうのは正確さを欠きます。そこで，支出面のＧＤＰに売れ残りの３万円を加算して25万円にして，生産面と支出面のＧＤＰの額を合わせるのです。この売れ残りが在庫品増加になります。

🐘：なるほど，わかりました。

🐘：生産面からみたＧＤＰと分配面からみたＧＤＰが等しかったように，生産面からみたＧＤＰと支出面からみたＧＤＰも等しい値になるのですか？

🐘：あたり前じゃない。お金はどこかに消えてしまうわけではないんだし。

🐘：そうですね。アキコさんの言うとおりで，生産面からみたＧＤＰと支出面からみたＧＤＰは等しくなります。もちろん分配面からみたＧＤＰとも等しくなります。これをまとめておきましょう。

> **ポイント**
> 生産面からみたＧＤＰ＝分配面からみたＧＤＰ
> 　　　　　　　　　＝支出面からみたＧＤＰ

生産面からみたＧＤＰおよび分配面からみたＧＤＰと，支出面からみたＧＤＰが等しくなるのは，在庫品増加で調整するためだ，ということを確認しておいてください。

🐘：はい。わかりました。

🐘：それでは，これぐらいにしておきましょう。

🐘：ありがとうございました。

Part 5　1-1-5　【補論】"名目"と"実質"

🐘：ここでは，名目と実質についての説明をしましょう。

🐘🐘：よろしくお願いします。

🐘：たとえば，ハンバーガーショップで働いて，1000円の賃金を得たとしましょう。この1000円で1個100円のハンバーガーを買うとしますね。このとき何個買えますか。

🐘：10個買えます。

🐘：そうですね。それでは，同じく1000円の賃金を得たのですが，このハンバーガーの価格が200円にあがったとしましょう。このとき何個買えますか。

🐘：5個買えます。

🐘：そうですね。このときの1000円は名目上の所得で，10個，5個というのは実質的な所得，ということになります。ここでは，実質は数量単位の表示（財の個数，取引数のこと）になるのですが，ハンバーガーの価格が100円のときは実質的な賃金の価値はハンバーガー10個分で，ハンバーガーの価格が200円になると，実質的な賃金の価値はハンバーガー5個分ということになります。いま，実質的な賃金の価値はどのように考えて求めたのでしょうか？

🐘：えーと，どうすればいいのかな…？

🐘：その実質的な価値の求め方ですが，名目上の賃金を価格で割ることによって求められますね。マクロ経済にこの概念を適用する場合は，価格の代わりに物価を使います。

公式

$$実質値 = \frac{名目値}{価格} \left(\frac{名目値}{物価}\right)$$

ここで考えてほしいことがあるのですが，1000円の賃金を得たとき，商品の価格がいくらであるかによって，1000円の実質的な価値が決まるように思いませんか。

🐘：1000円稼いだとしても，ハンバーガーが200円だと，100円のときに500円稼いだのと同じになってしまうのですね。なんかイヤな感じです。

🐘：物価水準によって実質的な賃金の価値が変わるのは，確かにイヤかも知れませんね。でもこのことがマクロ経済の世界でも起こるのです。たとえば，次の例を見てください。2008年，2009年と物価は毎年10％ずつ上昇しているとします。物価水準は基準年を1とすると，1.1，1.21となりますね。

表1

年	名目GDP	物価水準
2007年（基準年）	500兆円	1
2008年	550兆円	1.1（1×1.1）
2009年	580兆円	1.21（1×1.1×1.1）

このときの実質のGDPを求めてみましょう。名目上のGDPを物価で割れば，実質的なGDPが求められましたよね。したがって，次の表2のようになります。

表2

年	実質GDP
2007年（基準年）	500兆円
2008年	$\frac{550}{1.1} = 500$
2009年	$\frac{580}{1.21} = 479.34$

名目値では毎年増加しているように見えるのですが，実質値に換算すると，必ずしも増加しているわけではありませんね。実質的には2008年は2007年と同じ額であり，2009年では減少しています。

🐘：2009年の場合は実質的なGDPが減少しているので，人々の所得も実質的には減少しているといえるのですか？

🐘：実質的な視点でいえば，そのようになります。これは先ほどのハンバーガーで例えるならば，名目上の賃金は1000円から1200円に増加したが，ハンバーガーの価格が100円から150円に上昇したため，実質的に10個から8個に買える数量が減少したのと同じことになります。GDPに注目する際には，実質値に換算して考える場合が多いので，名目と実質の考え方の違いをしっかりと理解しておいてください。

🐘🐘：はい。わかりました。
🐘：それでは、終わりにしましょう。
🐘🐘：ありがとうございました。

Part 6　1-1-6　【補論】"ストック"と"フロー"

- 🐘：ここでは，ストックとフローという概念について学習しましょう。
- 🐘🐘：よろしくお願いします。
- 🐘：ある人をAさんとしましょう。Aさんはサラリーマンで，毎日コツコツと働き，給与を得ていたとします。その給与の額を月給20万円としましょう。
- 🐘：月給20万円というと，大学卒業者の初任給レベルの数値ですね。
- 🐘：まあ，給与の額はそんなに重要ではないので，これから先の話をしっかりと聞いてください。
- 🐘：はい。すみません。
- 🐘：Aさんは大の貯蓄好きで，毎月の給与20万円の全額を貯蓄していたとしましょう。議論をやさしくするためにこのように考えてください。生活費などは親が出してくれていると思うことにしましょう。このとき，今が1月だったとして，12月にはいくら貯まりますか？
- 🐘：1月から始めて，12月だから，ちょうど12カ月分ね。だから240万円になるわ。いいなあ…。
- 🐘：そうですね。12月の時点で240万円になるはずです。この12月の時点で考えてみたいのですが，12月の1カ月間における新たな貯蓄額は20万円です。これはAさんの給与の額です。そして12月の時点での合計の貯蓄額が240万円です。
- 🐘：それはわかります。
- 🐘：はい。この1カ月間の20万円のことを経済学では<u>フロー</u>といいます。そして12月時点での合計の貯蓄額240万円のことを<u>ストック</u>といいます。フローとは，一定期間において発生する数量のことであり，ストックとは，ある時点におけるその時までの蓄積量のことになります。

> **ことばの意味**
> フロー：一定期間において発生する数量
> ストック：ある時点におけるその時までの蓄積量

- 🐘：なるほど。20万円は1カ月の貯蓄額だから，一定期間の貯蓄額ということ

で，フローというのですね。そして240万円は，12月までの貯蓄の蓄積額ということでストックというのですね。

🐘：そうです。まさにアキコさんの言うとおりです。このように経済学ではストックの数値とフローの数値が出てきますので，この違いをしっかりと理解しておいてくださいね。

🐘：たとえば，どのようなところで出てくるのですか。

🐘：このStage 1で学習したGDPもまさにそうです。GDPはどちらになると思いますか。

🐘：GDPは付加価値の合計だから，合計ということでストックかな？

🐘：違うわよ。1年間の付加価値の合計だから，フローじゃないの？

🐘：そうですね。正解はアキコさんのほうです。GDPはフローの数値になります。GDPは1年間の付加価値の合計ですから，一定期間の量になります。過去からの蓄積，つまり合計ではないので，ストックではありません。

🐘：なーんだ，難しいじゃないですか！

🐘：はじめのうちは難しく感じるかもしれませんが，慣れるとすぐにわかるようになります。それでは，投資はどちらになりますか。

🐘：投資って民間総固定資本形成のことですよね。これは，企業がもの作りを行うために利用する設備にあたる設備投資のことを言うんでしょ。だからストックかな？

🐘：残念ながら違いますね。正解はフローです。一定期間のものか，過去からの蓄積かで判断してください。投資は，GDPの構成要素で，1年間に企業が新しく作った設備などを指しますから，フローになるわけです。ちなみに過去からの設備の合計額を「資本」といいます。この「資本」はストックになります。実はGDPはそれ自体がフローの数値ですから，GDPの構成要素である投資（国内総固定資本形成），政府支出（政府最終消費支出），消費（民間最終消費支出），輸出，輸入などはすべてフローになります。

🐘：覚えておいたほうがよいと思われるフローやストックはありますか。

🐘：そうですね。フローの量としては，いまのGDPやその項目，所得などがありますね。一方，ストックの量としては，資産，国債残高などがありますね。前者は一定期間の量，後者は過去からの蓄積ということをしっかり確認してください。

🐘🐘：はい。わかりました。

🐘：国債残高はストックなら，1年間の国債の発行額はフローになるのですか？

🐘：そうですね。政府の予算の際によく報道されていますが，1年間の国債の発行額はフローになります。国債の残高が日本のGDPの額を超えているということはよく言われていますが，この国債残高はストックの量ですので，しっかり確認しておいてください。それでは，これくらいにしておきましょう。

🐘🐘：ありがとうございました。

●●● Exercise ●●●

中小企業診断士　2001年

　経済学では，フローの概念とストックの概念を区別することが重要である。フローの概念に当たるものとして，最も適切なものの組み合わせを下記の解答群から選べ。

a　消費　　b　資産　　c　所得　　d　国富

〔解答群〕
ア　aとb　　イ　aとc　　ウ　bとd　　エ　cとd

解説　　正解　イ

　フローとは，一定期間の量で，ストックは，過去からの蓄積量である。この視点に立つと，フローは消費と所得になり，ストックは資産と国富になる。
　以上から，正解はイになる。
　なお，国富とはその国の正味資産のことである。

Stage 2
産業連関表

ここでは，一国全体の経済を分析すると必ず意識しなければならなくなる産業と産業との関連性や，他の産業への波及効果について分析するための唯一の"道具"と言ってもいい，産業連関表について学習します。

Part 1　1-2-1　産業連関表の構造

🐘：ここでは，産業連関表について学習しましょう。

🐘🐘：よろしくお願いします。

🐘：それぞれの産業は，さまざまな産業と結び付きあっています。たとえば自動車は，鉄鋼や半導体を使っています。これは自動車産業と鉄鋼産業，あるいは半導体産業と取引をしていることを意味します。このように，国民経済の中における取引の流れを，各産業間の相互依存関係の視点から捉えて明らかにしたものを産業連関表といいます。

🐘：それぞれの産業の取引の流れを表したものと思えばいいのですね。

🐘：そうですね。それぞれの産業間での総合的な取引の流れを表したものと思っておいてください。

ことばの意味

産業連関表：国民経済におけるさまざまな取引の流れを，各産業間の相互依存関係の視点から捉えて表の形にしたもの

🐘：それでは，具体的に理解していきましょう。

🐘：はい。お願いします。きっと具体的でないとわかりません。

🐘：まずは，軸に注目してみてください。投入額をタテの列にとり，産出額をヨコの行にとって作ったものが産業連関表になります。産業連関表には，金額表示と数量表示のものがあるので，並べて示してみましょう。

表1　金額表示の産業連関表　　　　　　　［単位はすべて兆円］

		中間需要			最終需要	総生産高
		自動車	鉄	パソコン	（額）	（額）
中間投入	自動車	20	10	30	20	80
	鉄	15	5	20	10	50
	パソコン	10	15	15	30	70
付加価値	労働所得	25	10	3		
	資本所得	10	10	2		
	総投入額	80	50	70		

表2　数量表示の産業連関表　　　　　　　［単位はすべて財の数量］

		中間需要			最終需要	総生産高
		自動車	鉄	パソコン	（量）	（量）
中間投入	自動車	10台	10台	5台	20台	45台
	鉄	10トン	5トン	20トン	10トン	45トン
	パソコン	10個	15個	5個	20個	50個
付加価値	労働量	15人	5人	5人		
	資本量	10m²	10m²	4m²		

このように示された表のことを**産業連関表**といいます。これは，各産業がどのような生産要素（産業）をどのくらい投入して生産活動が行われたかを表したもので，数字には金額ベースのものと，数量ベースのものがあります。金額表示の産業連関表の場合は，単位がすべて同じですから，同じ産業ならば，ヨコの合計額と，タテの合計額は同じになります。自動車産業では，ヨコの総生産量が80兆円で，タテの総投入額も80兆円になっています。ところが数量表示の場合は，単位がバラバラですので，タテの列には意味がありません。単位の異なる数値をタテに足しても意味がないからです。これが金額表示と数量表示の大きな違いです。

> **アドバイス**
> 金額表示の産業連関表：同じ産業ならば，ヨコの行の合計額とタテの列の合計額が等しくなる
> 数量表示の産業連関表：同じ産業であっても，ヨコの行の合計は総生産量を表すが，タテの列の合計には意味はない

特に金額ベースの産業連関表を見るとわかりやすいのですが，ヨコの行で示されているものを**販路構成**といい，タテの列で示されているものを**費用構成**といいます。ヨコの「販路構成」とは，その産業の財が，どの産業へと売られ，買われていったかを表します。見方を変えて表現すると，各産業によるその財についての需要額（量）ということになるのです。

🐘：その産業の財が，どの産業へと売られ，買われていったか，という意味がわからないのですが…。

🐘：それでは，もう少し詳しく説明しましょう。金額表示の産業連関表を用いて確認しましょう。自動車におけるヨコの行を見てください。

表3　　　　　　　　　　　　　　　　　　　　　　[単位はすべて兆円]

	中間需要			最終需要（額）	総生産高（額）
	自動車	鉄	パソコン		
自動車	20	10	30	20	80

単位は兆円です。その国において自動車の総生産額が80兆円でした。これが一番右に書かれています。これを左から見ていきますが，80兆円のうち自動車産業部門へと20兆円販売され，鉄鋼部門へと10兆円販売され，パソコン部門へと30兆円販売されています。そして最終需要とありますが，これはその国の国民（個人）による消費（需要）ということになります。つまりその国の国民の消費（需要）として，20兆円販売したということになります。

🐘：なるほど，だから販路構成というのですね。何となくわかりました。鉄やパソコンはどうなるのですか。

🐘：表を見ながら同じように考えてみてください。

表4　　　　　　　　　　　　　　　　　　　［単位はすべて兆円］

	中間需要			最終需要(額)	総生産高(額)
	自動車	鉄	パソコン		
自動車	20	10	30	20	80
鉄	15	5	20	10	50
パソコン	10	15	15	30	70

🐘：鉄の場合は，自動車部門に15兆円販売し，鉄鋼部門に5兆円販売し，パソコン部門に20兆円販売して，そしてその国の消費者の消費になる最終需要が10兆円ということになるのですね。国全体では50兆円の鉄が生産されたことになりますね。

🐘：そうですね。そのとおりです。

🐘：じゃあ，パソコンはボクがやります。えーと，自動車部門に10兆円，鉄鋼部門に15兆円，パソコン部門に15兆円，そして最終消費が30兆円ですね。国全体の生産額は70兆円ですね。

🐘：そうですね。そのとおりです。

🐘：でも，パソコン部門にパソコンを15兆円販売するってことが，よくわからないなあ…。

🐘：これはあくまで参考として作った図ですから，実際にこのようになるかどうかはわかりませんが，パソコンを70兆円生産するうえで，パソコンが15兆円必要になっていることを意味します。パソコンの生産にあたって，プログラムを組んだり，製造ラインの生産管理をパソコンで行ったりするということで，15兆円のパソコンが必要になるとイメージしてください。これはパソコンで考えるから，わかりにくくなるので，たとえば農業において，コメを生産するのに，種となるコメを必要とします。つまり自分自身の産業が必要になるわけです。このコメのように，自分自身の産業も生産に必要になることもあるので，産業連関表では，自身の産業の部門に販売するようなことが起こるわけです。

🐘：何となくわかったような気がします。

🐘：それでは，タテの「費用構成」について説明しましょう。金額表示の産業連関表で説明します。自動車の中間需要のタテの列を見てください。

表5　　　　　　　　　　　　　　　　　　　[単位はすべて兆円]

		中間需要		
		自動車	鉄	パソコン
中間投入	自動車	20	10	30
	鉄	15	5	20
	パソコン	10	15	15
付加価値	労働所得	25	10	3
	資本所得	10	10	2
	総投入額	80	50	70

　タテは費用構成で，総投入量（金額表示なので総生産量に等しい）は80兆円です。この80兆円の自動車を生産するのに，自動車を20兆円，鉄を15兆円，パソコンを10兆円，労働を25兆円，そして資本を10兆円必要としたということを意味します。

🐘：じゃあ，鉄の場合は50兆円分の鉄を作るにあたって，自動車を10兆円，鉄を5兆円，パソコンを15兆円，労働を10兆円，資本を10兆円必要とした，ということになるのですか？

🐘：そのとおりです。

🐘：ではパソコンの場合は，70兆円作るのに，自動車を30兆円，鉄を20兆円，パソコンを15兆円，労働を3兆円，資本を2兆円必要としたということになるのですね。

🐘：そのとおりです。

🐘：とりあえず費用構成はわかったような気がします。

🐘：このヨコの「販路構成」とタテの「費用構成」は重要なものですので，しっかりと理解しておいてください。

> **ことばの意味**
>
> 産業連関表のヨコの行：販路構成と呼ばれ，その産業の財がどの産業へ販売されたかを表す
>
> 産業連関表のタテの列：費用構成と呼ばれ，その産業の財の生産にあたって，どれだけの産業の財を費用として必要としたかを表す

🐘：それでは次に進みましょう。この産業連関表ですが，三面等価が成立しています。この表からＧＤＰを求めてみましょう。ＧＤＰは生産面のＧＤＰ，分配面のＧＤＰ，支出面のＧＤＰがありました。それぞれＧＤＰを導出してみると以下のようになります。

> **補足**
>
> 生産面のＧＤＰ＝総生産額－中間投入額
> 　　　　　　　＝(80＋50＋70)－(20＋10＋30＋15＋5＋20＋10＋15＋15)
> 　　　　　　　＝60
>
> 分配面のＧＤＰ＝付加価値の総額
> 　　　　　　　＝労働所得＋資本所得
> 　　　　　　　＝25＋10＋3＋10＋10＋2
> 　　　　　　　＝60
>
> 支出面のＧＤＰ＝最終需要の総額
> 　　　　　　　＝20＋10＋30
> 　　　　　　　＝60

　　それぞれのＧＤＰは等しくなるという三面等価の原則が成り立っていることを確認しておいてください。

🐘：分配面のＧＤＰって付加価値の合計でいいのかしら。付加価値の合計は生産面のＧＤＰだったと思うのですが…。

🐘：そうですね。ＧＤＰとはそもそも付加価値の合計ですから，このように迷うかもしれませんね。しかし，ここでは付加価値の合計は，労働所得と資本所得に分配されているので分配面のＧＤＰになります。

🐘：なるほど，わかりました。

: それでは，これで終わりにしましょう。

: ありがとうございました。

••• Exercise •••

地方上級　2003年

次の表Ⅰは，閉鎖経済の下で，すべての国内産業がア，イの二つの産業部門に分割されているとした場合の産業連関表であり，表Ⅱは，表Ⅰの数字に基づいて各産業間の投入係数を表した表であるが，表Ⅰ中のA～Gに該当する数字の組合せとして，妥当なのはどれか。

表Ⅰ　　　　　　　　　　　　　　　　　　（単位　兆円）

投入＼産出		中間需要		最終需要	総産出額
		ア産業	イ産業		
中間投入	ア産業	A	20	70	B
	イ産業	C	D	60	200
付　加　価　値		E	F		
総　投　入　額		G	200		

表Ⅱ

	ア産業	イ産業
ア産業	0.1	0.1
イ産業	0.4	0.5

	A	B	C	D	E	F	G
1	10	100	20	180	40	30	50
2	10	100	40	100	50	80	100
3	20	110	30	100	60	80	120
4	30	80	40	100	50	30	80
5	30	120	20	180	40	50	50

解説　正解　2

金額ベースの産業連関表の特徴である各産業の販路構成（ヨコ）の合計と，費用構成（タテ）の合計が等しくなることを使って求めればよい。問題より単位が兆円であることから，金額ベースの産業連関表とみなして解く。

（ア産業）　　　　　$B = G$　……①
　　　　　$A + 20 + 70 = A + C + E$
　　　　　　　　　$90 = C + E$　……②
（イ産業）　$C + D + 60 = 20 + D + F$
　　　　　　　　　$40 = F - C$　……③

つぎに投入係数とは，第X財を1単位生産するのに必要な第Y財の量であるといえるので，ア産業の場合，タテの費用構成でみると，

　ア産業を1単位生産するのに，ア産業が0.1必要になる。

　ア産業を1単位生産するのに，イ産業が0.4必要になる。
ことを意味する。

以上から，（投入係数）×（総生産量）＝（中間投入量）となるので，
　　　$A = 0.1B$（$= 0.1G$）　……④
　　　$C = 0.4B$（$= 0.4G$）　……⑤
　　　$D = 0.5 \times 200 = 100$　……⑥
が成り立つ。

以上の条件から求めていくことになるが，変数が7つに対して，等式が6つしかない。そこで，等式からだけでは数値が確定しないことになる。このような場合は，選択肢をみて，①から⑥の関係を満たすものを選ぶようにする。

したがって，正解は2になる。

Part 2　1-2-2　投入係数の意味

🐘：ここでは，投入係数について説明しましょう。

🐘🐘：よろしくお願いします。

🐘：Part 1 で学習した金額表示の産業連関表を使って学習しましょう。もちろん数量表示でも可能ですが，ここでは金額表示のものを使いたいと思います。

表1　金額表示の産業連関表　　　　　　　　［単位はすべて兆円］

		中間需要			最終需要（額）	総生産高（額）
		自動車	鉄	パソコン		
中間投入	自動車	20	10	30	20	80
	鉄	15	5	20	10	50
	パソコン	10	15	15	30	70
付加価値	労働所得	25	10	3		
	資本所得	10	10	2		
	総投入額	80	50	70		

　この表から，投入係数というものを求めます。それは，その産業の財を1単位生産するのに必要な中間投入量の比率になります。ここで，自動車のケースで投入係数を求めてみましょう。自動車の投入係数は，自動車の総生産額でそれぞれの中間投入額を割ることによって求められます。

表2

	自動車
自動車	$\frac{20}{80}=\frac{1}{4}$
鉄	$\frac{15}{80}=\frac{3}{16}$
パソコン	$\frac{10}{80}=\frac{1}{8}$
労働所得	$\frac{25}{80}=\frac{5}{16}$
資本所得	$\frac{10}{80}=\frac{1}{8}$
総投入額	1

そして,割ることによって得られた値を投入係数といいます。

🐘:この投入係数は結局,何を意味しているのですか。

🐘:こうなります。

ことばの意味

投入係数:1単位分の財を生産するのに,必要な中間投入の量(額)

🐘:表2の最後の総投入額が1になっているところから理解してほしいと思います。

🐘:そうか。総投入額が1だから,この場合,1兆円の自動車を作るのに,必要な中間投入額が求められているのですね。

🐘:そうです。1兆円の自動車を作るのに$\frac{1}{4}$兆円の自動車,$\frac{3}{16}$兆円の鉄,$\frac{1}{8}$兆円のパソコン,$\frac{5}{16}$兆円の労働,そして$\frac{1}{8}$兆円の資本を必要とするということですね。

🐘:なるほど。何となくわかりました。ところで,鉄やパソコンも同じ要領で求めればよいのですか。

🐘:そうです。同じ要領で求めることができます。求めてみましょう。

表3

	中間需要	
	鉄	パソコン
自動車	$\frac{10}{50}=\frac{1}{5}$	$\frac{30}{70}=\frac{3}{7}$
鉄	$\frac{5}{50}=\frac{1}{10}$	$\frac{20}{70}=\frac{2}{7}$
パソコン	$\frac{15}{50}=\frac{3}{10}$	$\frac{15}{70}=\frac{3}{14}$
労働所得	$\frac{10}{50}=\frac{1}{5}$	$\frac{3}{70}$
資本所得	$\frac{10}{50}=\frac{1}{5}$	$\frac{2}{70}=\frac{1}{35}$
総投入額	1	1

　これが鉄とパソコンの投入係数になります。産業連関分析では，各産業での生産高（生産額または生産量）と，生産を行ううえで用いられた各中間投入量は，常に一定になると考えられるため，総投入額が増加すると，投入係数の比率でもって中間投入量（額）も増加していきます。したがって，これを投入係数というのです。

🐘：なるほど，言葉の意味も何となくわかりました。
🐘：それでは，この投入係数を行列の形で表しておきましょう。

$$\begin{pmatrix} \frac{1}{4} & \frac{1}{5} & \frac{3}{7} \\ \frac{3}{16} & \frac{1}{10} & \frac{2}{7} \\ \frac{1}{8} & \frac{3}{10} & \frac{3}{14} \end{pmatrix}$$

　自動車，鉄，パソコンのそれぞれの産業の投入係数を行列の形にするとこのようになります。これを投入係数行列といいます。そして，それぞれの数値を投入係数といいます。投入係数行列は，実際の試験ではあまり使うことはないと思いますが，とりあえず覚えておいてください。

🐘：はい，わかりました。
🐘：それと，実際に投入係数を作る時の注意ですが，必ずタテ

で同じ分母を用いて割って求めることを確認しておいてください。1単位あたりの中間投入を求めますから，自動車ならば，自動車産業の総生産量（額）をタテの費用構成でそれぞれ割っていく，ということです。間違えてヨコの販路構成を同じ分母を用いて割っていかないように注意してください。

🐘🐘：はい，わかりました。

🐘：この投入係数は，次の数量方程式（Part 3）で使いますので，忘れないようにしておいてください。それでは，これぐらいにしておきましょう。

🐘🐘：ありがとうございました。

Part 3 1-2-3 数量方程式の活用

🐘：ここでは、産業連関表における数量方程式について学習しましょう。

🐘🐘：よろしくお願いします。

🐘：前のPart 2で投入係数について学習しました。この投入係数を使って、数量方程式というものを作ると、ある産業の最終需要量が変化したときの、それぞれの産業における総生産量の変化がわかるようになります。たとえば、自動車の最終需要量が増加したとき、自動車の総生産量だけが増加するのではなくて、それぞれの産業が結び付きあっていますから、鉄やパソコンの総生産量も変化します。それぞれの産業の総生産量がどれだけ変化するのかを、投入係数を使って作る数量方程式によって求めることができるのです。ここでは、そういったことについて学習します。

🐘：自動車の最終需要が増加すると、自動車は鉄を使って作るから、それだけ鉄の需要も増加することになるから、鉄の総生産量も増加するのかな。また自動車の中にパソコンを組み込んでいたとすると、自動車の需要の増加が、そのままパソコンの需要の増加に繋がるから、パソコンの総生産量も変化するのかな。

🐘：そういうことですね。では実際に求めて見ましょう。次の表は、2部門からなる数量表示の産業連関表を示しています。このとき第1部門の最終需要が5台増加した場合に、それぞれの部門の総生産量がどれだけ増加するかを求めて見ましょう。なおこの表では、自動車とか鉄などと具体的な産業ではなく、第1部門、第2部門と表示されています。現実の産業連関表は、自動車、鉄などの具体的な項目で作られているのですが、資格試験の問題では第1部門、第2部門、あるいは産業1、産業2などの表現で書かれますので、確認しておいてください。

表1

投入＼産出	中間需要		最終需要	産出量
	第1部門	第2部門		
第1部門	10台	10台	20台	40台
第2部門	10トン	0トン	10トン	20トン

🐘：この表からどのようにして，数量方程式を作るのですか。

🐘：ヨコの販路構成で，式を作ります。まずは投入係数を求めましょう。

表2

投入＼産出	中間需要	
	第1部門	第2部門
第1部門	$\frac{10}{40}=0.25$	$\frac{10}{20}=0.5$
第2部門	$\frac{10}{40}=0.25$	$\frac{0}{20}=0$

それではつぎに，それぞれの部門において，ヨコの関係で式を作ってください。

第1部門：10＋10＋20＝40
第2部門：10＋ 0 ＋10＝20

式ができたら，その式を，投入係数を使って表現しなおします。それぞれの項は，投入係数×その部門の総生産量で書き換えられますね。

第1部門：0.25×40＋0.5×20＋20＝40
第2部門：0.25×40＋ 0 ×20＋10＝20

書き換えられたら，さらにそれぞれの総生産量と最終需要量を文字に置き換えます。たとえば，第1部門，第2部門の総生産量と最終需要量をそれぞれ，Q_1（第1部門の総生産量），D_1（第1部門の最終需要量），Q_2（第2部門の総生産量），D_2（第2部門の最終需要量）とおくと，次のようになります。

第1部門：$0.25 \times Q_1 + 0.5 \times Q_2 + D_1 = Q_1$
　　　　　$0.25 Q_1 + 0.5 Q_2 + D_1 = Q_1$（第1部門の数量方程式）

第2部門：$0.25 \times Q_1 + 0 \times Q_2 + D_2 = Q_2$
　　　　　$0.25 Q_1 + D_2 = Q_2$（第2部門の数量方程式）

これらを数量方程式といいます。

> **ことばの意味**
>
> **数量方程式**：国内の産業間における相互依存関係を，投入係数を用いて方程式の形で表したもの

🐘：そして，求めた数量方程式の変化分（増加分）をとって，第1部門の最終需要が5台増加したのですから，それを代入すれば，それぞれの総生産量の変化分（変化量ともいう）が求められます。

🐘：変化量を取らずに，そのまま代入してはいけないのですか。

🐘：もちろんよ！　変化量を代入するときは，式を変化量に変形してからでなければいけないのよ。変化量はフローの数字だから，ストックの数字となる総生産量などの数字のところに，そのまま代入してはいけないのよ。だから「講義を始める前に…」のPart 2のところで学習した差分方程式を作ってからでないと代入できないはずなのよ。

🐘：アキコさんの言うとおりです。差分方程式，つまり変化分（量）の式を作って代入しなければなりません。変化量（フロー）と総量（ストック）は異なる概念であるので区別してください。それでは，変化分の式を求めましょう。

第1部門：$0.25\Delta Q_1 + 0.5\Delta Q_2 + \Delta D_1 = \Delta Q_1$（第1部門の差分方程式）
∴ $-0.75\Delta Q_1 + 0.5\Delta Q_2 + \Delta D_1 = 0$

第2部門：$0.25\Delta Q_1 + \Delta D_2 = \Delta Q_2$（第2部門の差分方程式）
∴ $0.25\Delta Q_1 - \Delta Q_2 + \Delta D_2 = 0$

この式の最終需要の部分に数値を代入します。いま，第1部門の最終需要が5増加しましたから，ΔD_1のところに＋5を代入してください。それから第2部門は変化していませんから，ΔD_2のところには0を代入してください。実際の試験問題では，第2部門の最終需要は変化なしとか，0であるとか，丁寧に記述してくれないかも知れないので，問題文に最終需要が何も書かれていなければ，0を代入してください。

🐘：問題文は丁寧に書いてほしいな。

🐘：丁寧に書きすぎると，みんな正解できちゃうでしょ。

🐘：それもそうだね（笑）。

🐘：それでは，代入して総生産量の変化を求めましょう。

$$第1部門：-0.75\Delta Q_1 + 0.5\Delta Q_2 + \Delta D_1 = 0$$
$$-0.75\Delta Q_1 + 0.5\Delta Q_2 + 5 = 0$$
$$0.75\Delta Q_1 - 0.5\Delta Q_2 = 5 \quad \cdots\cdots ①$$

$$第2部門：0.25\Delta Q_1 - \Delta Q_2 + \Delta D_2 = 0$$
$$0.25\Delta Q_1 - \Delta Q_2 + 0 = 0$$
$$0.25\Delta Q_1 = \Delta Q_2 \quad \cdots\cdots ②$$

この①式と②式を連立させて方程式を解きましょう。②式を①式に代入します。

$$0.75\Delta Q_1 - 0.5\times(0.25\Delta Q_1) = 5$$
$$0.75\Delta Q_1 - 0.125\Delta Q_1 = 5$$
$$\therefore \Delta Q_1 = 8$$

これを②式に代入すると，

$$\therefore \Delta Q_2 = 2$$

このようにして，それぞれの部門での変化量が求められました。

🐘：この求められた変化量が意味することは，第1部門の最終需要が5台増加したときに，第1部門の総生産量が8台増加して，第2部門の総生産量が2トン増加することになるということですよね。

🐘：そのとおりです。第1部門の最終需要が5台増加すると，それぞれの部門は関連しあっていますから，第2部門の総生産量まで増加することになります。このように数量方程式を使うことで，このような変化量を求めることができるのです。この解き方をしっかり確認して，何も見なくてもできるようにしておいてください。

🐘🐘：はい，わかりました。

🐘：それでは，これで終わりにしましょう。

🐘🐘：ありがとうございました。

●●● Exercise ●●●

労働基準監督官　1997年

表は，二つの産業部門から成る産業連関表を示したものであり，投入係数はすべて固定的であると想定されている。

いま第Ⅱ部門の最終需要が50％増加したとすれば，第Ⅰ部門の総生産量はいくら増加するか。

投入＼産出	中間需要		最終需要	総生産量
	第Ⅰ部門	第Ⅱ部門		
第Ⅰ部門	40	30	30	100
第Ⅱ部門	20	40	40	100

1　10
2　20
3　30
4　40
5　50

解説　　正解　2

まず，第Ⅱ部門の最終需要が50％増加するので，$\Delta D_2 = 40 \times 0.5 = 20$となる。そして，投入係数を求める。

	産業Ⅰ	産業Ⅱ
産業Ⅰ	$\frac{40}{100} = 0.4$	$\frac{30}{100} = 0.3$
産業Ⅱ	$\frac{20}{100} = 0.2$	$\frac{40}{100} = 0.4$

ここで，第Ⅰ部門の最終需要をD_1，総生産量をX_1，第Ⅱ部門の最終需要をD_2，総生産量をX_2として，販路構成で式を作る。

第Ⅰ部門：$0.4X_1 + 0.3X_2 + D_1 = X_1$　……①
第Ⅱ部門：$0.2X_1 + 0.4X_2 + D_2 = X_2$　……②

①式を変形して変化分を求める。

$-0.6X_1 + 0.3X_2 = -D_1$

$0.6\Delta X_1 - 0.3\Delta X_2 = \Delta D_1$ ……③

②式を変形して変化分を求める。

$0.2X_1 - 0.6X_2 = -D_2$

$-0.2\Delta X_1 + 0.6\Delta X_2 = \Delta D_2$ ……④

④式に先ほど求めた$\Delta D_2 = 20$を代入して，第1部門の最終需要は記述がないので，$\Delta D_1 = 0$を③に代入して連立させる。

③式より，$0.6\Delta X_1 - 0.3\Delta X_2 = 0$

$$2\Delta X_1 = \Delta X_2$$

④式より，$-0.2\Delta X_1 + 0.6\Delta X_2 = 20$

最後に④式に③式を代入する。

$-0.2\Delta X_1 + 0.6 \times 2\Delta X_1 = 20$

∴ $\Delta X_1 = 20$ （$\Delta X_2 = 40$）

以上から，正解は肢2になる。

Part 4　1-2-4　【補論】雇用量への波及効果

🐘：ここでは、産業連関表の活用の応用として、雇用量への波及効果について説明しましょう。

🐘🐘：よろしくお願いします。

🐘：Part 2で投入係数について学習しましたね。これと同じ方法で雇用量への波及効果を求めることができます。次の産業連関表を見てください。

表1

投入＼産出	中間需要 第1部門	中間需要 第2部門	最終需要	産出量
第1部門	10	10	20	40
第2部門	10	0	10	20
雇用量	40	20		

今度は産業連関表に雇用量が入りました。Part 2 で投入係数を求めましたが、ここでも同じ要領で投入係数を求めましょう。

🐘：この表からどのようにして、投入係数を求めるのですか。

🐘：これまでと同じように、タテの費用構成の式から投入係数を求めましょう。

表2

投入＼産出	中間需要 第1部門	中間需要 第2部門
第1部門	$\frac{10}{40}=0.25$	$\frac{10}{20}=0.5$
第2部門	$\frac{10}{40}=0.25$	$\frac{0}{20}=0$
雇用量	1	1

雇用量の部分もそのまま投入係数のときの要領で作ってください。

🐘：同じ要領だから、それぞれの部門の総生産量で割ればいいのですか？

🐘：そのとおりだね。雇用量を総生産量で割ってください。

🐘：雇用量を総生産量で割ると、両方とも1になりましたが、これは何を意味

するのですか。

🐘：これはそれぞれの財を1単位生産するのに，1単位の労働を必要とすることを意味していますね。

🐘：なるほど，わかりました。

🐘：それでは，あとは同じ方法で第1部門の最終需要が5台増加したときの雇用量の増加を考えましょう。とりあえず，数量方程式の要領で第1部門の最終需要が5台増加したときのそれぞれの産業の総生産量の増加を求めましょう。以下は前のPart 3の復習ですので軽く流してくださいね。

（手順1）ヨコの販路構成で式を作る
　　第1部門：$10 + 10 + 20 = 40$
　　第2部門：$10 + 0 + 10 = 20$

（手順2）投入係数かける総生産量に置き換える
　　第1部門：$0.25 \times 40 + 0.5 \times 20 + 20 = 40$
　　第2部門：$0.25 \times 40 + 0 \times 20 + 10 = 20$

（手順3）文字に置き換える
　　第1部門：$0.25 \times Q_1 + 0.5 \times Q_2 + D_1 = Q_1$
　　　　　　$0.25 Q_1 + 0.5 Q_2 + D_1 = Q_1$（第1部門の数量方程式）
　　第2部門：$0.25 \times Q_1 + 0 \times Q_2 + D_2 = Q_2$
　　　　　　$0.25 Q_1 + D_2 = Q_2$（第2部門の数量方程式）
　　　　　　第1部門の総生産量：Q_1，第2部門の総生産量：Q_2
　　　　　　第1部門の最終需要量：D_1，第2部門の最終需要量：D_2

（手順4）変化分の式（差分方程式）に書き換える
　　第1部門：$0.25 \Delta Q_1 + 0.5 \Delta Q_2 + \Delta D_1 = \Delta Q_1$（第1部門の差分方程式）
　　　　　　$-0.75 \Delta Q_1 + 0.5 \Delta Q_2 + \Delta D_1 = 0$（上の式を簡単にした）
　　第2部門：$0.25 \Delta Q_1 + \Delta D_2 = \Delta Q_2$（第2部門の差分方程式）
　　　　　　$0.25 \Delta Q_1 - \Delta Q_2 + \Delta D_2 = 0$（上の式を簡単にした）

（手順5）総生産量の変化分を求める

$\Delta D_1 = +5$，$\Delta D_2 = 0$ を代入する。

第1部門：$-0.75\Delta Q_1 + 0.5\Delta Q_2 + \Delta D_1 = 0$

$-0.75\Delta Q_1 + 0.5\Delta Q_2 + 5 = 0$

$0.75\Delta Q_1 - 0.5\Delta Q_2 = 5$ ……①

第2部門：$0.25\Delta Q_1 - \Delta Q_2 + \Delta D_2 = 0$

$0.25\Delta Q_1 - \Delta Q_2 + 0 = 0$

$0.25\Delta Q_1 = \Delta Q_2$ ……②

（手順6）①式と②式を連立させて ΔQ_1，ΔQ_2 を求める

$0.75\Delta Q_1 - 0.5 \times (0.25\Delta Q_1) = 5$

$0.75\Delta Q_1 - 0.125\Delta Q_1 = 5$

$\Delta Q_1 = 8$

これを②に代入すると，

$\Delta Q_2 = 2$

このようにして，それぞれの部門の変化分が求められました。さて，いま第1部門の総生産量が8台増加して，第2部門の総生産量が2トン増加しました。この影響は雇用にも波及します。そこで，雇用量がどれだけ増加したかを調べましょう。

🐘：先ほどの雇用量の1を使うのですか。

🐘：そのとおりですね。使います。先ほど全体の雇用量を総生産量で割りました。その結果，それぞれ1になりました。この値は，総生産量が1単位増加したときに，雇用量が1単位増加することを意味していましたね。

🐘：そうか！　わかったわ。今求めた総生産量の変化量をかければ，雇用量の増加分が求められるのだわ。

🐘：そうですね。アキコさんはいいところに気付きました。それぞれの総生産量の増加分をかけて雇用量の増加分を求めましょう。

第1部門の雇用量の増加

$\Delta Q_1 \times$（自部門の産出量が1単位増加したときの雇用量の変化）

$= 8 \times 1$

$= 8$

第2部門の雇用量の増加

$\Delta Q_2 \times$（自部門の産出量が1単位増加したときの雇用量の変化）

$= 2 \times 1$

$= 2$

これを合計すると，10になります。したがって，雇用量の増加は10になります。

：なるほど。産業連関表から雇用量の増加まで求めることができるのですね。

：そうですね。産業連関表に雇用量が載っている場合は，このように雇用量の増加分も求めることができるんですよ。それでは，これで終わりにしましょう。

：はい，ありがとうございました。

MEMO

第2部
財市場の分析

ここでは，マクロ経済学の学習において最初に注目される財についての市場を学習しましょう。一国全体を見渡すと，多数のさまざまな財の取引によって国内経済は構成されています。一国全体の財についての取引をすべてまとめて"財市場"と呼び，ここではその財市場に注目して学習します。ここからが，マクロ経済学の分析の本格的なスタートです。

Stage 1

総需要と総供給 〜45度線分析に向けて〜

マクロ経済学で最初に注目される財市場を分析していくうえで，重要な分析手法の1つでである45度線分析の学習に向けて，このStageで基礎固めをしてしまいましょう。

Part 1　2-1-1　「セイの法則」と「有効需要の原理」

- ：ここでは，「セイの法則」と「有効需要の原理」について学習しましょう。
- ：よろしくお願いします。
- ：日本に限らず，世界のすべての国では，景気の変動がありますね。景気変動とは，好景気と不景気が交互にやってくる現象のことをいいます。日本も，いざなぎ景気やバブル景気に代表される好景気や，オイルショック，円高不況や平成不況のような不景気が有名ですね。ところで皆さんは，なぜこのような好景気や不景気が繰り返しやってくると考えていますか。
- ：ボクはいままでそのようなことは考えたことはありません。
- ：私も真剣に考えたことはないのですが，でも好景気や不景気は，我々の経済活動の結果として起こるものではないのですか？
- ：確かに，経済活動が原因で起こると思います。それでは，この経済活動ですが，好景気には需要と供給では，どちらが多くなると思うかな。
- ：好景気だったら，売切れがあちこちで発生しているはずだから，供給よりも需要のほうが多いに決まっています。
- ：そうですね。それでは不景気の時は，需要と供給の関係はどのようになっていると思いますか。
- ：不景気の場合は，よく売れ残りが発生しているはずだから，需要よりも供給の方が多くなっていると思います。
- ：そうですね。皆さんの考えているとおりです。それでは，その需要と供給の話に移りましょう。たとえば好景気ですが，供給よりも需要の方が多くなることで起こりましたね。この需要と供給の関係の順番ですが，供給された財に対して，需要の方が上回ってしまうから好景気が起こるのか，それとも需要に対して供給が少なすぎるから好景気が起こるのか，どちらだと思いますか。
- ：あまり考えたことがないけど，需要に対して供給が少なすぎるから好景気は生まれるのではないかなあと思います。
- ：難しいけれど…私は，供給された財に対して，需要の方が上回ってしまうから，好景気が生まれるのではないかと思います。

:確かに難しいですね。実は経済学の世界では、はじめに供給があり、その供給に対して需要が生まれるとする説と、はじめに需要があり、その需要に対して供給がなされるとする2つの説があるのですね。どちらが正しいとかは、意見の分かれるところで、一概には言えませんが、それぞれの主張を確認することにしましょう。

:よろしくお願いします。

:歴史的に古い考え方は、はじめに供給があり、それに対して需要が生まれる、というものです。これをセイの法則といいます。「財の供給は、それ自身の需要を生み出す（Supply creates its own demand.）」と言う考え方です。これはJ．B．Say（1767～1832）によって主張されたものでした。

ことばの意味

セイの法則：供給が自らの需要を生み出す、とする考え方のこと。古典派経済学において一貫して基本となる考え方である。

:ずいぶん古い時代からの主張なんですね。

:そうですね。古いですね。それでは、もう1つの主張を確認しましょう。もう1つは、「市場経済は需要量に合わせて供給体制を整える」と考えるもので、これはケインズによって主張されたものです。有効需要の原理といいます。

ことばの意味

有効需要の原理：需要量（消費量）の状況に合わせて供給体制が形成される、という考え方のこと。ケインズ経済学において一貫して基本となる考え方である。

:先生！　有効需要とは何なのですか。通常の需要と異なるのですか？

:これは実際に使ったケインズに聞いてみないと厳密にはわからないのですが（笑）、ケインズが1936年に世に出した著作『雇用、利子、および貨幣に関する一般理論』によると「需要関数と供給関数の交点における需要を有効需要（effective demand）と呼ぶことにする」とあります。つまり、財市場の均衡時における総需要のことを「有効」と呼んだと思われますね。最終的に

取引が成立・完成した時の需要量を指すと考えていいでしょう。

🐘：はい、わかりました。ところで、それがマクロ経済学とどのように関係してくるのですか？

🐘：今後の学習において一貫して重要になることなので、きちんと確認してほしいのですが、古典派はセイの法則をベースに経済学を論じますが、価格メカニズムが機能して必ず均衡点で均衡して望ましい状態になると考えています。それに対してケインズ派は、価格のメカニズムは十分に機能せず、不完全雇用などの状態で均衡することがあるとしています。また、完全雇用に達するまでは、価格よりも数量による調整がなされ、完全雇用を超えると価格調整がなされると仮定しています。これらについても確認しておいてください。

> **ポイント**
>
> 古典派（新古典派）：価格メカニズムが機能する
> ケインズ派：不完全雇用下では価格は十分に機能しない。つまり完全雇用までは数量調整、完全雇用を超えると価格調整がなされるとする。

🐘：それでは、これで終わりにしましょう。
🐘🐘：ありがとうございました。

••• **Exercise** •••

地方上級　2003年

次のA～Eのうち，セイの法則に関する記述として，妥当なものの組合せはどれか。

A　均衡国民所得が完全雇用水準を越えると，物価が上昇する。
B　不完全雇用の下では，家計は労働の限界不効用と実質賃金率の限界効用とが等しくなるように労働を供給する。
C　貨幣を除く経済全体におけるすべての需要と供給は常に等しい。
D　市場の価格機構の機能が不十分なときや部分的な過剰生産が起きるときは，有効需要が国民所得水準を決定する。
E　財・サービスの供給は自らの需要を生むため，過剰生産は起こりえない。

1　A　C
2　A　D
3　B　D
4　B　E
5　C　E

解説　　正解　5

セイの法則とは，財・サービスの供給は，それ自体が自ら需要を生み出すとするものである。この結果，財市場における需給のバランスは必ず均衡することになる。

以上から，妥当なものはCとEになり，正解は5となる。

なお，Bについては労働市場の分析（第5部）を参照のこと。

Part 2　2-1-2　総需要と総供給

🐘：ここでは，総需要と総供給について学習しましょう。

🐘🐘：よろしくお願いします。

🐘：これから，一国全体の総需要と総供給について考えるのですよ。

🐘：先生！　一国全体の総需要と総供給とはどういうものですか？　早速わからないのですが…

🐘：しっかり聞いていてくださいね。ミクロ経済学では，一つ一つの財を取り出してきて，その財についての需要と供給を考えました。ミクロ経済学の分析は基本的に1種類，または2種類の財でした。

🐘：それはわかります。

🐘：ところが，マクロ経済学では，その国のすべての財の総需要と総供給を，まとめてしまって1つのカテゴリーとして考えていきます。たとえば，総需要を考えてみましょう。ある国で自動車1台と旅行バッグが2個需要されたとしましょう。お互い1台，2個と単位が異なるので，数量を足して国全体の需要を求めることはできません。ところが，金額ならば合計することが可能になります。自動車1台100万円，旅行バッグ1個5万円であったとしましょう。このとき国全体の需要は，金額で表現すると，100万円＋5万円×2＝110万円になります。このように数量は合計することはできませんが，金額ならば合計することができますね。

🐘：うーん，何となくわかったような…。

🐘：一国全体の総需要といっても，自動車を需要する人もいれば，旅行バッグを需要する人もいます。これらの財は単位が異なるので，数量を単純に足すことはできませんが，金額で考えればこのように合計して集計することが可能になりますね。

🐘：そうですね。それで，この合計額を一国全体の総需要，総供給とするのですね。

🐘：そうです。需要を数量で考えてしまうと，単位が異なるので合計できませんが，金額で考えることで合計して一国全体の需要額が求められることになります。同じ考えで，総供給も求めることができます。その国で，1年間に100万円の自動車を2台，5万円の旅行バッグを10個供給したのであれ

ば，100万円×2台＋5万円×10個＝250万円となります。これが一国全体の総供給になります。

🐘：このようにして求めた値を，総需要，総供給というのは，わかりました。

🐘：ボクはもう少し時間がかかりそうです…

🐘：マナブ君は家でしっかり復習をしてもらうこととして，次に進みましょう。いまからこの総需要と総供給を具体的に求めていきますね。まず総供給についてですが，これは企業側，生産サイドから分配される「分配面からみたＧＤＰ」になります。そして，国全体の企業側から供給される総額（総量）を総供給と考えるわけですから，企業がきちんとお金の出入りの管理をしていれば，それは企業にとっての付加価値の合計に等しくなります。したがって「生産面からみたＧＤＰ」にあたる国内総生産（ＧＤＰ）をＹ（生産量にあたるYieldの頭文字Ｙ），総供給をY_sとすると，$Y_s = Y$で表せます。つまり総供給はＧＤＰと常に等しくなるのですね。

🐘：なーんだ，結果は覚えやすいですね。

🐘：そしてこの総供給ですが，ＧＤＰ，すなわち付加価値の合計になっていて，この付加価値が国内で生み出された価値ですから，これが人々の所得（給料）になっていきます。我々は一般に，所得（給料）を得ると，その一部は政府に租税（税金）として払い，さらに一部を貯蓄し，そして残りを消費に使います。つまり所得（給料）は，租税（税金），貯蓄，消費に分けられることになります。したがってそれを加味すると，最終的に総供給は，租税をＴ（Taxの頭文字Ｔ），貯蓄をＳ（Savingの頭文字Ｓ），消費をＣ（Consumptionの頭文字Ｃ）とすると，

$$Y_s = Y = C + S + T$$

と表すことができます。これが総供給として用いられることになります。

アドバイス

総供給：$Y_s = Y = C + S + T$

🐘：何となくわかったわ。

🐘：この総供給ですが，試験の問題によっては，政府部門を無視して考えるこ

ともあります。そのときは，$Y_s = Y = C + S$となります。

> **アドバイス**
>
> 政府部門を考慮しないときの総供給：$Y_s = Y = C + S$

🐘：政府部門を無視するとはどういうことですか。政府は無視していいのですか。

🐘：理論的な考え方の話よ。きっと政府部門を考慮せずに理論を考える場合のことよ。

🐘：そうですね。政府部門を無視するとは，政府の活動規模が，無視してもいいと考えられるくらい小さな国と想定しておけばいいでしょう。現実を理論化するにあたって，簡略化するので，このように政府を無視して考えることがあります。また，特に国内の"景気"のことを考えるのであれば，政府を無視して民間経済に注目することが大事になるわけですからね。それと，国内総生産GDPのことを，一般的に国民所得といいますので，この表現も覚えておいてください。

🐘🐘：はい，わかりました。

🐘：それではつぎに，総需要を学習しましょう。

🐘：総需要はどのようになるのですか。

🐘：総需要は，基本的に「支出面からみたGDP」になります。

🐘：「支出面からみたGDP」は，民間最終消費支出，国内総固定資本形成，政府最終消費支出，輸出マイナス輸入になりますが，これが総需要なのですか？

🐘：そのとおりです。民間最終消費支出を消費と略してC（Consumptionの頭文字C）とし，民間総固定資本形成を投資と略してI（Investmentの頭文字I）とし，政府最終消費支出と政府総固定資本形成をまとめて政府支出と略してG（Governmentの頭文字G）とし，輸出をX（ExportからX），輸入をM（ImportからM）とするとき，総需要を通常はY_dと表すので，

$$Y_d = C + I + G + X - M$$

となります。この総需要は，貿易部門を考えない閉鎖経済では，

$$Y_d = C + I + G$$

となります。さらに政府部門を考慮しない場合は，

$$Y_d = C + I$$

となります。こちらも現実を理論化するにあたって簡略化します。したがって，どのようなモデルを想定して考えるかによって総需要は変わるので注意してくださいね。

公式

（一般的な場合）
　総需要：$Y_d = C + I + G + X - M$
（貿易部門を考えない場合）
　総需要：$Y_d = C + I + G$
（貿易部門と政府部門を考えない場合）
　総需要：$Y_d = C + I$

🐘🐘：はい，わかりました。
🐘：それでは，これで終わりにしましょう。
🐘🐘：ありがとうございました。

Part 3   2-1-3   消費関数

🐘：ここでは，総需要 Y_d のなかで最も大きな意味を持つ消費関数について学習しましょう。

🐘🐘：よろしくお願いします。

🐘：一国全体での消費を表す関数を考えます。ここでは，J. M. ケインズ（1883～1946）によって示されたものについて学習しましょう。

🐘：消費が関数のかたちになるのですか。

🐘：それをいまから説明しますね。皆さんも生活をするうえでは消費をしていますよね。

🐘：ご飯を食べたり，好きな服を買ったりしています。もっとお金があれば，もっと好きな服や靴を買いたいのですが…。

🐘：そうですね。誰もがそのように考えているのではないでしょうか。その様子を関数に表してみましょう。一般的に考えて，お金をたくさん持っているお金持ちの人は，きっとたくさんモノを買っていますよね。

🐘：確かにそのように思います。私はあまりお金がないから，あまりブランド物の服とかは買えないんだけど…

🐘：それを式で表します。「お金」とは「所得」のことですから，所得という表現を使い，Yとします。モノを買う，とは財を消費する，ということですから消費をCとおきましょう。そうするとお金持ちがたくさんモノを買うというのは，たとえば次のように表すことができます。年収500万円の人がいたとして，この人は年間で400万円の消費をしていました。一方，年収1000万円の人がいたとして，この人は年間で800万円の消費をしていました。年収が多いほど，消費額も多くなっていきますよね。アキコさんの表現を具体的な所得と消費で表したものですが，これはとても一般的な仮定だと思います。

表1

所得Y	消費C	行動
年収500万円	年間消費400万円	8割を消費にまわす
年収1000万円	年間消費800万円	8割を消費にまわす

年収500万円の人はその8割である400万円の消費をしていて，年収1000万円の人はその8割である800万円の消費をしていますね。つまり所得の8割を消費に振り分けているのです。そこでこれを式にすると，

$$C = 0.8Y$$

となるので一般的には，

$$C = cY \quad (C：消費，Y：所得，c：比例定数)$$

となります。この比例定数cは最低で0，最高で1になります。

🐘：先生！ なぜそのようになるのですか？

🐘：よく考えればわかるわよ。所得の全額を消費に振り分ければ1でしょ。まったく消費に振り分けなければ0になるじゃない。

🐘：そのとおりです。マクロ経済ですので，0と1の極端なケースはありえないということで，0＜c＜1と表しますよ。

🐘：なるほど，何となくわかりました。

🐘：それでは次ですが，所得のある人はいいですが，世の中には所得のない人もいます。その人は所得がないから，まったく消費をしないのかといえば，そうではありません。所得がなくても，最低限の生活をするために消費が必要です。そのように考えると，所得がゼロであってもある程度の消費が存在することになります。したがって，所得に依存しない定数の消費として，C_0と表すことにしましょう。

🐘：僕はアルバイトをしていなくて，所得がゼロのときも消費だけはしっかり行っていますから，C_0はボクのような人の消費のことをいうのかな。

🐘：うーん，まあそんな感じですかね。正確にはその国で所得がゼロになったとしても，消費はある程度存在することが統計的には確認されていますから，このような定数が置かれています。このC_0もその国の消費ですから，このC_0を先ほどのC＝cYの式に加えて，消費関数を作りましょう。

消費関数：$C = C_0 + cY$
C：消費，C_0：基礎消費（独立消費），Y：所得，
c：限界消費性向（0＜c＜1）

Cをその国の消費とすると，それはC_0という定数の消費の部分，これを基礎消費といいますが，この部分と，cYの部分に分けられます。cは限界消費性向といい，$c = \frac{\Delta C}{\Delta Y}$で表されます。

> **ポイント**
>
> 限界消費性向：$c = \frac{\Delta C}{\Delta Y}$

🐘：限界消費性向の意味がわからないのですが。なぜ$c = \frac{\Delta C}{\Delta Y}$と表すのですか。

🐘：厳密な意味では，$c = \frac{\Delta C}{\Delta Y}$は，所得の1単位の増加における消費の増加分を表します。具体的には，所得が1万円増加すると消費も少し増加しますが，その比率を表す比例定数と理解しておけばいいでしょう。

🐘：はい，わかりました。

🐘：それでは，この消費関数を図示してみましょう。

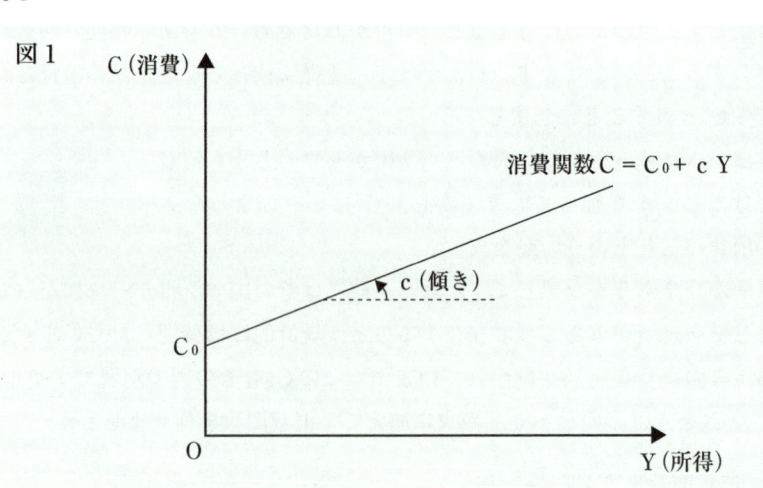

図1

消費関数 $C = C_0 + cY$

c（傾き）

C_0

C（消費）

Y（所得）

消費関数は，図のように，切片がC_0（基礎消費）で傾きがc（限界消費性向）の直線になります。

🐘：この消費関数は結局何を意味しているのかがわかりません。この直線が何か意味があるのですか？

🐘：これはその国の消費の様子を表す関数なのです。つまり，国全体の所得がいくらになったときに，消費がいくらになるのかを表しているのです。

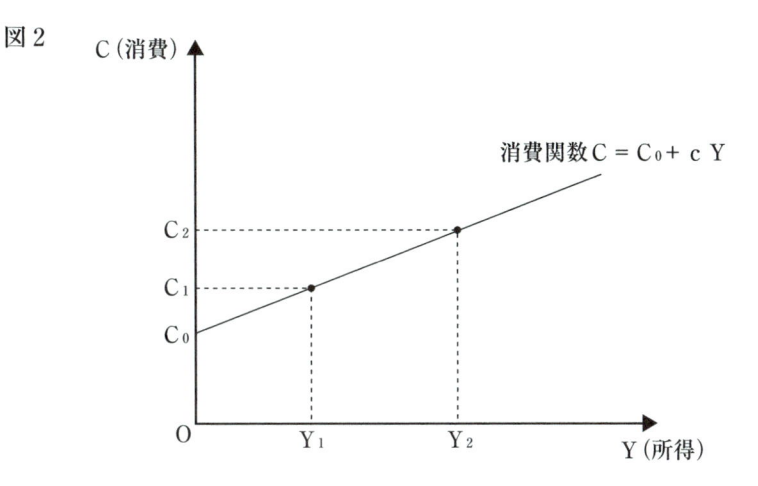

図2

消費関数 $C = C_0 + cY$

具体的には，その国の国民所得がY_1のときには，消費がC_1になり，景気が良くなったり経済が成長して国民所得がY_2になれば，消費がC_2になることを表しています。

🐘：なるほど，だから国民所得の関数になっているのですね。わかりました。

🐘：それでは最後に，租税を考慮した消費関数を表しておきましょう。租税が存在すると，我々は所得を得たとき，その所得から租税を払います。そしてその残りの一定割合を消費に振り分けていきます。そうすると租税をTとすると，実質所得（可処分所得）が$Y-T$になります。したがって，消費関数は次のようになります。

公式

消費関数：$C = C_0 + c(Y - T)$　　（T：租税，$Y-T$：可処分所得）

図3　　C(消費)

消費関数 $C = C_0 + c(Y - T)$

c (傾き)

$C_0 - cT$

O　　　　　　　　　　　　　　Y(所得)

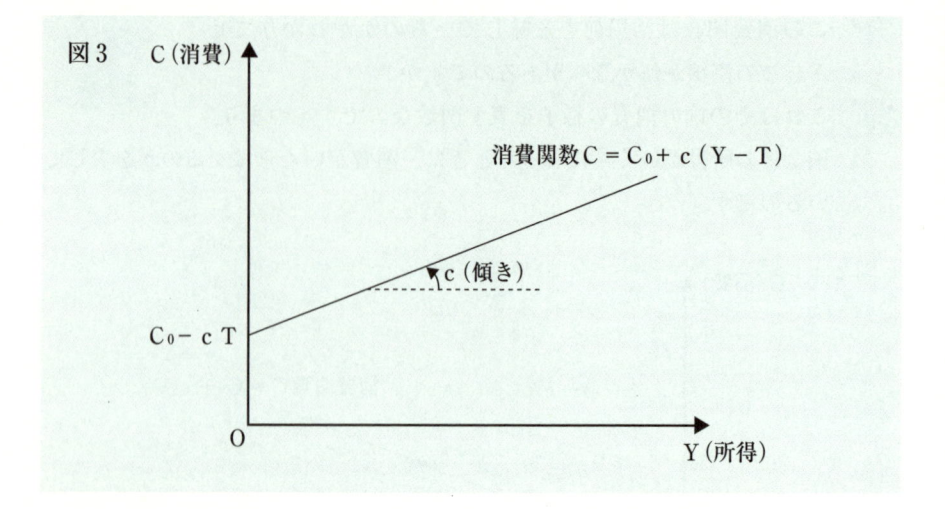

　このY－Tのことを可処分所得といいます。自分で自由に処分することができる所得，という意味があるのです。この言葉も覚えておいてください。
🐘🐘：はい，わかりました。
🐘：それでは，これぐらいにしましょう。
🐘🐘：ありがとうございました。

Part 4 2-1-4 貯蓄関数

🐘：ここでは，貯蓄関数について学習しましょう。

🐘🐘：よろしくお願いします。

🐘：先ほどPart 3で消費関数について学習しました。それを使って貯蓄を表す関数を求めましょう。

🐘🐘：はい，わかりました。

🐘：いま政府の租税を無視しましょう。このとき，国民所得は消費と貯蓄の合計で表せますね。

$$Y = C + S$$
$$\therefore S = Y - C$$

これに消費関数：$C = C_0 + cY$ を代入しましょう。

$$S = Y - (C_0 + cY)$$
$$S = -C_0 - cY + Y$$
$$\therefore S = -C_0 + (1-c)Y$$

これを図示しましょう。

図1

貯蓄関数 $S = -C_0 + (1-c)Y$

傾き $1-c$

図示すると上のようになります。さてこの貯蓄関数の傾きは $1-c$ ですがこれを**限界貯蓄性向**といい，通常 s とおきます。そこで，s を用いて貯蓄

関数を書き直しましょう。

> **公式**
> 貯蓄関数
> $S = -C_0 + sY$
> （s：限界貯蓄性向，Y：国民所得，C_0：基礎消費）

これが貯蓄関数です。sは限界貯蓄性向で，所得が1万円増加したときに，貯蓄がどれだけ増加するかを示す比率で，これも0から1の範囲をとります。

- ：ユウゾウ先生！ なぜ0から1の範囲になるのですか。
- ：さっきの消費関数と同じで，ちょっと考えればわかるじゃない。所得のうちまったく貯蓄しなければ0で，全額貯蓄するならば1になるじゃない。
- ：そうか…わかりました。
- ：限界貯蓄性向は$0 < s < 1$の範囲をとりますので，覚えておいてください。

> **ポイント**
> 限界貯蓄性向：$s = \dfrac{\Delta S}{\Delta Y}$　　($0 < s < 1$)

この限界貯蓄性向と限界消費性向を足すと1になるという関係があるので，これも確認しておいてください。

> **補足**
> 限界消費性向と限界貯蓄性向の関係：$c + s = 1$

- ：はい，わかりました。
- ：それでは，これで終わりにしましょう。
- ：ありがとうございました。

Part 5　2-1-5　投資関数

🐘：ここでは，投資関数について学習しましょう。

🐘🐘：よろしくお願いします。

🐘：投資関数といっても，ここで学習する投資 I は，国民所得のYが変化しても変化せず一定である，として考えます。
したがって，関数と呼ぶと誤解を招きかねないのですが，注意してください。つまり，国民所得から見ると投資は一定になるのです。

🐘：投資は一定ではないのですか？

🐘：現実の経済では投資は一定ではありません。GDPを構成するものとしては，消費に次いで2番目に大きな比率を占めるもので，投資自体は，一定どころかGDPの構成項目の中では最も変動が大きいものの1つになります。

🐘：そのような項目を一定としてよいのですか。

🐘：はい，一定として考えます。ただしこれは，あくまで国民所得Yからみると，一定に見えるので，そのようにするんですよ。そして投資 I とは，新しく設備を作ったりすることなので，設備投資と考えるとわかりやすくなりますね。

🐘：なるほど，それは助かります。

🐘：その投資はケインズの考え方によれば，国民所得Yではなく利子率から影響を受けているのです（2－1－8の補論参照）。だから，国民の所得から影響を受けることはなく国民所得には依存しないものと考え，投資 I は国民所得Yからみると一定になると理解するわけなんですね。図示しておきましょう。

図1

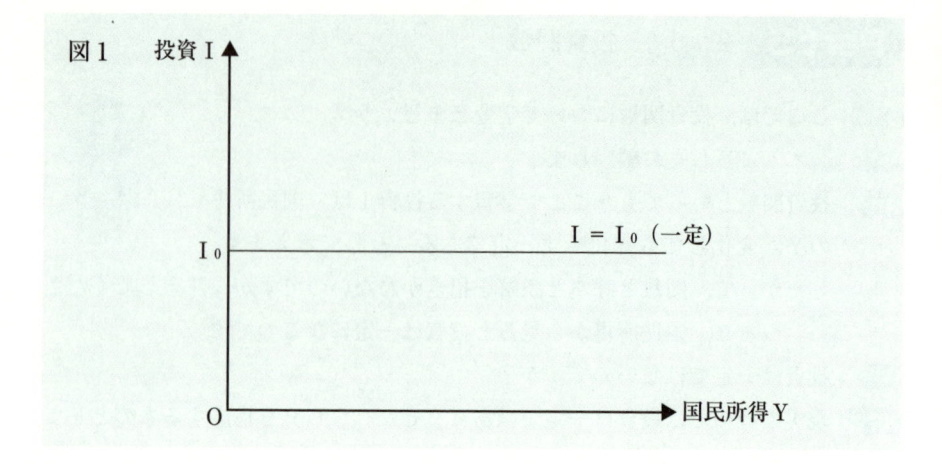

投資 I

I_0 ───────────── $I = I_0$ (一定)

O ───────────────→ 国民所得 Y

　　投資 I は，国民所得 Y には依存しないので，Y が増加しても投資は一定 I_0 になっていますよ。もちろん Y が減少しても一定になっていますね。

🐘：投資は国民所得から見ると一定になるということは，一定の定数になるということなのですか。

🐘：そうです。そのように覚えておいてください。ただし，あくまで $I = I_0$ （一定）という式の意味は，投資が国民所得から見たときに一定になる，ということを忘れないでください。それでは，これで終わりにしましょう。

🐘🐘：ありがとうございました。

Part 6　2-1-6　政府支出と租税について

🐘：ここでは，政府支出Gと租税Tについて学習しましょう。

🐘🐘：よろしくお願いします。

🐘：まず，政府支出Gについて説明します。財市場に注目する分析では，政府支出Gは国民所得Yから影響を受けることなく一定である，として考えます。これは，政府の政策に基づいて決まるものである，と考えられているからです。このような数値を政策変数ということもあります。

🐘：政策に基づいて決まる，とはどういう意味ですか？

🐘：文字通りそのままなんでしょ。政府が政策的に予算を作成して決定するから政策変数，というのじゃないのですか？

🐘：アキコさんの言うとおりです。政策変数とは政策によって変化する変数のことで，国民所得や，消費などからは影響を受けず独立的に決まるものと考えるので，政府支出Gは一定の値になるのです。

補足

政府支出G：政府が政策的に決めるものなので一定と考える

🐘：それでは，租税はどのようになるのですか？　こちらも一定ですか？

🐘：こちらは一定のままで用いるモデルと，関数の形で用いるモデルがあります。まず，一定のモデルの場合は定数になります。
「$T = T_0$（定数）（T：租税）」ということですね。

🐘：定数の場合はよくわかります。

🐘：それでは，関数の形になるモデルを考えましょう。日本の所得税をイメージしてもらえればよいのですが，所得に対して一定割合で税を徴収していることを式にして表します。したがって，租税は国民所得の関数として表されます。こういうことですね。

$$T = T_0 + tY$$

（T_0：所得に依存しない税，Y：国民所得，t：限界税率）

租税を関数で考える場合は，所得に依存しない税T_0と，所得に依存する

tYの合計で表します。tは限界税率といい，所得が1単位増加したときに租税がどれだけ増えるかを表すものになります。

> **アドバイス**
> 限界税率：所得が1単位増加したときに租税がどれだけ増加するかを表すもの

：租税は一定の場合と租税関数になる場合がありますが，一定の場合は，租税関数のモデルの限界税率tがゼロの場合と実質的に同じ，ということでいいのですか？

：そうですね。t＝0とすれば，租税はT_0の定数になりますから，同じになりますね。アキコさんはいいところに気付きましたね。

：租税は定数の場合と，租税関数の場合と2種類あると理解しておけばよいですか。

：そうですね。厳密には租税関数の限界税率tをゼロとおけば，定数になりますから，1つになるのですが，定数の場合と，租税が所得に依存して増加するのとでは政策上の効果も変わってくるので，2つの場合があると理解しておいてください。それでは，これぐらいにしておきましょう。

：ありがとうございました。

Part 7　2-1-7　輸出と輸入について

🐘：ここでは，輸出と輸入について学習しましょう。

🐘🐘：よろしくお願いします。

🐘：輸出と輸入については，モデルによっては除かれていることがありますが，一般的には輸出は定数，輸入は関数で表します。ごく簡単なモデルでは，輸入を定数にしているものもあります。

🐘：なぜ輸出は定数で，輸入は関数である，という考え方をするのですか？

🐘：これから詳しく話していきましょう。まず，輸出は定数で表しますが，これは国内経済を反映した国民所得Yからみたときには，輸出は影響を受けない定数と考えられるからです。一方輸入が関数になるのは，国民所得Yからみたときに，影響を受けていると考えられるからです。それぞれ式で表しますね。

ポイント

輸出：$X = X_0$　　（X_0：輸出額（定数））

輸入：$M = M_0 + mY$

　　　（M_0：所得に依存しない輸入額，m：限界輸入性向）

🐘：先生！　結局，なぜ輸出は定数で，輸入は関数になるんですか！　どちらも定数にしたほうがわかりやすくていいじゃないですか！

🐘：その気持ちはわかるけれど，こうなるのです。輸出はその国の国民所得Yが大きくなろうが小さくなろうが，Yから影響を受けず独立的に変化するものです。たとえば，良い製品を日本の企業が作れば，それが外国で評価され，外国での需要になり，すなわち輸出が増えますから，日本の国民所得には関係なく，外国の景気や所得によって影響を受けるもの，と考えるのです。一方，輸入は，日本の国民所得Yから影響を受けます。国民所得Yが増加することが国内の景気が良くなることであると考えれば，それまで以上にさらに輸入も増加すると考えられるからです。人々の所得が増加して景気が良くなると，基本的には，外国の商品を購入するようになりますから，輸入は国民所得から影響を受ける関数になりますね。た

とえば，所得の低いうちは安い日本車に乗っていた人が，所得が増えた結果，高級な外国車に乗って海外製品のブランド物をますます買うようになる，ということが，実際にもよく見られますよね。

：先生！　輸入の式のmは限界輸入性向とありますが，これは限界消費性向などと同じように，所得が1単位増加したときの輸入の増加分と理解すればいいですか？

：そのとおりです。

ことばの意味

限界輸入性向：国民所得が1単位増加したときに，輸入がどれだけ増加するかを表したもの

：輸入のM_0は何を意味するのですか？

：これは所得に依存しない輸入の部分です。たとえば，生活上どうしても必要な最低限の原油の購入，などを考えればよいでしょう。ところで，この輸入についてですが，常に関数として扱われるわけではなく，一定の定数として表すこともあります。

：輸入が定数で表されるときは，関数の限界輸入性向mがゼロのケースと同じということですよね。

：そのとおりです。mがゼロになれば，この関数は定数になりますから，そのように覚えておいてよいです。

：輸出と輸入は何とかわかりそうです。

：しっかりと復習しておいてください。それでは，これで終わりにしましょう。

：ありがとうございました。

Part 8   2-1-8   【補論】投資の限界効率論

:ここでは，投資についてのケインズの考え方を表した限界効率論を学習しましょう。

: : よろしくお願いします。

:Part 5 で学習した投資は，国民所得に対して一定でした。ところがケインズは，投資は利子率が下落すれば増加する，利子率の減少関数になると考えていました。そのことについて学習しましょう。

: : お願いします。

:たとえば，マナブ君が企業の社長であったとしましょう。そして自分の判断で工場を拡大する，といった設備投資を行うとしましょう。その時の投資の資金はすべて借入れで賄うとしましょう。

:どこから借り入れるのですか。銀行ですか？

:ケインズの理論を正確に理解するために，ここでは，資金を調達するために債券を発行して投資を行うことにしましょう（債券については，第3部Part 4 を参照のこと）。債券を発行して資金を調達するのですが，資金を借りるので，利息を払わなければなりませんね。そこでその際の利子率をrとします。いま，1億円の債券を発行して，投資資金を調達しようとしていたとします。このとき利子率rが10％と1％で，どのような違いがあると思いますか。

:支払わなければいけない利息が異なってくると思います。10％のときは利息が1000万円になり，1％のときは利息が100万円になります。

:1000万円の利息なんて高すぎるよ。

:おそらく，きちんと考えて合理的に行動しようとする人ならば，そのように思うでしょうね。それでは国全体で考えたとき，利子率が10％のときと，1％のときで，設備投資の額はどのようになると思いますか。

:10％のとき，投資額は少なくなると思います。

:1％のときは多くなると思います。

:そうですね。ごく普通に考えるとそのようになりますね。経済学では人々は合理的に行動することを前提としますので，その結果，投資は利子率の関数になると思いませんか。

🐘：利子率の関数になると思います。
🐘：それでは，投資と利子率の関係はどうなるかな。
🐘：こうなりますよね。

> **ポイント**
> ・利子率が高くなる　→　投資額（量）は少なくなる
> ・利子率が低くなる　→　投資額（量）は多くなる

🐘：そうですね。ケインズもこのように考えました。ただケインズは，これを説明するのに，限界効率という概念を持ち出して説明したんですよ。この<u>限界効率</u>とは，投資の結果得られる収益率のことと思ってください。新しい投資から得られる予想収益率と理解することも可能です。この予想収益率が利子率の減少関数になることで，投資が利子率の減少関数になることを説明したのでした。

> **ことばの意味**
> ケインズによる<u>投資の限界効率論</u>：投資は限界効率と利子率が等しくなるところまで行われる。その結果，投資は利子率の減少関数になる。

🐘：それでは，これで終わりにしましょう。
🐘🐘：ありがとうございました。

Stage 2
国民所得の決定 〜45度線分析〜

ここでは，マクロな財市場についての分析を行ううえで，とても重要な45度線分析について学習します。きちんと自分で作図をして，図を意識しながら学習を進めましょう。

Part 1　2-2-1　国民所得の決定（財市場の均衡）

🐘：すでに総需要と総供給について学習したので，ここでは，両者を用いて国民所得が決まることについて学習しましょう。

🐘🐘：よろしくお願いします。

🐘：一国の国民所得の水準は，総供給と総需要の等しくなるところで均衡し，決定します。総供給とは Y_s で，総需要は Y_d でした。これを思い出しましょう。

総供給：$Y_s = Y = C + S + T$　（C：消費，S：貯蓄，T：租税）

（政府部門を考慮しないとき）
総供給：$Y_s = Y = C + S$

総需要：$Y_d = C + I + G + X - M$
　　　　（I：投資，G：政府支出，X：輸出，M：輸入）

（海外部門を考慮しないとき）
総需要：$Y_d = C + I + G$

（政府，海外部門を考慮しないとき）
総需要：$Y_d = C + I$

総供給は，ＧＤＰ，つまり国民所得に等しくなりました。これは三面等価の視点からいうならば，生産面からみたＧＤＰ，および分配面からみたＧＤＰということになります。一方，総需要は消費，（在庫品の増加を含めた）投資，政府支出，輸出，輸入の合計で，三面等価の視点からいうならば，支出面からみたＧＤＰ，ということになります。

🐘：先生！　どうして三面等価のときは，在庫品増加が入っているのですか。

🐘：三面等価の原則のときは，生産，分配，支出の３つの面からみたＧＤＰが等しくならなければいけなかったから，在庫品増加を支出面のＧＤＰに加えることで，調整したのよ。そうしないと，生産した財が，すべて需要されるわけでは

ないので，生産面のGDPと支出面のGDPがあわなくなるのよ。

🐘：あっ，そうなんだ。言われてみれば，その期間に作られた財が，その期間にすべてきちんと需要されるとは限らないですよね。何となくわかったような気がします。

🐘：それでは次に話を進めましょう。総供給を図示してみましょう。

図1

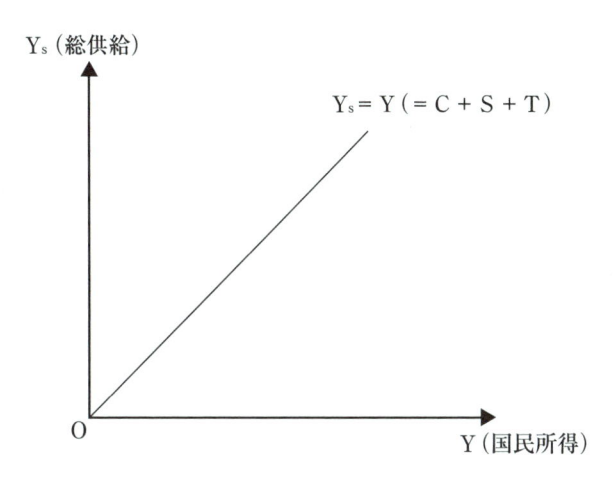

（縦軸：Y_s（総供給），横軸：Y（国民所得），直線：$Y_s = Y (= C + S + T)$）

🐘：総供給は，必ず原点を通る比例的な直線になりますね。
🐘：この直線は何を意味するのですか。
🐘：その国の国民所得と総供給の関係を表しています。

図2

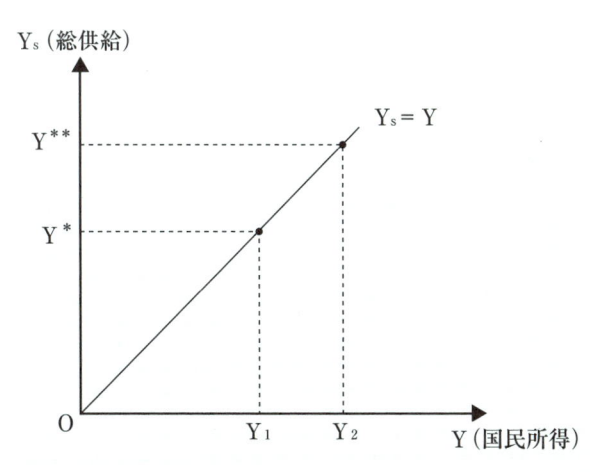

（縦軸：Y_s（総供給），横軸：Y（国民所得），直線：$Y_s = Y$，点：(Y_1, Y^*)，(Y_2, Y^{**})）

その国の国民所得がY_1のときには，総供給はY^*になり，たとえば経済成長して，その国の国民所得がY_2になったときは，総供給はY^{**}になるということを意味していますよ。つまり，その国の国民所得が，そのまま総供給になることを示していますよ。

🐘：その国の国民所得がそのまま総供給になるのがわかりません。

🐘：国民所得とはＧＤＰのことだから，付加価値の合計でしょ。その付加価値の額だけその国に総供給があるということじゃないですか？

🐘：そうですね。アキコさんの言うとおりで，総供給とは，国全体の供給のことで，それは付加価値の合計に等しいということです。マクロ経済学は，多少大雑把に把握する部分があって，その国で新たに生み出された付加価値が，その国の総供給額になるとしているのです。

🐘：その国の付加価値の分だけ財の供給があったと考えるのですね。何となくわかったような気がします。

🐘：それではつぎに，総需要を図示しましょう。海外部門を無視して考えましょう。すると総需要は消費C，投資Ｉ，政府支出Ｇの合計になります。総需要の場合は，総需要の式の消費Ｃの部分に消費関数を代入して総需要の式を導出して，それを図示します。

$Y_d = C + I + G$

$Y_d = (C_0 + cY) + I + G$　（消費関数：$C = C_0 + cY$ より）

$Y_d = cY + C_0 + I + G$

図3

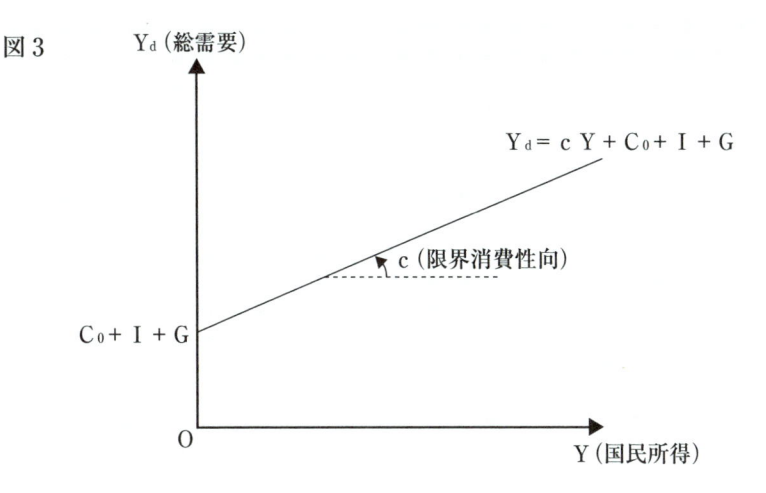

$Y_d = cY + C_0 + I + G$

c（限界消費性向）

$C_0 + I + G$

Y_d（総需要）

Y（国民所得）

🐘：ヨコ軸が国民所得Yですから，傾きが限界消費性向cになり，タテ軸切片が$C_0 + I + G$になりますね。この切片は定数になりますよ。最も一般的な総需要は，消費，投資，政府支出の合計で表します。ところがこの総需要は，設定するモデルによって式が異なってきますので，いくつかのモデルを示しておきましょう。

🐘：ありがとうございます。

[総需要が消費と投資のみの場合]

総需要を消費と投資の合計として，政府支出を考慮しない場合があります。このときは以下のようになりますね。

$Y_d = C + I$
$Y_d = (C_0 + cY) + I$ 　（消費関数を代入した）
$Y_d = cY + C_0 + I$

図4

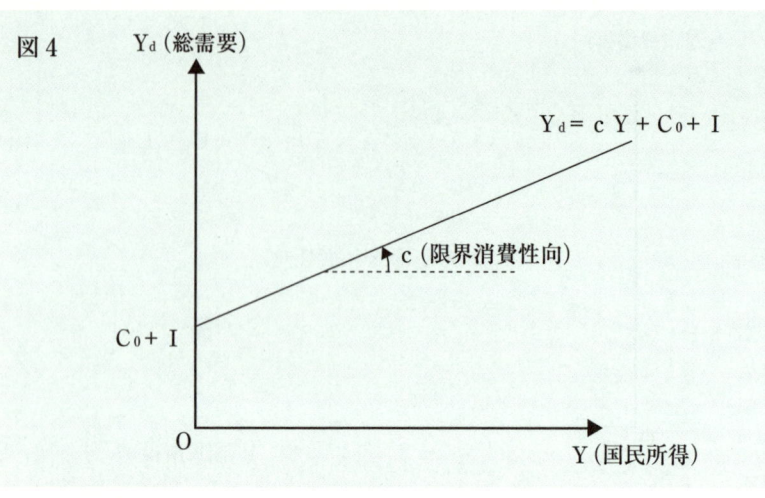

$Y_d = cY + C_0 + I$

c（限界消費性向）

$C_0 + I$

Yd（総需要）／Y（国民所得）

[貿易についても考慮する場合]

輸出と輸入を考慮する場合は，式の中に輸出と輸入が入りますね。輸入は定数の場合と，輸入関数で考える場合がありますが，ここではとりあえず定数と考えましょう。

$Y_d = C + I + G + X - M$
$Y_d = (C_0 + cY) + I + G + X - M$ （消費関数を代入した）
$Y_d = cY + C_0 + I + G + X - M$ （輸入Mは定数とした）

図5

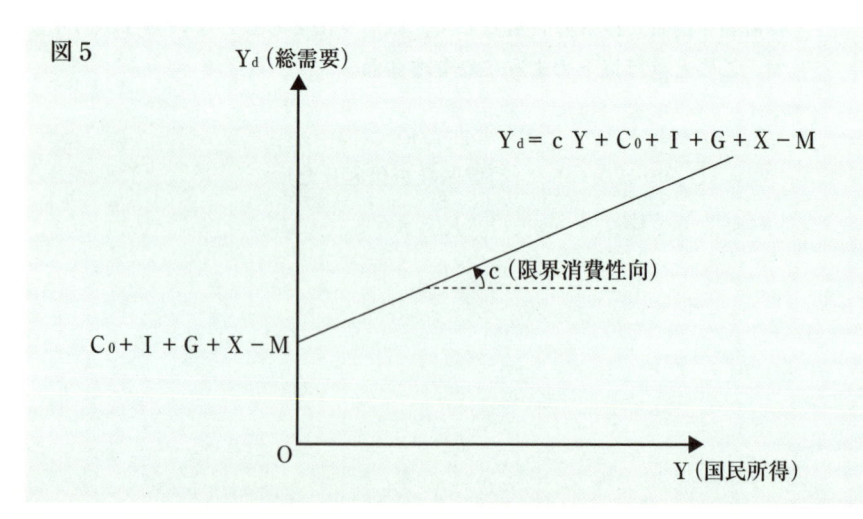

$Y_d = cY + C_0 + I + G + X - M$

c（限界消費性向）

$C_0 + I + G + X - M$

Yd（総需要）／Y（国民所得）

[租税についても考慮する場合]

消費関数が租税をも用いた形で定義される場合は、次のようになります。

$Y_d = C + I + G$

$Y_d = C_0 + c(Y - T) + I + G$

（消費関数 $C = C_0 + c(Y - T)$ を代入した）

$Y_d = cY - cT + C_0 + I + G$

$Y_d = cY + (C_0 - cT + I + G)$

図6

縦軸：Y_d（総需要）、横軸：Y（国民所得）

直線：$Y_d = cY + (C_0 - cT + I + G)$

傾き：c（限界消費性向）

縦軸切片：$C_0 - cT + I + G$

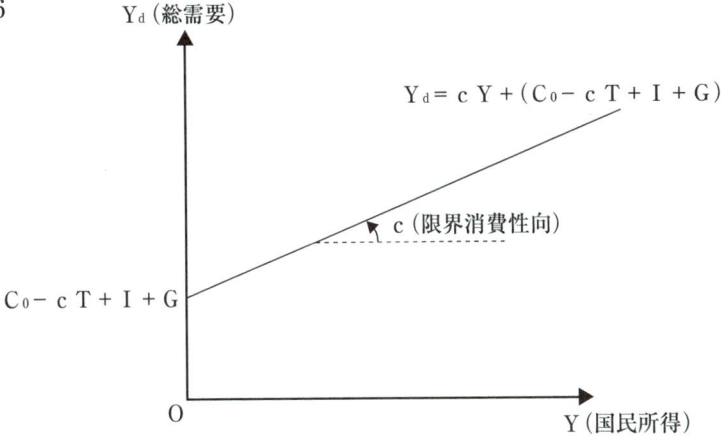

🐘：以上のように、どのモデルを設定するかによって、式の形は異なってきます。総需要曲線の図は、正の値のタテ軸切片をもった右上がりの直線になりますので、確認しておいてください。

🐘：この図と式は覚えなければいけないのですか？

🐘：覚えなくてもいいですよ。覚えてほしいことは、総需要の式に消費関数を代入するということと、タテ軸切片をもった右上がりの直線になるということです。式はその場で作れるようになっておけばよいです。

🐘：はい、わかりました。

🐘：それでは、総供給と総需要を1つの図に表してみましょう。
総需要は消費、投資、政府支出の合計で考えましょう。

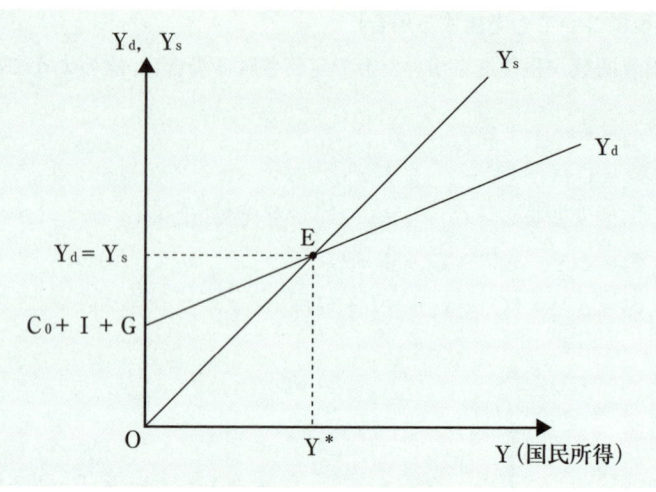

図7

（グラフ：縦軸 Y_d, Y_s、横軸 Y（国民所得）。Y_s は原点から出る急な直線、Y_d は切片 $C_0 + I + G$ から出るゆるやかな直線。両者は点 E で交わり、そのときの横軸の値が Y^*、縦軸の値が $Y_d = Y_s$。）

🐘：総供給と総需要を1つの図に表すと、1点で交わります。図7では点Eになります。この点Eが総供給と総需要が等しくなる点です。つまりこの点におけるヨコ軸の Y^* が、その国の国民所得になるのです。これを**均衡国民所得**といいます。

🐘：なぜこの点でその国の国民所得が決まるのか、そのメカニズムがよくわからないのですが…。

🐘：その国できちんとマーケットメカニズムが働けば、国全体を見渡したときに、各財において需要と供給は、基本的には一致するはずですよね。国全体の総合的な供給が総供給で、国全体の総合的な需要が総需要ですから、これが一致するのが点Eになるのですよ。その結果、その国の国民所得が Y^* になるのです。これが国民所得決定のメカニズムになりますね。

ポイント

国民所得水準は、総需要と総供給が一致し、均衡するところで決定する

🐘：何だか、ミクロ経済学の需要と供給の学習みたいだな。

🐘：経済学の基本的な考え方なのですが、需要と供給の一致するところで、均衡するという原則がありますね。この考え方は、経済学全体を通じて言えることですので、この原理をしっかり身に付けてください。それでは、これで終わりにしましょう。

🐘🐘：ありがとうございました。

Part 2　2-2-2　【補論】ＩＳバランス論

🐘：ここでは，次に進む前に，均衡点の分析の１つの形としてＩＳバランス論について学習しましょう。

🐘🐘：よろしくお願いします。

🐘：この前のPart 1で，総需要と総供給の一致するところでの国の均衡国民所得水準が決まることを学習しました。この均衡点の分析になるのですが，総供給から総需要を引くか，または需要から総供給を引くことで，"財市場におけるバランス"にあたるＩＳバランスが求められます。Ｉは投資，Ｓは貯蓄のことです。それでは実際にやってみましょう。総供給と総需要の定義式は覚えていますか？

🐘：総供給は$Y_s = Y$だよね。

🐘：総需要は$Y_d = C + I + G$ですよね。貿易部門を入れると，$Y_d = C + I + G + X - M$ですね。

🐘：よく覚えていましたね。ただしＩＳバランスでは総供給は，$Y_s = Y$として扱うのではなくて，このYは分配された結果$C + S + T$になりますね。これを使います。また総需要は，貿易部門を入れたもので考えます。それでは引いてみましょう。

$$Y_s - Y_d = (C + S + T) - (C + I + G + X - M)$$
$$= (S - I) + (T - G) - (X - M)$$
$$= 0$$

となります。Ｓ－Ｉは民間の貯蓄から投資を引いているので，民間収支といいます。Ｔ－Ｇは政府の租税から政府支出を引いているので，政府収支，または財政収支といいます。Ｘ－Ｍは輸出マイナス輸入で輸出額から輸入額を差し引いているので，貿易収支といいます。したがって，

$$Y_s - Y_d = (S - I) + (T - G) - (X - M) = 0$$
∴民間収支＋政府収支－貿易収支＝0
∴貿易収支＝民間収支＋政府収支

となります。

> **公式**
> ＩＳバランス式
> 貿易収支（X－M）＝民間収支（S－I）＋政府収支（T－G）

🐘：$Y_s - Y_d$ がゼロになっていますが、どうしてゼロになるのですか？

🐘：これは総供給と総需要が等しいからゼロじゃないの？

🐘：そうです。三面等価の原則より、総供給のＧＤＰと総需要のＧＤＰは等しくなるので、ゼロになるのです。

🐘：そうか、わかりました。

🐘：話を元に戻しますが、総供給から総需要を引くことで、

　　貿易収支＝民間収支＋政府収支

が成立することを確認しました。この式が示すことは、民間の収支と政府の収支の合計が必ず貿易収支に等しくなるということです。たとえば、その国の民間収支がゼロで、政府収支が－10（10の赤字）であったとしましょう。このとき貿易収支は、

　　貿易収支＝民間収支＋政府収支
　　　－10　＝　　0　　＋（－10）

となります。つまり10の貿易赤字がこの国に発生しているのです。

🐘：おもしろいですね。

🐘：それでは貿易収支が＋20（20の黒字）で、政府収支が－5（5の赤字）だったとしましょう。このとき民間収支はどのようになりますか。

🐘：貿易収支＝民間収支＋政府収支だから、

　　20＝？＋（－5）

民間収支は25になりますね。これはＳ－Ｉ＝25ということですね。

🐘：そうです。貯蓄のほうが投資よりも25多くなっていることを意味します。

🐘：常にこれが成り立つのですか。

🐘：そうです。常にこの関係は成り立ちます。アメリカは現在、貿易赤字と財

政赤字の双子の赤字状態ですが，これもＩＳバランスからいえますね。ただしこれは恒等式ですので，あくまで恒等的にしかいえないですよ。わかりやすく言い換えれば，あくまで事後的にこの式に当てはめると，必ず成り立つことがいえるという程度のものですね。貿易収支が黒字だから，民間収支や政府収支がどうなるとはあらかじめ言えるわけではないということですね。

🐘：事後的にあてはめると必ず成り立つというものだと，覚えておけばいいですか。

🐘：そうですね。そのようなものだと理解しておいてください。それでは，これで終わりにしましょう。

🐘🐘：ありがとうございました。

Part 3　2-2-3　デフレギャップとインフレギャップ

🐘：ここでは，デフレギャップとインフレギャップについて学習しましょう。

🐘🐘：よろしくお願いします。

🐘：Part 1 で均衡国民所得を求めました。これについて復習しておきましょう。

図1

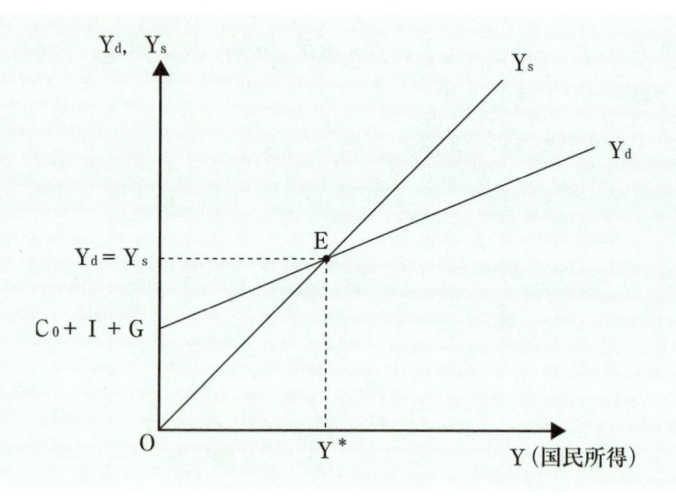

🐘：この図の Y_s が総供給で，Y_d が総需要ですね。その国の均衡国民所得は Y_s と Y_d が等しくなる点で求めることができました。つまりこの図の場合は点 E になりますね。

🐘：アキコさんはよく復習していますね。そのとおりです。点 E で総需要と総供給が均衡しますから，この点が均衡国民所得になります。その国の経済がこの理論どおりに動いているならば，その国の国民所得は点 E の水準になります。

🐘：ボクもこれくらいなら覚えているよ。

🐘：それでは，ここで点 E の国民所得について考えましょう。点 E の国民所得は，その国の総需要と総供給が等しくなる形で均衡しました。しかしこの国民所得は，あくまでその国の総需要と総供給が等しくなった現実の国民所得ですから，この点 E においては，もしかすると，不景気の真っ只中で失業者が存在しているかもしれません。そ

こで国内における失業者が存在しない，つまり働きたいと思う労働者が全員働くことができたときの国民所得を理想的な段階と考えましょう。この国民所得を完全雇用国民所得と呼びます。

🐘：この完全雇用国民所得はどのようにして求めるのですか。

🐘：厳密には，その国の人口や，労働生産性などから求めます。
ただ感覚的には，就職先を紹介してくれるハローワークに，職を求める人々の行列がまったくなくなった状況，と考えるとわかりやすくなるかも知れませんね。そして，この時の完全雇用国民所得の値は，あらかじめ問題文の中で与えられますから，その値の国民所得のときに，その国の労働者が全員働くことができているのだ，と思えばいいです。

🐘：とりあえず完全雇用国民所得は，あらかじめ与えられる値だと理解しておけばいいのでしょうか。

🐘：そうですね。そのように理解しておいてください。それでは，その完全雇用国民所得をY_fとしましょう。このY_fが均衡国民所得に比べて，大きいか小さいかで，デフレギャップ，インフレギャップが求められます。次の図を見てください。

図2

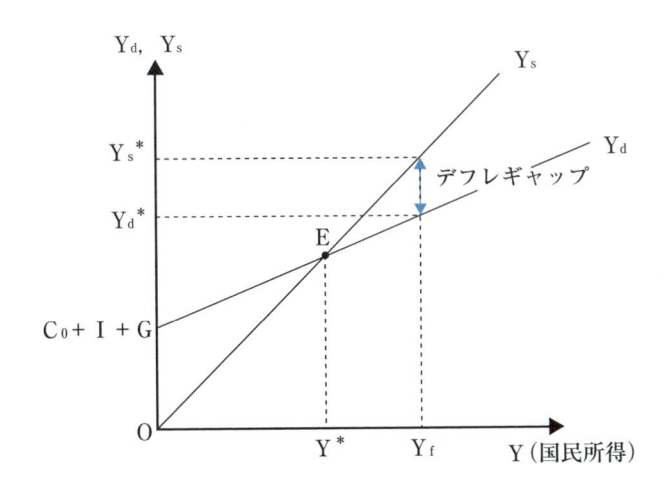

完全雇用国民所得がY_fのとき，総供給はY_s^*，総需要はY_d^*になります。つまり労働者が全員働くことができる完全雇用国民所得の点では，総需要のほうが少なくなっていますから，国内ではデフレが発生します。この$Y_s^* - Y_d^*$の部分は，デフレの原因になっているということで，デフレ

ギャップといいます。

🐘：デフレとは何ですか。はじめて聞くのですが…。

🐘：デフレーションのことよ。物価が下落することよ。

🐘：そうですね。もう少し厳密に言うと，物価の持続的な下落のことをいいます。

🐘：あともう1つわからないところがあって，なぜ，$Y_s^* - Y_d^*$ の部分がデフレの原因になるのですか。

🐘：国内で総供給のほうが総需要より多いということは，国内に供給された財やサービスの額のほうが，国内で需要された財やサービスよりも多いわけだから，デフレになるんじゃないの。

🐘：そうですね。アキコさんの言うとおりです。その部分をデフレギャップといいますのでしっかりと覚えておいてください。

🐘🐘：はい，わかりました。

ことばの意味

デフレギャップ：完全雇用国民所得水準における総供給と総需要の差の部分のこと（総供給＞総需要）

🐘：それでは，次の図を見てください。

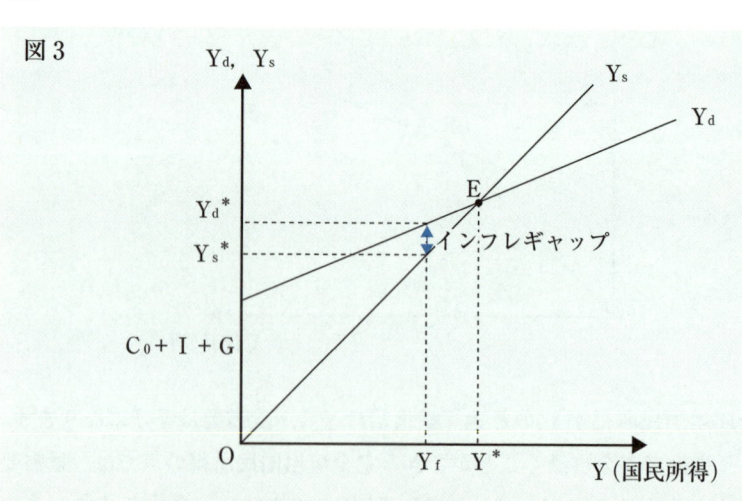

図3

縦軸：Y_d, Y_s　横軸：Y（国民所得）

E点でインフレギャップ
Y_d^*，Y_s^*
$C_0 + I + G$
Y_f　Y^*

🐘：今度は完全雇用国民所得 Y_f が均衡国民所得 Y^* よりも小さい場合を考えま

しょう。このときは総需要Y_d^*のほうが総供給Y_s^*よりも大きくなっています。このときは総需要のほうが多いので，インフレが起こります。したがって，この$Y_d^* - Y_s^*$の部分をインフレギャップといいます。

ことばの意味

インフレギャップ：完全雇用国民所得の水準における総需要と総供給の差の部分のこと（総需要＞総供給）

：デフレギャップやインフレギャップが発生したときには，それを解消しなければ，完全雇用は実現しませんから，政府が政策でもってこの差をなくすようにします。これについては次のPart 4で学習しましょう。

：1つだけ質問があるのですが，Y^*とY_fが一致することはあるのですか？

：ありますね。それはとても偶然的ですがとても望ましい状態です。これについても，次のPart 4を学習するとよく理解できると思います。それでは，これぐらいにしておきましょう。

：ありがとうございました。

Exercise

国家Ⅱ種　1998年

図は国民所得と総供給，総需要の関係を表したものである。ここでY^*は均衡国民所得，Y_Fは完全雇用国民所得であり，Y_Fは500兆円である。また，投資を100兆円とし，消費関数を$C = 0.5Y + 50$（単位は兆円）とする。

このとき，Y_Fに関する次の記述のうち，妥当なのはどれか。ただし，政府部門は考慮せず，総需要は消費と投資から成るものとする。

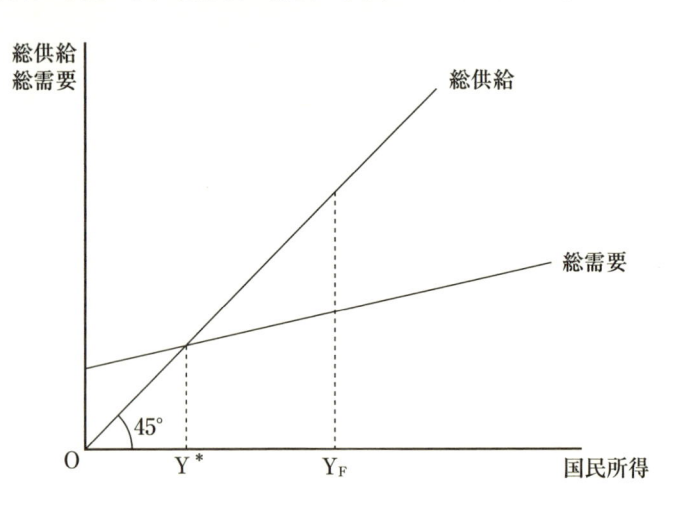

1 　Y_Fにおいては，インフレギャップが生じており，その金額は200兆円である。
2 　Y_Fにおいては，デフレギャップが生じており，その金額は200兆円である。
3 　Y_Fにおいては，インフレギャップが生じており，その金額は100兆円である。
4 　Y_Fにおいては，デフレギャップが生じており，その金額は100兆円である。
5 　Y_Fにおいては，インフレギャップもデフレギャップも生じていない。

解説　正解　4

まず総需要と総供給を求める。

総供給：$Y_s = Y$

総需要：$Y_d = C + I$
$= 0.5Y + 50 + 100$
$= 0.5Y + 150$

つぎに、$Y_f = 500$（完全雇用国民所得）を代入する。

$Y_s = 500$

$Y_d = 0.5 \times 500 + 150 = 400$

この差がデフレギャップ、またはインフレギャップになる。いま、総供給の方が100兆円大きいので、100兆円の総供給超過（デフレギャップ）が生じている。

したがって、正解は4になる。

Part 4　2-2-4　総需要管理政策

🐘：ここでは，総需要管理政策について説明しましょう。

🐘🐘：よろしくお願いします。

🐘：Part 3 でデフレギャップ，インフレギャップについて学習しました。

🐘：デフレギャップは不況で完全雇用国民所得が均衡国民所得より大きいときに発生し，インフレギャップは好況で完全雇用国民所得が均衡国民所得より小さいときに起こりました。

🐘：完全雇用国民所得とは，労働者が全員働くことができた際における国民所得ですよね。

🐘：そうですね。図で確認しましょう。

図1

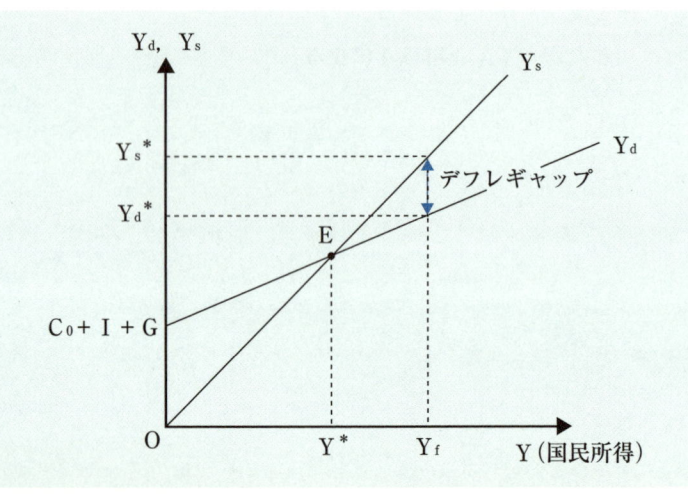

（グラフ：縦軸 Y_d, Y_s、横軸 Y（国民所得）。Y_s 線と Y_d 線が点Eで交わる。Y_d 切片は $C_0 + I + G$。均衡点Eに対応する国民所得が Y^*、完全雇用国民所得が Y_f。Y_f における Y_s^* と Y_d^* の差がデフレギャップ。）

均衡国民所得は点Eでした。この点Eは，総供給と総需要が一致しているので非常に安定していますね。しかし，安定しているがゆえに，この状態で失業している人にとっては，その失業状態が継続することになると思いませんか。

🐘：そういえばそうね。点Eで総供給と総需要が一致しているので，この状態で失業すると，その人は失業し続けることになりそうですね。

🐘：しかもその失業者は，市場メカニズムを考えると，解消しにくいことがわ

かりますよね。なぜならば，総供給と総需要が一致していることから，企業側にとって，これ以上総供給を増やす積極的な理由（誘因，インセンティブともいう）がないからです。

:先生！　市場のメカニズムで失業が解消するのですか？市場のメカニズムで失業が解消する，ということがわからないです。

:労働は，ものを作る際の生産要素の1つよね。ミクロ経済学ではLという記号で表したじゃない。だから労働は，市場メカニズム（マーケットのメカニズム）がきちんと働けば，需要と供給のバランスで，必ず使用されるようになるはずなのよ。これが市場経済の原則じゃない。

:でもこれはマクロ経済学だよ。ミクロ経済学の概念が成り立つのですか。

:マクロな経済は，ミクロな経済を集計した結果なのだから，マクロな経済のベースには，ミクロな経済の概念が成り立つ，と考えていいのよ。だから労働も余っているのであれば，市場メカニズムが働いて需要と供給のバランスは均衡するはずだと思うわ。

:そうですね。アキコさんの言うとおりです。マクロ経済のベースにはミクロの概念がありますね。労働も需要と供給のバランスで均衡して，余剰の労働力が存在する，つまり失業が存在することは考えられないはずなのですよ。本来はこのようになるのですが，ところが図1では，総供給と総需要が一致している点では失業が発生しているのです。このような状態になると，マーケットのメカニズムで失業が解決できなくなります。

:何となくわかるような気がするけど，どうしてマーケットのメカニズムが働かないのですか。

:これは少し難しいけど，その国の総需要が少なすぎたり，多すぎたりするために起こります。市場の需要量に合わせて，供給が決まれば，需要が少ない場合は，労働があまることになります。また需要が多すぎれば，労働が不足することになりますね。2－1－1で学習して有効需要の原理に基づいて，その国の需要量が，その国の供給量を決めると考えるならば，このように市場のメカニズムだけでは失業が解決しなくなります。

:そうすると，この失業は解決できないのですか。

:市場のメカニズムだけでは解決できないので，政府が市場経済に介入して

解決することが必要になりますね。それをみていきましょう。

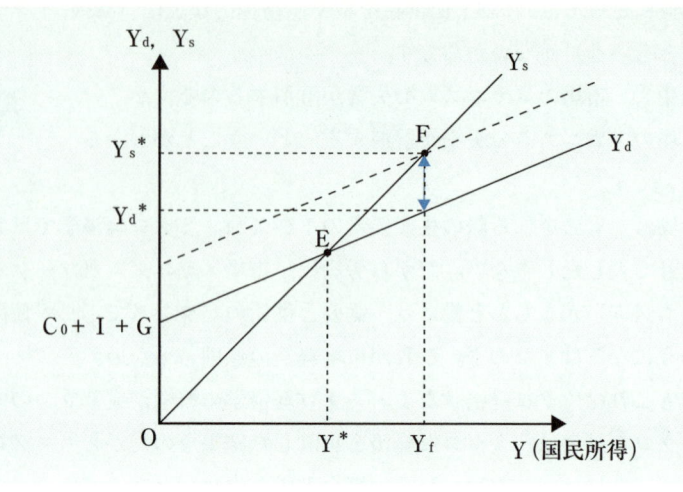

図2

🐘：点Eで均衡しているから失業が発生するので，総需要Y_dを点Fまで上昇させれば，失業は解決します。完全雇用国民所得Y_fの水準で均衡するからです。この点Fに総需要を移動させるには，切片の部分を大きくする必要があります。その切片ですがC_0+I+Gですから，その部分を大きくしなければなりません。そうすると，政府にとって直接的に数値を大きくすることが可能なのは政府支出のGということになります。

したがって，政府支出Gを大きくすることで，総需要を点Fで均衡させることができます。このような政策を総需要管理政策といいますね。

ことばの意味

デフレギャップの解消：政府支出を増加させることで，デフレギャップを解消して完全雇用国民所得を実現することができる

🐘：それと，この図ではわからないのですが，消費関数に租税を入れたモデルでは，減税することによっても消費Cが増加することが考えられるので，デフレギャップは解消することができますよ。これも同時に覚えていてください。

🐘：先生，どうして減税すると消費が増えるのですか？

🐘：マナブ君，君は消費税がもしも明日5％から0％になったら，

どうする？

🐘：あっ，わかりました。いろいろ買いたくなって，消費を増やしますよね。それではインフレギャップの場合はどのようになるのですか？

🐘：これも図で説明しましょう。

図3

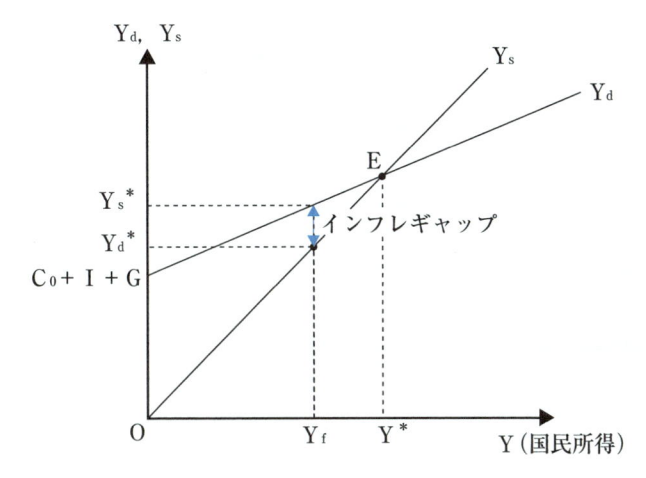

[図：縦軸 Y_d, Y_s、Y_sとY_dの直線、均衡点E、Y_s^*、Y_d^*、C_0+I+G、Y_f、Y^*、インフレギャップ]

🐘：インフレギャップの場合は，均衡国民所得が大きすぎるために発生します。そこで総需要を減少させればいいのですよ。

図4

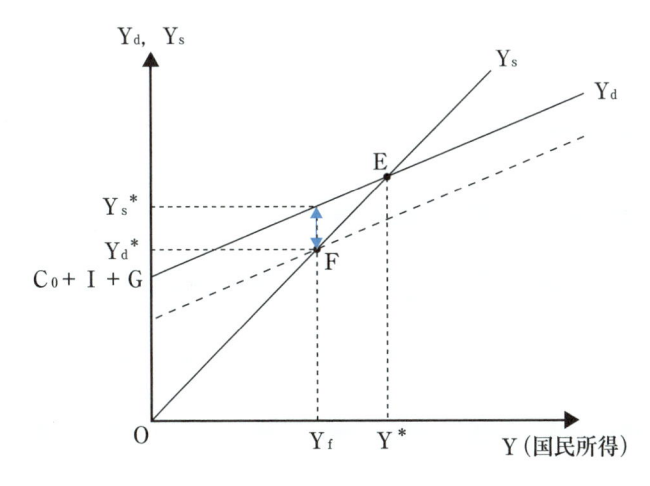

[図：縦軸 Y_d, Y_s、Y_sとY_dの直線、均衡点E、点F、Y_s^*、Y_d^*、C_0+I+G、Y_f、Y^*]

🐘：タテ軸切片の政府支出Gを減少させることで，均衡点を点Fに移動させま

す。その結果，完全雇用国民所得水準で均衡しますね。その結果，インフレが解消することになりますね。

> **ことばの意味**
> インフレギャップの解消：政府支出を減少させることでインフレギャップを解消させて完全雇用国民所得を実現させる

：そしてこちらも，租税を考慮すると，増税政策を行うことによって消費を減少させてインフレギャップを解消することができます。これも同時に覚えておいてください。

：はい，わかりました。

：これらの政策を総需要管理政策といいますので，この言葉も覚えておきましょう。

> **アドバイス**
> 総需要管理政策：デフレギャップが発生しているときは，政府支出を増加させたり，減税を行うことで完全雇用を実現させることであり，インフレギャップが発生しているときは，政府支出を減少させたり，増税を行うことで完全雇用を実現させること

：それでは，これで終わりにしましょう。

：ありがとうございました。

●●● Exercise ●●●

中小企業診断士　2005年

次の文章を読んで，下記の設問に答えよ。

有効需要の原理に基づき，総需要と総供給との関係から均衡GDPの決定について考えてみよう。
　まず，総需要ADが消費支出Cと投資支出Iから構成されるモデルを想定し，消費支出と投資支出がそれぞれ，

$C = C_0 + cY$

$I = I_0$

として与えられるとする。ここで、C_0：独立消費、c：限界消費性向、Y：国内所得あるいはGDP、I_0：独立投資である。

いま、下図のように、縦軸に総需要、横軸に国内所得（GDP）を表すとすれば、

①所得水準とそれに対応して計画された総需要との関係はADとして描かれる。また、45度線は総需要＝総供給（国内所得）の関係を示している。

このとき、均衡GDPはY^*の水準に決まる。仮に、②国内所得がY_1の水準にあれば、総供給＞総需要の関係にあり、生産物市場には超過供給が発生する。なお、均衡GDPは限界消費性向が1より小さい場合に安定的になる。

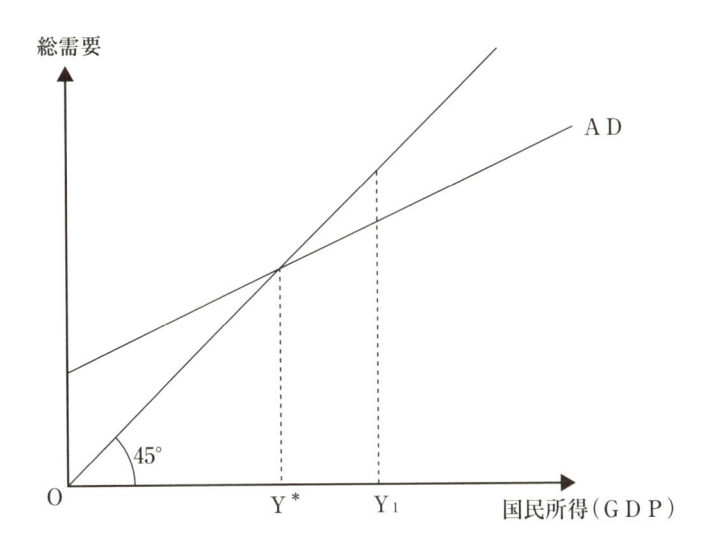

（設問1）

文中の下線部①について、AD線の説明として最も適切なものの組み合わせを下記の解答群から選べ。

a　AD線の傾きは限界消費性向に等しい。
b　AD線の縦軸の切片は、$(C_0 - I_0)$ に等しい。
c　限界貯蓄性向が大きいほど、AD線の勾配はより激しくなる。
d　独立消費が増加すれば、AD線は下方にシフトする。
e　独立投資が増加すれば、AD線は上方にシフトする。

〔解答群〕
　ア　aとc　イ　aとe　ウ　bとd　エ　bとe　オ　cとd

（設問2）
　文中の下線部②について，超過供給の調整メカニズムの説明として最も適切なものはどれか。
　ア　有効需要の原理によれば，価格の下落を通じて超過供給が解消され，均衡GDPが実現する。
　イ　有効需要の原理によれば，価格の上昇を通じて超過供給が解消され，均衡GDPが実現する。
　ウ　有効需要の原理によれば，雇用量の増加を通じて超過供給が解消され，均衡GDPが実現する。
　エ　有効需要の原理によれば，生産の拡大を通じて超過供給が解消され，均衡GDPが実現する。
　オ　有効需要の原理によれば，生産の縮小を通じて超過供給が解消され，均衡GDPが実現する。

解説　　正解　設問1　イ，設問2　オ

設問1
　本文中にあるように総需要曲線の傾きは限界消費性向に等しくなる。したがって，aが正しい。また，独立投資（通常の投資）は総需要を増加させるので，AD線は上方にシフトする。
　以上から，正解はイになる。

設問2
　有効需要の原理（ケインズの経済学の考え方）によれば，需要に合わせて供給が決まるので，超過供給が生じているときは供給サイドの生産が縮小して超過供給が解消されることになる。
　したがって，正解はオになる。

Part 5　2-2-5　乗数効果の意義とメカニズム（45度線分析との関連性）

🐘：ここでは，総需要管理政策の影響を，数式を用いて確認する乗数効果について学習しましょう。

🐘🐘：よろしくお願いします。

🐘：Part 1 で均衡国民所得について学習しましたね。その図と総需要，総供給の式をもう一度確認しましょう。

総供給：$Y_s = Y\ (= C + S + T)$
総需要：$Y_d = C + I + G$
　　　（消費関数：$C = C_0 + c(Y - T)$，海外部門は無視する）
$Y_d = cY + (C_0 - cT + I + G)$

図1

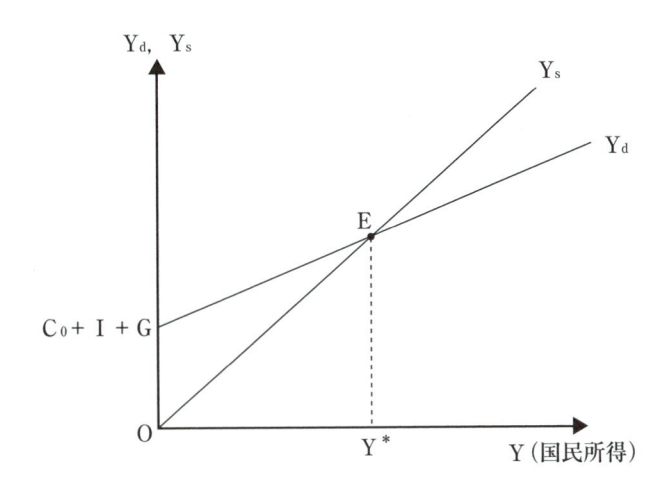

（グラフ：縦軸 Y_d, Y_s，横軸 Y（国民所得），Y_s 線と Y_d 線の交点が E，Y_d の切片は $C_0 + I + G$，均衡国民所得 Y^*）

🐘：この図は覚えていますか？

🐘🐘：はい，覚えています。

🐘：この図の点Eが均衡国民所得でした。それでは，この点Eの均衡国民所得を計算で求めると，どのようになると思いますか。

🐘：$Y_s = Y_d$ で求めれば，均衡国民所得が求められるのではないですか。

🐘：そうです。それでは，実際にやってみましょう。

$$Y_s = Y_d$$
$$Y = C_0 + c(Y - T) + I + G$$

変形する

$$Y = C_0 + cY - cT + I + G$$
$$Y - cY = C_0 - cT + I + G$$
$$(1 - c)Y = C_0 - cT + I + G$$
$$Y = \frac{1}{1 - c}(C_0 - cT + I + G) \quad \cdots\cdots ①$$

この①式が均衡国民所得を表していますね。図の点Eに対応する国民所得です。この①式に具体的数値を代入して考えてみましょう。たとえば，$c = 0.8$，$C_0 = 13$，$T = 10$，$I = 25$，$G = 20$とすると，均衡国民所得はいくらになるかな。

:えーと，代入すればいいのですよね。

$$Y = \frac{1}{1 - 0.8}(13 - 0.8 \times 10 + 25 + 20)$$
$$= \frac{1}{0.2}(50)$$
$$= 250$$

均衡国民所得は250になります。

:そうですね。それでは，$c = 0.8$，$C_0 = 13$，$T = 10$，$I = 25$は同じで，政府支出を$G = 21$にするとどうなるでしょうか。

:えーと，代入するといいのですよね。

$$Y = \frac{1}{1 - 0.8}(13 - 0.8 \times 10 + 25 + 21)$$
$$= \frac{1}{0.2}(51)$$
$$= 255$$

均衡国民所得は255になります。

: そのとおりですね。ここで考えてほしいのですが、いま政府支出を1だけ増加させました。そのとき均衡国民所得はどれだけ増加しているかな。

: 5だけ増えています。

: 先生！　なぜ5も増えているのですか。政府支出は総需要の項目ですよね。その項目を1だけ増加させると、なぜ均衡国民所得が5増えるのですか？

: ボクも何だかわからなくなってきました。

: これは総需要の項目である政府支出を1だけ増加させると、均衡国民所得（その国のＧＤＰ）が5だけ増えることを意味していますね。ケインズの経済学では、需要に合わせて供給がなされて、その国の均衡国民所得（ＧＤＰ）が決まります。つまり総需要を1増加させると国全体のＧＤＰが5も増えることになるのです。この効果を乗数効果と言います。何か不思議な現象ですよね。そこでなぜこのようなことが起こるのか、具体的にイメージしてみましょう。

図2

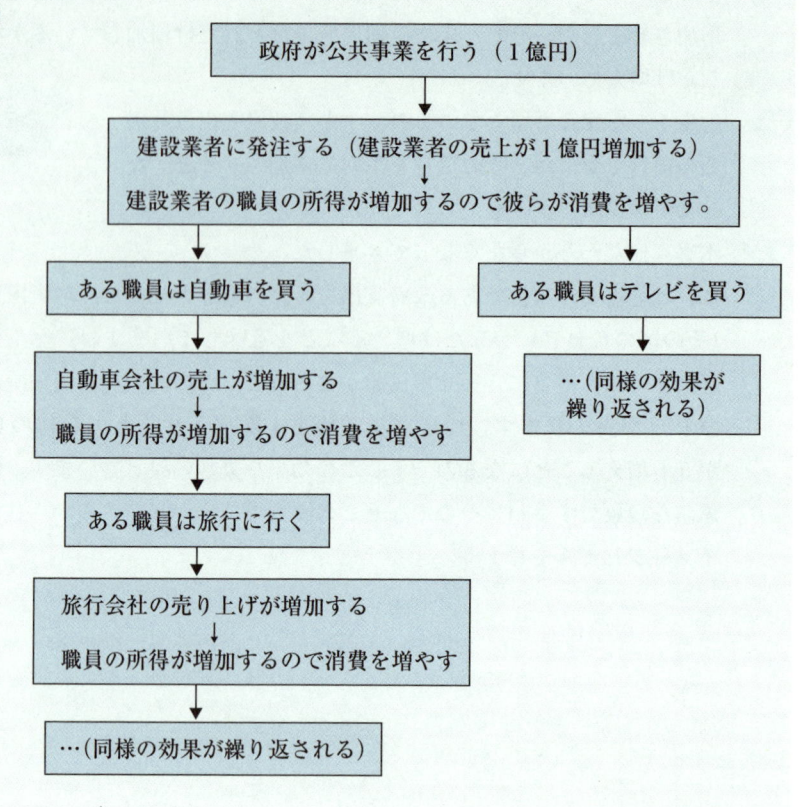

```
                ┌──────────────────────────┐
                │ 政府が公共事業を行う（1億円）│
                └──────────────────────────┘
                              ↓
    ┌────────────────────────────────────────────────┐
    │ 建設業者に発注する（建設業者の売上が1億円増加する）│
    │              ↓                                   │
    │ 建設業者の職員の所得が増加するので彼らが消費を増やす。│
    └────────────────────────────────────────────────┘
         ↓                              ↓
 ┌──────────────────┐          ┌──────────────────┐
 │ ある職員は自動車を買う│          │ ある職員はテレビを買う│
 └──────────────────┘          └──────────────────┘
         ↓                              ↓
 ┌──────────────────────┐      ┌──────────────────┐
 │ 自動車会社の売上が増加する│      │ …（同様の効果が    │
 │         ↓             │      │   繰り返される）    │
 │ 職員の所得が増加するので消費を増やす│ └──────────────────┘
 └──────────────────────┘
         ↓
 ┌──────────────────┐
 │ ある職員は旅行に行く│
 └──────────────────┘
         ↓
 ┌──────────────────────┐
 │ 旅行会社の売り上げが増加する│
 │         ↓             │
 │ 職員の所得が増加するので消費を増やす│
 └──────────────────────┘
         ↓
 …（同様の効果が繰り返される）
```

🐘：イメージとしてはこのようなものになります。政府が公共事業を行うと，関係者の所得が増加しますね。その所得の増加が，消費の増加を生み，その消費の増加がさらに次の関係者の所得の増加を通じて消費を増加させるという現象が永遠に繰り返される，という波及効果が発生することになります。その結果，当初の政府支出の1億円だけでなく，消費も増加することになるため，5億円という国民所得（GDP）の増加になるわけです。

🐘：なるほど。面白い現象ですね。

🐘：それでは，数式でも示しておきましょう。はじめの政府支出をΔG，増加する全体の消費量をΔCとしますね。するとこの増加は，所得の増加に限界消費性向をかけあわせた額で発生し，次々と発生するそれらの合計額が増加する全体の消費量ΔCになるわけです。

$$\Delta C = \Delta G + c\Delta G + c \times c\Delta G + c \times c^2\Delta G + c \times c^3\Delta G + \cdots$$
（無限に続く）
$$= \Delta G + c\Delta G + c^2\Delta G + c^3\Delta G + c^4\Delta G + \cdots$$
（初項ΔG，公比cの等比数列の和になっている）
$$= \frac{\Delta G(1 - c^n)}{1 - c} \quad (n：項数)$$
（nは無限大として考えると…→$c^n = 0$となる。$0 < c < 1$より）
$$= \frac{1}{1 - c}\Delta G$$
（結果として，ΔGの政府支出が国民所得を$\frac{1}{1-c}\Delta G$増加させる）

🐘：この波及的効果のことを乗数効果というのです。さらに国民所得の増加分が$\frac{1}{1-c} \times \Delta G$でしたが，この係数の$\frac{1}{1-c}$を，政府支出を増加させたときの乗数と考えたので，結局この係数を<u>政府支出乗数</u>といいます。

🐘：なんだか導出の過程が難しいですね。

🐘：そうですね。でも実はもっと楽に導出できるのです。

🐘：楽にできるのですか！　それは大変ありがたいですね。

🐘：ただし，この乗数は政府支出乗数以外にもありますので，この導出は，次のPartで行うことにしましょう。とりあえずこのStageでは，乗数効果の意義を理解しておけばいいです。

🐘🐘：はい，わかりました。

🐘：それでは最後に，図で乗数効果の部分を確認しておきましょう。

図3．

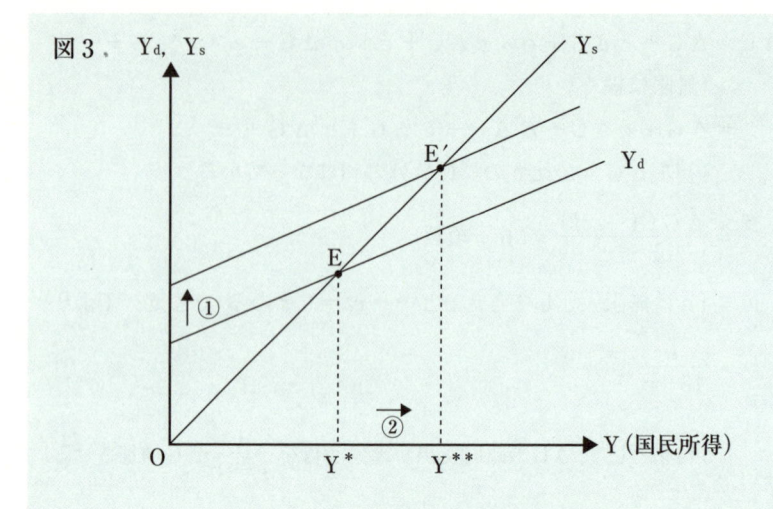

図3の①が政府支出の増加に伴う，総需要の増加です。政府支出の増加額だけ上にシフトします。これが乗数効果を通じて均衡国民所得を増加させます。この均衡国民所得の増加が②の動きになります。図からわかるように，②のほうが動きが大きいですね。乗数効果が起こっていることが確認できると思います。この図が確認できたら，これで終わりにしましょう。

：ありがとうございました。

Part 6　2-2-6　投資乗数

🐘：前のPart 5で学習した乗数のなかでも，まずは投資乗数について説明しましょう。

🐘🐘：よろしくお願いします。

🐘：さきほど均衡国民所得を学習しましたね。その式をもう一度，書きましょう。

$$Y = \frac{1}{1-c}(C_0 - cT + I + G) \quad \cdots\cdots ①$$

この式から，乗数効果の値を求めることができるんです。乗数効果とは，政府支出などの総需要の項目を増加させたときに，その額以上に国民所得が増加する効果でした。

これは，①式の均衡国民所得の式を微分すると求めることができるのです。実際にやってみましょう。

🐘：なんだか微分と聞くと難しそうだな。

🐘：ミクロ経済学で使うほどややこしいものではありませんから，がんばってついて来てください。

🐘：はい！

🐘：①式のカッコをはずしますね。

$$Y = \frac{1}{1-c}C_0 - \frac{1}{1-c} \times cT + \frac{1}{1-c}I + \frac{1}{1-c}G$$

この式の右辺を投資 I で微分してみましょう。

$$\frac{\Delta Y}{\Delta I} = \frac{1}{1-c}$$

ΔI を両辺に掛けてみますね。

$$\Delta Y = \frac{1}{1-c}\Delta I$$

この式は何を意味していると思いますか。

: Δは変化分だから，投資Ｉが増加したときの国民所得Ｙの変化を意味しているのではないですか？

: そのとおりです。アキコさんは優秀ですね。これは投資ＩがΔＩだけ増加（減少）したときに，国民所得ＹがΔＹだけ増加（減少）することを意味しています。

図1

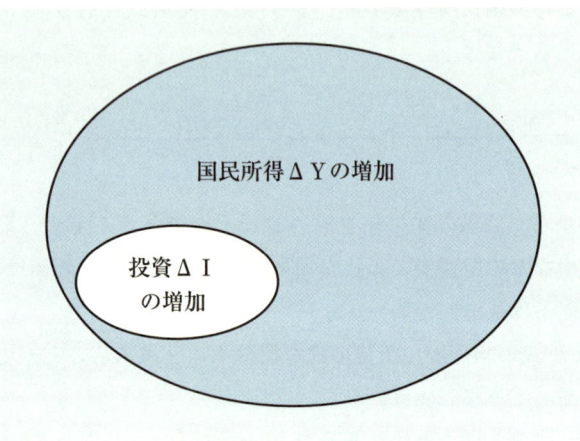

国民所得ΔＹの増加

投資ΔＩの増加

: これがもしかして，乗数効果ということなのですか。

: そのとおりです。マナブ君，君も優秀ですね。これが先ほどのPart 5で学習した乗数効果というものなのですよ。ただし同じ乗数効果でも，ここでは投資が増加したときの国民所得の増加を表していますので，この値を投資乗数といいます。

ことばの意味

投資乗数：$\dfrac{1}{1-c}$　投資を1単位増加（減少）させたときに，増加（減少）する国民所得の額を表す

: いま投資乗数を求めましたが，これ以外にも乗数はあるのですか。

: ありますよ。投資で微分して作りましたので，これは投資乗数でしたが，政府支出で微分して作ると，政府支出乗数というものが求められます。租税で微分して作ると，租税乗数というものが求められます。つまり乗数にはいろいろあるわけですね。それでは，投資以外の乗数についても，次のPart 7，8で学習していきましょう。

：はい，わかりました。
　　：では，終わりましょう。
　　　：ありがとうございました。

Part 7 2-2-7 政府支出乗数

🐘：ここでは，乗数効果のなかの政府支出乗数について学習しましょう。

🐘🐘：よろしくお願いします。

🐘：Part 6 で投資乗数について学習しましたね。それと同じ要領で政府支出が増加したときの，国民所得の増加を表す乗数効果を求めることができます。ではまた均衡国民所得を書き出しましょう。

$$Y = \frac{1}{1-c}(C_0 - cT + I + G) \quad \cdots\cdots ①$$

この式から政府支出が変化したときの乗数効果の値を求めることができるんです。**乗数効果**とは，政府支出などの総需要の中の項目を増加させたときに，その額以上に国民所得が増加する効果でしたね。これは大丈夫ですね。

🐘🐘：大丈夫です。

🐘：この政府支出が変化したときの乗数効果を，①式の均衡国民所得の式を微分することで求めてみましょう。

🐘：はい。

🐘：Part 6 のときと同様に，①式のカッコをはずしますね。

$$Y = \frac{1}{1-c}C_0 - \frac{1}{1-c} \times cT + \frac{1}{1-c}I + \frac{1}{1-c}G$$

この式の右辺を政府支出 G で微分してみましょう。

$$\frac{\Delta Y}{\Delta G} = \frac{1}{1-c}$$

ΔG を両辺に掛けてみますね。

$$\Delta Y = \frac{1}{1-c}\Delta G$$

この式は何を意味していますか？

: Δは変化分を表すのだから，政府支出Gが増加したときの国民所得Yの変化を意味しているのではないですか。

: そのとおりですね。政府支出がΔGだけ増加（減少）したときに，国民所得YがΔYだけ増加（減少）することを意味しています。

図1

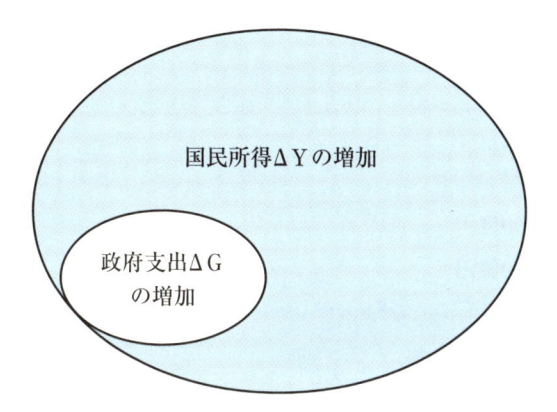

国民所得ΔYの増加

政府支出ΔGの増加

これが政府支出を変化させたときの乗数効果の値になります。政府支出を変化させたときの値なので，これを政府支出乗数といいますね。

ことばの意味

政府支出乗数：$\dfrac{1}{1-c}$ 政府支出を1単位増加（減少）させたときに，増加（減少）する国民所得の額を表す

この値は，投資乗数の時の結果と同じものになっていますね。ただし，均衡国民所得の式が変わると，この値も変化することがあるので，結果の丸暗記は基本的にはやめてください。覚えるべきことは，この式の作り方のほうです。均衡国民所得を政府支出で微分すれば求められる，ということをしっかりと覚えておいてください。

: はい，わかりました。
: それでは，これで終わりましょう。
: ありがとうございました。

●●● Exercise ●●●

地方上級　2003年

　封鎖経済の下で，政府支出が3,000億円増加された場合，乗数理論に基づいて計算したときの国民所得の増加額はどれか。ただし，限界消費性向は0.8とし，その他の条件は考えないものとする。

1　2,400億円
2　3,750億円
3　5,400億円
4　1兆2,000億円
5　1兆5,000億円

解説　　正解　5

　租税を無視して均衡国民所得を求めると，以下のようになる。

$Y = C + I + G$

$C = C_0 + 0.8Y$

このCをYに代入する。

$Y = C_0 + 0.8Y + I + G$

$0.2Y = C_0 + I + G$

$Y = \dfrac{1}{0.2}(C_0 + I + G)$　……①

　いま，政府支出を増加させるので，政府支出乗数を求める。よって，①式に注目して，YをGで微分する。

$\dfrac{\Delta Y}{\Delta G} = \dfrac{1}{0.2}$

$\Delta Y = 5\Delta G$

ここで，$\Delta G = 3000$を代入する。

$\Delta Y = 5 \times 3000 = 15000$

　したがって，$\Delta Y = 15000$になる。つまり，1兆5000億円増加することになる。

　よって，正解は肢5になる。

Part 8　2-2-8　租税乗数（減税乗数）

🐘：ここでは，乗数効果のなかの租税乗数について学習しましょう。

🐘🐘：よろしくお願いします。

🐘：Part 7 で政府支出乗数について学習しましたね。その要領で租税乗数も求めましょう。均衡国民所得を書きますね。

$$Y = \frac{1}{1-c}(C_0 - cT + I + G) \quad \cdots\cdots ①$$

この式を租税 T で微分することによって租税乗数が求められます。租税乗数とは，租税を変化させたときに国民所得がどれだけ変化するかを表すものです。それでは，微分して求めてみましょう。

🐘🐘：はい。

🐘：①式の右辺のカッコをはずしますね。

$$Y = \frac{1}{1-c}C_0 - \frac{1}{1-c} \times cT + \frac{1}{1-c}I + \frac{1}{1-c}G$$

この式の右辺を租税 T で微分してみましょう。

$$\frac{\Delta Y}{\Delta T} = -\frac{c}{1-c}$$

ΔT を両辺に掛けますね。

$$\Delta Y = -\frac{c}{1-c}\Delta T$$

さて，この式は何を意味していると思いますか？

🐘：Δ は変化分だから，租税 T が増加したときの国民所得 Y の変化を意味しているのではないですか。

🐘：そのとおりです。ただし，今回注意してほしいのは，投資乗数や政府支出乗数と値が異なっていますね。これは投資や政府支出のケースと効果が違ってくることを意味しています。

🐘:乗数効果は異なるのですね。いま初めてわかりました。

🐘:そうです。乗数効果は常に同じではありません。また，総需要の項目によっても異なる場合があります。

ことばの意味

租税乗数：$-\dfrac{c}{1-c}$　租税を1単位増加（減少）させたときに，減少（増加）する国民所得の額を表す

🐘:前にマイナスの符号がついていますが，これはどういうことですか？

🐘:これは反対の方向に国民所得が動くことを意味しています。つまり，Tの増加である増税は，国民所得Yを減少させるのです。逆に減税は国民所得を増加させるのです。今までの投資や政府支出と異なる部分ですね。

図1

国民所得ΔYの増加

減税
$-\Delta T$

🐘:減税すると国民所得が増加することと，乗数の値をしっかりと確認しておいてください。

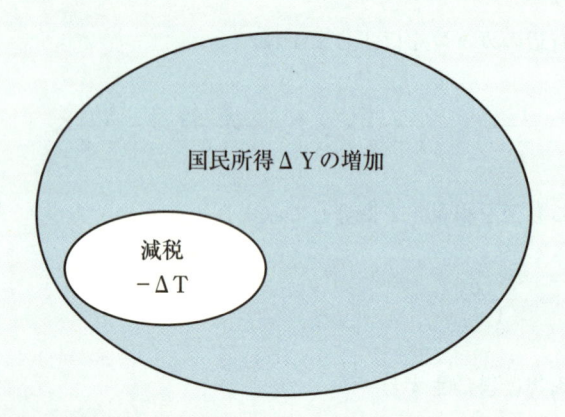

ポイント

租税乗数から言えること：減税すると国民所得は乗数倍だけ増加し，増税すると乗数倍だけ国民所得が減少する

🐘🐘:はい，わかりました。

🐘:最後に，租税乗数のマイナス符号を除いたものを，減税乗数と言いますの

で，これも覚えておいてください。

ことばの意味

減税乗数：租税乗数のマイナス符号を除いた乗数のこと：$\dfrac{c}{1-c}$

🐘：それでは，終わりにしましょう。
🐘🐘：ありがとうございました。

••• Exercise •••

中小企業診断士　2001年

減税が所得水準に与える影響の大きさは，減税の租税乗数（tax multiplier）によって説明できると考えられる。これに関し，最も適切なものはどれか。

　ア　限界消費性向が高いと，減税の租税乗数が大きい。
　イ　限界消費性向が低いと，減税の租税乗数が大きい。
　ウ　平均消費性向が高いと，減税の租税乗数が大きい。
　エ　平均消費性向が低いと，減税の租税乗数が大きい。

解説　　正解　ア

　減税の租税乗数の場合は，通常の租税乗数のマイナスをとって考える。租税乗数は本文中にあったように $\dfrac{c}{1-c}$ である。分母，分子の両方に限界消費性向 c が入ると，大小比較ができないので，これを変形する。

$$\dfrac{c}{1-c} = -1 + \dfrac{1}{1-c}$$

　この変形式より，限界消費性向 c が大きくなるほど，減税の乗数が大きくなる。

　したがって，正解はアになる。

　なお，平均消費性向とは $\dfrac{C}{Y}$ のことで，租税乗数には影響を与えない。

MEMO

第3部
貨幣市場の分析

ここでは，貨幣について学習します。我々にとって身近な存在の貨幣ですが，マクロ経済学としては，この貨幣にも需要と供給があり，市場では需要と供給が一致するように均衡します。この貨幣に対する考え方として，古典派の考え方とケインズの考え方がありますが，主にケインズ派の考え方を中心に学習します。ケインズ派の考え方では，貨幣の需要と供給が等しくなって均衡するところでその国の利子率が決まります。その理論的メカニズムを中心に学習を進めましょう。

Stage 1
貨幣需要について

人類は貨幣を発明することによって，貨幣の存在しなかった物々交換の時代に比べて，格段に生活水準を上昇させました。そして貨幣には，長い歴史を経て3つの機能が備わってくるとともに，人類は貨幣を使用するにつれて，貨幣にさまざまな意味での必要性も感じてきています。このStageでは，それらについて学習します。

Part 1　3-1-1　貨幣とは　〜貨幣の3機能〜

: ここでは，貨幣とはどういうものなのか，について学習しましょう。

: よろしくお願いします。

: 皆さんは，ほぼ毎日貨幣を使って生活をしていると思います。

: 貨幣とは，お札や硬貨といったお金のことですよね。ボクはお金がなくなってくると一日中，何も買わずに我慢して節約をすることがあるので，"毎日"とはいえないかもしれません。

: マナブ君は面白いですね。もちろん貨幣とはお金のことを意味します。普段の生活で使っている1万円札や1000円札，あるいは500円や100円の硬貨などのお金をイメージしてください。中には，マナブ君のような人もいますが，基本的には，貨幣を使わずに社会の中で日々の生活をすることはできませんね。

: それは確かに…

: その貨幣ですが，どのような機能を持っているか考えたことはありますか？

: 普段は何も考えずに使っているから，改めて問われてみると，どのような機能を持っているかなんて考えたこともないですね。

: でも，普段はものを買うために使っているわけだから，ものを買うための機能が備わっている，ということだけはわかります。

: 確かにそうですね。しかし，もう少し正確に表現すると，さまざまなものの交換を仲介して便利さを向上させる機能，ということになりますね。というのは，もしも貨幣がなければ，ものを買うときに，我々は物々交換の不便さに直面することになるからです。次の図を見てください。Aさんはコメ農家の人で，コメを売って自動車を買おうとしています。一方，Bさんはテレビの製造をしている人で，テレビを作ってそれを売ってりんごを買おうとしています。このときこの2人の間で取引（売買）は成立するでしょうか。

図1　　　　Aさん　　　　　　　　　　　Bさん
　　　　コメを売りたい　　　　　　　テレビを売りたい
　　　　自動車を買いたい　　　　　　りんごを買いたい

取引は成立しない。

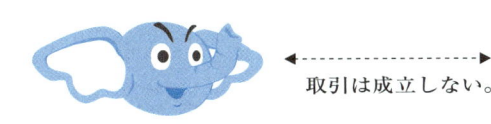

- 🐘：取引は成立しません。Aさんがテレビを買いたくて，Bさんがコメを買いたいならば，取引は成立すると思うのですが…。 
- 🐘：そうですね。貨幣がないと，このように売るほうの人と買うほうの人との間で"二重の一致"という偶然の一致がなければ取引が成立しません。したがって，この場合はどちらも一致していないので，AさんもBさんも望むものを買うことができないのです。ところが貨幣があるおかげで，我々は，このような不便さを感じることなく，貨幣を使うことで自由にモノを買うことができるのです。つまり貨幣には，交換を仲介する機能である支払機能が存在しているのです。
- 🐘：なるほど気付かなかったです。ところで，他にはどのような機能があるのですか。
- 🐘：あと2つあります。どのような機能があると思いますか。
- 🐘：あと2つもあるのですか。困りました…
- 🐘：それでは説明しましょう。自動車とテレビの価格はどれくらいか知っていますか。 
- 🐘：自動車は新車ならば最低でも100万円はするわね。テレビは10万円程度かな。そうそう，液晶テレビやプラズマテレビならばもっと高いですね。
- 🐘：そうですね。ところで，この価格の差は何を意味すると思いますか。
- 🐘：その商品の価値の差だと思います。テレビに比べて自動車は高度な技術をたくさん使っているはずですから，商品の価値が高いために，価格が高いのだと思います。
- 🐘：そうですね。アキコさんは価値の差があるといいましたが，貨幣には，ものの価値の尺度を測る機能があるのです。これを価値尺度機能といいます。

テレビは10万円，自動車は100万円であるとすると，自動車はテレビの10倍の価値がある，ということが貨幣からわかるのです。

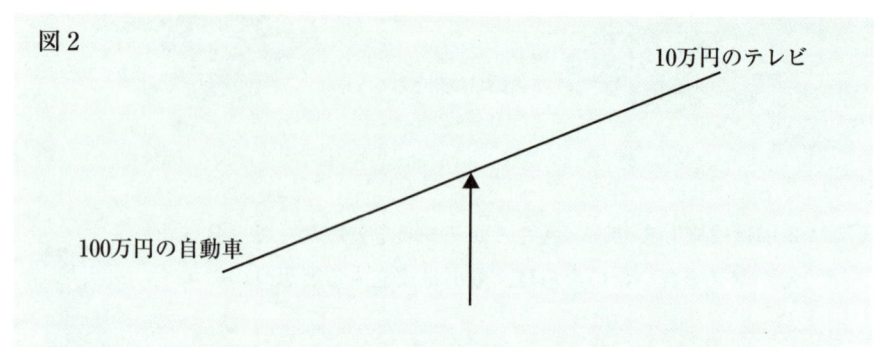

図2

10万円のテレビ

100万円の自動車

100万円の自動車は10万円のテレビの10倍の価値がある。

🐘：もう1つは何ですか？
🐘：もう1つは，皆さんの貯金（普通預金）です。
🐘：ボクは貧乏だから，貯金はほとんどありません。就職したら真面目にお金を貯めたいな，と思っています。
🐘：私は学生時代から，アルバイトなどをしてお金を少しずつ貯金しています。
🐘：マナブ君，アキコさん，それぞれ個性がありますね。その貯金なのですが，これは表現を変えると「富の貯蔵」ということになります。貯金は貨幣で保蔵しますから，貨幣には安定した富の貯蔵機能があるわけです。この機能を，価値保蔵機能といいます。これが3つ目の機能です。

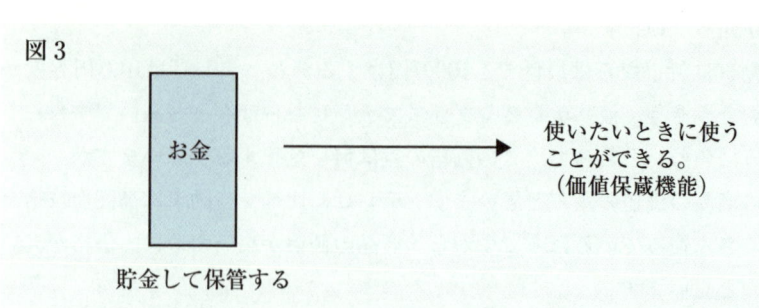

図3

お金 → 使いたいときに使うことができる。（価値保蔵機能）

貯金して保管する

🐘：貨幣は普段，何も気にしないで使っていたけど，このような機能があった

なんて気が付かなかったです。

🐘：そうですか。そのように言ってくれるとありがたいです。それでは、この3つの機能をまとめておきましょう。

> **ポイント**
>
> 貨幣の 3 機能
> ・支払機能：交換を仲介する機能
> ・価値尺度機能：財と財の交換比率を表す機能
> ・価値保蔵機能：価値の安定した富として保有できる機能

🐘：それでは、これで終わりにしましょう。
🐘🐘：ありがとうございました。

Part 2　3-1-2　貨幣を"必要"とする動機

🐘：ここでは，貨幣を必要とする動機について学習しましょう。

🐘🐘：よろしくお願いします。

🐘：皆さんはお金をたくさん持ちたいと思いますか。

🐘：たくさんあればいいと思いますね。

🐘：私は絶対にたくさん欲しいわ。そのためにしっかりと勉強しているのだもの。

🐘：そうですか。皆さんもやはりお金は多いほうがいいみたいですね。それは経済学的にも，健全な考え方だと思います。それではここで皆さんに問題を出します。なぜお金を多く持ちたいと思うのですか？

🐘：それは，好きなものがたくさん買えるからです。

🐘：わたしもそうです。

🐘：それだけですか？　他にはないですか？

🐘：他には，えーと，私は貯金をしているけど，何か大きな病気やケガにあったときに使うためにしています。これもお金を持ちたい理由なのかしら…。

🐘：そうですね。それも立派な理由ですね。他にはないですか？

🐘：もうないでしょう。ものを買う以外にボクはお金を持たないですからね。

🐘：実はお金，経済学的には貨幣といいますが，お金を持ちたいと思う理由は3つあります。今2つ出てきたのですが，他の1つも含めて，それぞれどのような理由か見ていきましょう。なお，お金を必要なものと考えて持ちたいと思う理由のことを，経済学的な表現を使うと，貨幣を必要とする動機，または貨幣を保有する動機といいます。この表現もできれば覚えておいてください。

🐘：はい。わかりました。

🐘：まず1つ目の動機（理由）は，モノを買うために必要だからお金を持つ，ということでした。これを取引動機（取引的動機）といいます。我々はお金を欲しいと思っていますが，厳密には，お金自体が欲しいわけではないのです。お金を使ってものを買いたいのですよね。だからお金が欲しいのですよね。

🐘：そのとおりです。だって，お金なんて部屋に飾っていても意味がないですから。使ってこそ意味があるのですよ。だ

からボクは貯金をしないのです。

：あらっ！　貯金も大事よ。いざという時にお金がなかったら大変よ。

：確かにアキコさんの言うとおりですね。納得できます。ただ，いざというときの話は後に回すとして，とりあえずモノを買うためにお金を保有したいのですよ。

：はい。

：これは貨幣を使ってモノを交換しているので，これを取引動機といいます。

ことばの意味

取引動機：貨幣を交換手段（取引手段）として利用するうえで貨幣を必要とする動機のこと

：モノの交換，売買のことだから取引なのですね。わかりました。

：それでは次の動機に移りましょう。アキコさんが先ほど「貯金も大事よ」と言っていましたね。

：はい。とても大切ですよ。

：その貯金は，病気やケガといった，いざというときのために，必要だからでしたね。これも立派な動機ですよ。不測の事態が起こった時に，貨幣を必要としますよね。たとえば病気になったとき，病院に行かなければならないので，お金を必要とします。不測の事態はそれだけではありません。家でテレビを見ていたとしましょう。そのテレビが突然，壊れてしまったら，新しいテレビを買わなければならないでしょう。するとお金が必要になります。これも不測の事態に必要になったお金です。このように不測の事態に備える意味での貨幣を保有する動機（必要性）を**予備的動機**といいます。

ことばの意味

予備的動機：将来の不確実な支出（取引）に備えるうえで貨幣を必要とする動機のこと

：ボクは気付かなかったけれど，確かにこのような動機があるような気がするなぁ。これからお金を使うときは，取引的動機なのか，予備的動機なのかを考えてみることにしたいと思います。

：それでは，3つ目の動機に移りましょう。

🐘：はい。よろしくお願いします。
🐘：これは少し難しいのですが，資産を保有したいために，貨幣を保有したい，とする動機です。
🐘：資産を保有するとは，どういう意味ですか？
🐘：我々は働いて所得を得ますね。この所得というのはフロー勘定の概念で，これを保存して保管するようになると，ストック勘定の概念である資産の一部になります。あまり難しく考えないでほしいので，簡単に表現してみると，稼いだ所得を保存しておく段階になると，その稼いだ分は資産と呼ばれることになると思ってください。我々は稼いだ所得を資産として保有します。アキコさんのように貯金，つまりお金のかたちで保有する人もいれば，株式に換えて保有する人もいます。あるいは，株式以外の国債や社債などの債券，または土地というかたちで保有する人もいます。つまり資産は，貨幣，株，債券，土地などのかたちで保有するわけです。このなかの，資産を貨幣というかたちで保有しようとする動機のことを投機的動機といいます。

図1　　（現実）

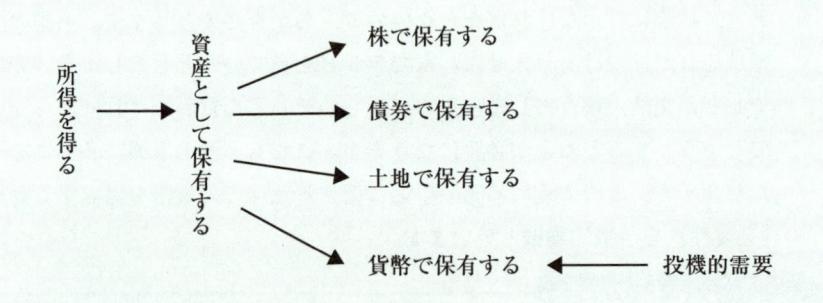

所得を得る → 資産として保有する → 株で保有する
　　　　　　　　　　　　　　　→ 債券で保有する
　　　　　　　　　　　　　　　→ 土地で保有する
　　　　　　　　　　　　　　　→ 貨幣で保有する ← 投機的需要

ことばの意味
投機的動機：資産を貨幣で保有する際に貨幣を必要とする動機のこと

🐘：さてここで少し，重要なことを言いますね。現実の世界では，資産は貨幣，債券，土地，株などさまざまな保有の仕方があります。しかし，これから

学習するケインズの理論では，資産は貨幣か債券のどちらかに分けて保有するのです。つまり現実を理論化するにあたって簡略化するわけですね。このあと重要になってきますので確認しておいてください。

図2

（現実を簡略化して理論にする）

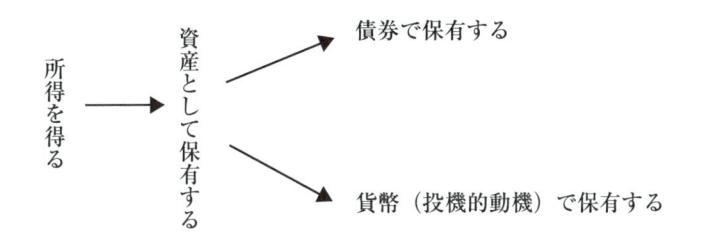

所得を得る → 資産として保有する → 債券で保有する
　　　　　　　　　　　　　　　　→ 貨幣（投機的動機）で保有する

ケインズの理論では，資産は貨幣か債券のどちらかに分けて保有する

: 先生，でもなぜ資産を貨幣で保有するのですか？
: アキコさんには貯金（貨幣と同じと考える）がありましたね。
: ええ。少しだけですけど。
: その貯金を，株や債券に投資してみようと思いませんか。
: 考えたことはありますが，そんなにたくさんの貯金ではないし，もしも株を購入しても株価が急落してしまったらどうしよう，といったリスクを考え始めると不安だから，結局，貯金にしてしまっています。
: アキコさんの言うとおりで，世の中の多数派の人たちは，きっとアキコさんのように考えています。株や債券は，価格が大きく変動する危険を持っている一方，貨幣には，インフレさえ起きなければ，価値は非常に安定しています。ですから，資産を安全な形で持つためには，貨幣はもっとも優れた"道具（手段）"になるのです。
: だから，資産を貨幣で持とうとするんですね。ボクは資産がないからわからなかったけど，ユウゾウ先生の説明でわかりました。
: ありがとうございます。第3部以降では，この投機的動機の意味をしっかり理解するかしないかで，理解度が大きく変わってくるので，しっかりと覚えておいてください。この投機的動機の詳しい解説は後のPart 6で行うので，そのときにさらに詳しく理解しましょう。

🐘：はい，わかりました。

🐘：そして最後に，この貨幣の需要ですが，取引的動機（需要）と予備的動機（需要）はどちらもものを買うことを想定して貨幣を必要と考える動機（需要）ですから，これらをまとめて取引需要としてL_1と表現します。そして，投機的動機に基づく投機的需要はL_2と表現します。そして，これらのL_1とL_2の合計がこの国の貨幣需要になります。これはケインズという学者によって考えられたことなので，ケインズの流動性選好説といいます。これから先では，この言葉や記号が使われますので今のうちから覚えておきましょう。

🐘🐘：はい。

> **公式**
>
> ケインズの流動性選好説：$L = L_1 + L_2$
>
> （L：貨幣需要，L_1：取引需要，L_2：投機的需要）

🐘：それでは，これで終わりにしましょう。

🐘🐘：ありがとうございました。

Part 3 3-1-3 取引需要

🐘：ここでは，貨幣需要の1つである取引需要について学習しましょう。

🐘🐘：よろしくお願いします。

🐘：この前のPart 2で，取引的動機，予備的動機，および投機的動機を学習しました。覚えていますか？

🐘：取引的動機とは，ものを買うためのお金の必要性から発生する動機でした。

🐘：取引的動機は，貨幣を交換の手段として利用するために必要とする動機でしょ。それから予備的動機は将来の不確実な支出に備えるために必要だと考える動機でしょ。

🐘：そうですね。アキコさんはよく勉強していますね。けれども，マナブ君の取引的動機はものを買うためのお金の必要性，という考え方でも問題ないですよ。さて，この取引的動機と予備的動機ですが，どちらもものを買うためのお金に対する必要性から発生する動機のことですから，性質的にとても似ていると考えて，これから先はそれらの動機によって発生する貨幣に対する必要性をまとめて取引需要L_1と表現します。そこで，この取引需要L_1の特徴について考えましょう。

🐘🐘：よろしくお願いします。

🐘：取引需要は結局，まとめてしまうと，ものを買うために貨幣を必要とする需要でしたね。そこで「ものを買う」という視点に立って考えてみてほしいのですが，金持ちの人と貧乏な人とではどちらが，ものを多く買うと思いますか？

🐘：そんなことは楽勝ですね。金持ちの人の方が多く買うに決まっています。貧乏な人の方が少ないに決まっています。

🐘：そうですね。尋ねるほどのことでもなかったかも知れませんが，マナブ君の言うとおりですね。それではこれを国のレベルに置き換えて考えてみましょう。国民所得が大きい国と，小さい国，どちらの国民の方が，ものを買う額は多くなると思いますか？

🐘：それはやはり個人の場合と同じで，国民所得の多い国の方が豊かな国民が多いはずだから，国全体で考えた場合も，個人と同じで国民所得の多い国のほうが，買う金額は多く

なると思います。

🐘：おそらくアキコさんの言うとおりだと思います。それでは，今の関係を図に表して見ましょう。買う金額とは，取引需要そのものですね。ものを買うためにお金を必要としますから，買う金額を取引需要L_1に置き換えます。それから国民所得はYとして考えましょう。国民所得の多い国のほうが取引需要L_1が大きくなるので，その関係を図で表すと，次のようになりますね。

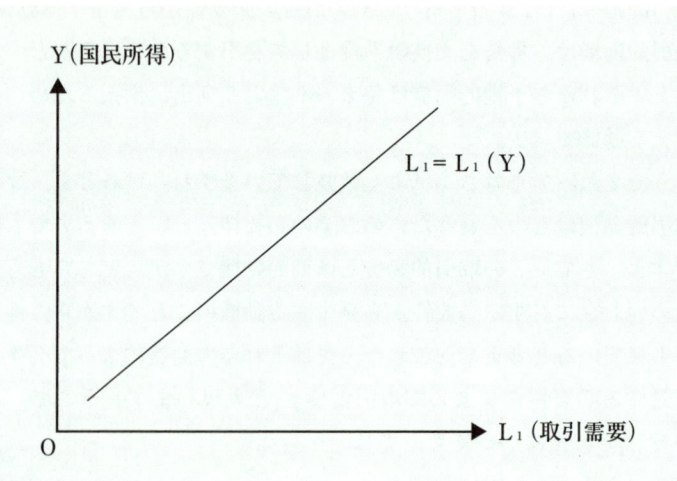

図1

[図：縦軸 Y（国民所得），横軸 L_1（取引需要），右上がりの直線 $L_1 = L_1(Y)$]

ポイント

取引的動機（予備的動機を含む）に基づく貨幣需要は国民所得の（比例的）増加関数になる

🐘：右上がりの直線ですが，必ずしも直線とは限らないのですよね。それから，$L_1 = L_1(Y)$の意味が十分に分からないのですが…

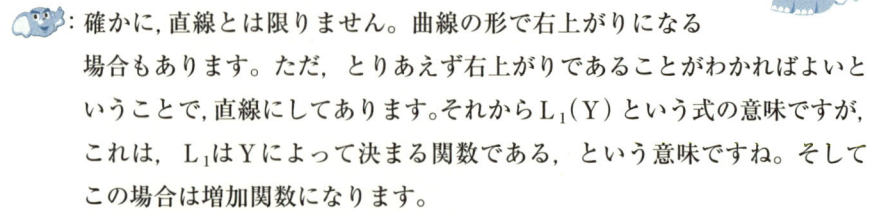

🐘：確かに，直線とは限りません。曲線の形で右上がりになる場合もあります。ただ，とりあえず右上がりであることがわかればよいということで，直線にしてあります。それから$L_1(Y)$という式の意味ですが，これは，L_1はYによって決まる関数である，という意味ですね。そしてこの場合は増加関数になります。

🐘：増加関数の意味がよくわからないのですが。

:増加関数とは，一方が増加すれば，他方も増加する関係にある関数のことで，右上がりの図になっている，ということよ。

:そうですね。増加関数とは，一方（一般的にはヨコ軸）の値が増加すれば，他方（一般的にはタテ軸）も増加する関係にある関数のことをいいます。頻繁に出てくる言葉ですので，ぜひ覚えておいてください。

:はい，わかりました。

:それでは，取引的需要が国民所得の増加関数になることがわかったので，とりあえずこれで終わりにしましょう。

:はい。どうもありがとうございました。

Part 3　3-1-4　債券とは　〜資産市場について〜

🐘：ここでは，債券について学習しましょう。

🐘🐘：よろしくお願いします。

🐘：ケインズの投機的需要の学習を行う前に，まず債券とは何か，という理解が必要になるんですよ。

🐘：債券って言われてもよくわからないのですが，どのようなものなのですか。

🐘：債券とは，基本的には，国が発行すれば国債，民間企業などが発行すれば社債と呼ばれるものですね。債券とは，総合的には，国や企業が資金を調達する際に発行するものですね。通常は，お金を借りるわけですから，利息を付けて返済することになりますね。

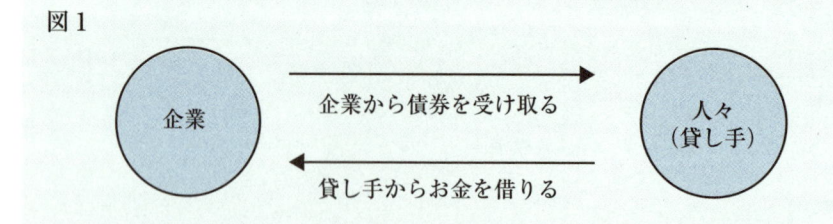

図1

企業　──企業から債券を受け取る──→　人々（貸し手）
　　　←──貸し手からお金を借りる──

このように，お金を借りる際の証明書として発行するものが債券になります。この債券は，市場で売買することが可能です。したがって，人々は債券を市場で売買して利益が出るように保有したり手放したりして，資産運用をします。

🐘：債券っていいですね。私も貯金を債券に換えようかしら。

🐘：債券は資産運用するにはいい手段ですね。しかし重要なことがあります。この債券は企業が倒産したりすると，利息どころか元本すら帰ってこないことになります。その意味では，危険があることを知っておかなければなりません。このように債券は倒産リスクなどがあって価値が暴落する可能性もあるために，危険資産といわれています。

🐘：やっぱり上手い話には"落ち"があるのね。それならば貨幣の方がいいのかもね。

🐘：アキコさんは少し落胆していますが，債券は常にダメという

ものではなくて，資産の運用手段としてはすばらしいものなのですよ。ただし，利息や配当という利益が得られる代わりに倒産などのリスクがあるということなのです。一方，貨幣は確かに安全な保有方法ですね。インフレさえ起きなければ，長期間保有していても価値は変わりません。したがって，貨幣のことを安全資産と呼んでいます。ただし，この貨幣にも欠点があります。せっかくの資産を運用できないことなんです。つまり，長期間保有していてもあまり価値が増加しない，ということなのですね。したがって，すぐにものを買う必要がない場合は，通常は，資産は運用したほうがいいのですが，貨幣で持つとそれができなくなるんだよね。これは貨幣の持つ欠点ですね。

表1

	特徴	利用方法
貨幣	安全資産	安定した資産の保有手段
債券	危険資産	運用するのに適した保有手段

:何となく債券のことがわかったような気がします。

:あまりなじみのないものなので，わかりにくいかもしれませんが，この債券がこの後の理論では重要なものになるので，債券の特徴をしっかりと確認しておいてください。それでは，これで終わりにしましょう。

:ありがとうございました。

Part 5　3-1-5　資産価格と利子率の関係

🐘：ここでは，投機的需要を学習する前の段階として，債券価格と利子率との関係について学習しましょう。

🐘🐘：よろしくお願いします。

🐘：この前のPart4で債券について学習しましたね。

🐘：何となくですが，理解しています。

🐘：この債券は，市場での売買が可能だから，価格が変動します。そこでこの"債券の価格"について考えてみましょう。たとえば，債券には利息（配当）がつきますが，債券の利子率を1％（$r = 0.01$）としましょう。このとき，100万円の債券を購入すると，1年後にいくらの配当が得られるかな。

🐘：100万円×0.01＝1万円になります。

🐘：そうですね。それでは利子率10％（0.1）のとき，10万円の債券を購入したとすると，1年後の配当はいくらになるかな。

🐘：10万円×0.1＝1万円になります。

🐘：そうですね。そのとおりです。

🐘：特に難しくはないです。

🐘：まず，1年だけのケースで考えましょう。今の配当（利息）の応用になりますが，100万円，10万円の債券の価格をPとします。そして利子率をr，配当をRとしましょう。このとき，配当はどのように表すことができるかな。

🐘：えーと，$R = r \times P$になると思います。

$$1万円 = 0.01 \times 100万円$$
$$1万円 = 0.1 \times 10万円$$
$$R = r \times P$$

🐘：そのとおりですね。これを変形しましょう。そうすると，$P = \dfrac{R}{r}$になります。このときのPが債券価格になります。ここでRを一定と考えると，債券価格は利子率に影響を受けることになりますが，利子率が高くなると，債券価格Pはどのようになりますか？

🐘：えーと，利子率rは分母だから，その分母の値が大きくなれば，債券の価

格Pは小さくなります。

🐘：そうですね。それでは利子率rが小さくなれば，債券価格Pはどうなりますか？

🐘：分母の値が小さくなるので，債券価格Pは大きくなります。

🐘：そのとおりですね。これが債券価格と利子率の関係ですが，この求め方は，1年だけで考えていますね。ところが実際は，債券は5年，10年というように，長期間で発行されます。そのため配当（利息）も長期にわたって発生することになります。したがって，長期間のケースで考えてみましょう。ただし，結果は今と同じになりますので，その点を頭にいれて考えてくださいね。

🐘🐘：はい，わかりました。

🐘：まず，割引現在価値という概念を学習しましょう。たとえば，現在の1万円と，1年後の1万円ではどちらの価値の方が高いと思いますか。それとも同じに感じますか。

🐘：同じに決まっているじゃないですか。

🐘：いや，そんなに単純じゃないわよ。だからよくわからないです。

🐘：実は，結果は同じではありませんね。わかりやすく表現すれば，利子率が10％のとき，現在の1万円を貯金すれば，1年後には1万1千円になるでしょう。そうすると現在の1万円は1年後の1万1千円と同じということになりませんか？

🐘：そう言えば，そうね。利息がつくから，現在の1万円と1年後の1万円とは同じと考えてはいけないのですね。

🐘：そうですね。時間軸を1年後に合わせると，同じ1万円でも現在の1万円の方が1年後の1万円よりも価値があることがわかりますね。ですから，同じ1万円であっても単純に比較することはできないわけです。もちろん単純に加算することもできません。そこで時間の軸をあわせて，現在の価格と将来の価格を比較して加算する必要が出てくるわけです。そこで，時間軸を合わせる作業をしましょう。

🐘：何だか難しそうな気がしてきました。

🐘：しっかりと考えてね。通常は将来の価格を現在の価格に換算しますので，1年後の1万円で考えましょう。1年後の1万円の現在での価値をx円としましょう。そして利子率をrとします。このとき，現在x円の貨幣

を，貯金すると1年後には，いくらになるかな。

：えーと，x＋r×x円ですね。元本に利息を加えればいいわけですよね。

：そうです。アキコさんの言うとおりですね。アキコさんの求めてくれた式を変形すると，(1＋r)x円となりますね。これが1万円になるのですよね。そうすると以下の関係が導かれます。

$$(1+r)x = 1万円 \qquad r：利子率$$
$$x = \frac{1}{1+r}万円 \qquad x：現在の価値$$

つまり，1年後の1万円の現在の価値は$\frac{1}{1+r}$万円になります。

：利子率の大きさによって，現在の価値が異なるのですね。経済って難しいですね。

：この値ですが，よく見ると1万円を(1＋r)で割って求めていますね。つまり(1＋r)で割ることによって，1年前の価値になるわけです。それでは，2年前の1万円の現在の価値はどのようになるでしょうか？

：難しいなあ。でも，(1＋r)で2回割ればいいのですか？　よくわからないです。

：マナブ君の言うとおりです。(1＋r)で2回割れば，2年前に戻ります。それでは，5年後の1万円の現在の価値はどのようになりますか。

：$\frac{1}{(1+r)^5}$万円です。

：そうだね。それでは，n年後のR万円の現在価値はどのようになるかな。

：えーと…

：$\frac{R}{(1+r)^n}$万円です。

：そうです。そのとおりです。それでは，この現在価値の概念を使って債券の価格を求めて行きましょう。

：理解できるかなあ。不安だなぁ…

：マナブ君のために，ゆっくりと考えて行きましょう。債券の発行期間が無限期間のコンソル債で考えますね。

：あのー，コンソル債の意味がわからないのですが…。

:コンソル債とは，償還期限のない債券です。いったん発行されると，永続的に配当が支払われ，償還されることがない債券です。それを**コンソル債**といいます。

:そんな債券があるのですね。そんなの誰が買うのですか？

:確かに直感的には，投資した元本が返還されないわけですから，誰も買わないように思いますが，実際は債券市場で転売することで，元本を取り戻すことができます。だから普通の債券と同じ性質のものと思ってください。

:そう言えば，なるほどそのとおりですね。

:それでは話をもとに戻しましょう。債券を買うことで配当（利息）を得ることができますね。その配当の合計が債券の価格になります。そうすると債券価格は以下のようになりますね。

$$P = \frac{R}{1+r} + \frac{R}{(1+r)^2} + \frac{R}{(1+r)^3} + \frac{R}{(1+r)^4} + \cdots \quad \text{無限に続く}$$

……①

ここで①式の両辺を（1 + r）で割る。

$$\frac{P}{1+r} = \frac{R}{(1+r)^2} + \frac{R}{(1+r)^3} + \cdots \quad \text{無限に続く} \quad \cdots\cdots ②$$

①式 − ②式を計算する。

$$P - \frac{P}{1+r} = \frac{R}{1+r} \quad \text{（右辺は無限に続くので} \frac{R}{1+r} \text{のみが残る）}$$

$$\frac{(1+r)P - P}{1+r} = \frac{R}{1+r}$$

$$rP = R$$

$$P = \frac{R}{r}$$

したがって，債券価格は $P = \frac{R}{r}$ となります。結果的には1年のみの配当で考えた場合と同じになりますね。

: 何だか難しいですね。1年の場合ですぐに求められるなら, それだけやればいいんじゃないの。

: そう言いたいところですが, 実際の債券は長期間のものがほとんどですので, 長期間でもきちんと成り立つことを理解しておかないといけませんね。だからわざわざ長期間にわたるものも求めたわけです。

: はい, がんばって理解します。

: あとは, 利子率との関係も確認しておいてください。利子率rが高いと債券価格Pは低くなり, この時, 将来に対する先高感が生じます。先高感とは, 現在の債券価格が低いので, 将来高くなるだろうという予想です。一方, 利子率が低いと債券価格は高くなり, このときは将来に対する先安感が生じます。先安感とは, 現在の債券価格が高いので, 将来安くなるだろうという予想です。

公式

債券価格：$P = \dfrac{R}{r}$　　P：債券価格, R：配当, r：利子率

利子率が高いと債券価格は低い（先高感が起こる）

利子率が低いと債券価格は高い（先安感が起こる）

それでは, これで終わりにしましょう。

: ありがとうございました。

Part 6　3-1-6　投機的需要

- 🐘：ここでは，貨幣需要の１つである投機的需要について学習しましょう。
- 🐘🐘：よろしくお願いします。
- 🐘：この前のPart 4 とPart 5 で債券と債券価格の決定について学習しましたね。ここでは，それらの学習を踏まえながら投機的需要について学習することになります。
- 🐘：債券価格は利子率によって決まりました。それを使うのですか。
- 🐘：そうです。よく覚えていましたね。それでは具体的に考えましょう。10億円の資産を持つAさんがいたとしましょう。
- 🐘：いいなあ，10億円の資産か…
- 🐘：資産は債券か貨幣で保有することになるのですよね。そしてその時の貨幣保有に対する必要性が投機的需要でしたね。覚えていますか？
- 🐘：覚えています。
- 🐘：覚えているような，いないような…。
- 🐘：もちろん，Aさんも債券と貨幣に分けて保有しようとしていると考えます。その保有の割合は，債券の価格に依存することになるはずです。というのは，債券の価格が高くなれば，債券の先安感が生じるので債券保有を減らし，債券の価格が低くなれば，債券の先高感が生じるので債券保有を増やします。
- 🐘：債券の保有を減らすということは，結局，貨幣の保有の割合を増やすことになるのですか？
- 🐘：そのとおりです。アキコさんはいいところに気付きましたね。自分の資産を債券と貨幣に分けるのですから，債券の保有が多くなれば，貨幣の保有は少なくなります。つまり，投機的需要額が少なくなりますね。もちろん債券の保有が少なくなれば，貨幣の保有は多くなります。つまり，投機的需要額は多くなります。それではその関係を，10億円の資産を持つAさんで考えてみましょう。

表1

利子率（r）	債券価格（P）	債券	貨幣（L_2）
高い (10%)	低い	多く保有 （8億円）	少なく保有 （2億円）
低い (1%)	高い	少なく保有 （2億円）	多く保有 （8億円）

🐘：なるほど。10億円の資産はこのように運用するのですね。何となくわかったような気がします。

🐘：10億円の資産を持つAさんは、債券の価格に依存しながら、保有割合をかえていくわけです。その債券の価格は利子率に依存しましたね。それでは、利子率と投機的需要の関係はどのようになると思いますか。

🐘：上の表から、利子率が高くなると、貨幣需要L_2は少なくなり、利子率が低くなると、貨幣需要L_2は多くなると思います。

🐘：そのとおりです。それではその関係を図にしましょう。

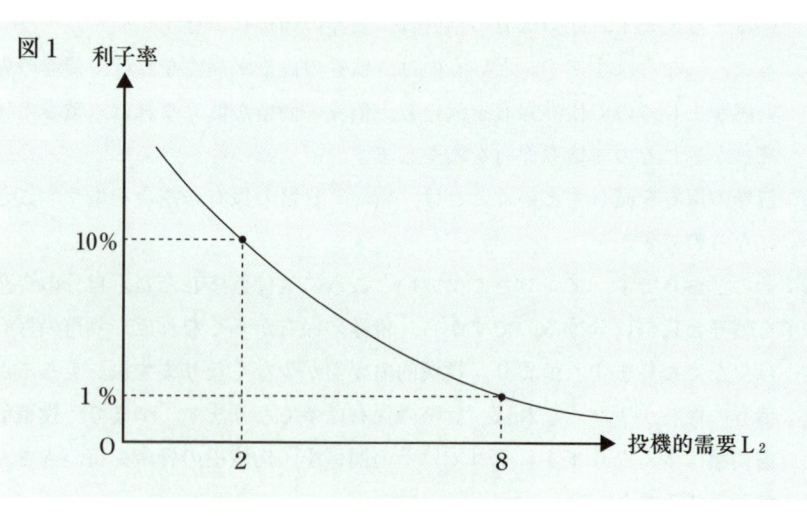

図1

タテ軸に利子率、ヨコ軸に投機的需要額をとると、右下がりの関係になります。これが投機的需要の図になりますね。経済学的には投機的需要は利子率の減少関数と言います。この言葉で覚えておいてください。

：はい，わかりました。

：わかりましたけど，減少関数の意味がよくわかりません。

：減少関数とは，一方が増加したときに，他方は減少する関係にある関数で，右下がりのかたちになっていることよ！

：すみません。そうですね。

：通常は減少関数といいますので，なじみがないかもしれませんが，しっかりと覚えておいてください。

：はい，わかりました。

：ただし，ここでもう1つ重要なことがあります。

：まだあるのですか？

：もう少しですので，がんばってください。利子率が低下すると，債券価格が上がり，投機的需要は増加しました。Aさんの場合は，利子率が1%になると8億円を貨幣にまわしました。ところが，利子率が下限ともいえる0.1%になったら，Aさんの保有割合はどうなると思いますか。

：Aさんに聞いてみないとわからないよな…

：そういうことではなくて，今の関係を使いながら考えるのよ。利子率が低下したから，さらに貨幣需要が増加するんじゃないかしら…

：確かにそのとおりです。しかし，利子率が下限にきてしまいましたので，債券価格は上限になっています。債券価格が上限になってしまったとすると，これ以上その価格は上がらないわけですから，下がるのを待って購入したほうがいいことになりますね。そうするとAさんは，債券をすべて手放し，資産のすべてを貨幣で持つようになってしまいます。

表2

利子率	債券価格	債券	貨幣
下限 (0.1%)	上限 (最も高い)	保有しない (0円)	資産全額を貨幣にする (10億円)

：どうして利子率が下限になると資産のすべてを貨幣にするのですか。

：利子率が最も低くなると，債券価格が上限になりますね。そうすると今が最も債券価格が高いので，今のうちに債券を売ってし

まったほうがいいわけです。下がってから売ると儲けが少なくなりますよね。だから資産家は自分の債券をすべて売ってしまって，資産のすべてを貨幣で保有するのです。

🐘：でも，資産は貨幣と債券の2つに分けて持つのが望ましいのではないですか？

🐘：いい質問ですね。確かにそのとおりです。しかし，利子率が下限にまで下がってしますと，2つに分けるより，債券を全額売ってしまって，資産のすべてを貨幣にしたほうがいいので，このような結果になるのです。このような状態を，流動性のわなといいます。またこの状態では，資産のすべてを貨幣にしようとするので，貨幣需要の利子率に対する弾力性が無限大という状態になりますね。

ポイント

流動性のわな：利子率が下限になり，資産のすべてを貨幣で保有する状態のこと。貨幣需要曲線は水平になり，貨幣需要の利子弾力性が無限大になる。

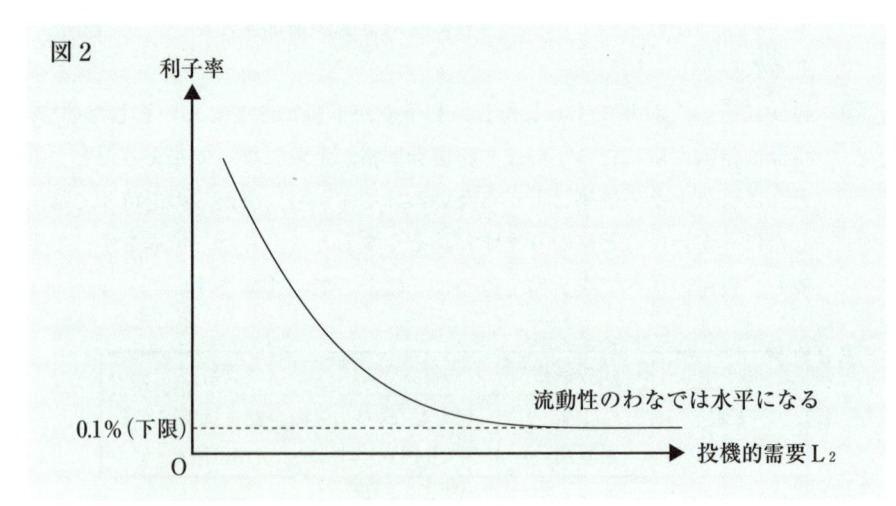

図2

利子率／投機的需要L_2、0.1%（下限）、流動性のわなでは水平になる

この流動性のわなは，後ほど重要になってくるので，しっかりと理解しておいてください。

🐘🐘：はい，わかりました。

🐘：それでは最後に，貨幣需要関数を求めておきましょう。貨

幣の需要は取引需要L_1と投機的需要L_2でした。これを式で表すと次のようになります。

$$L = L_1 + L_2 \qquad L：貨幣需要$$

つぎに，これを図にしてみましょう。タテ軸に利子率，ヨコ軸に貨幣需要をとりますね。このときL_1は国民所得の増加関数でしたね。だから利子率が変化しても，L_1は変化しません。つまり，利子率rとの関係をみるとL_1は一定になりますね。図にすると次のようになります。

図3

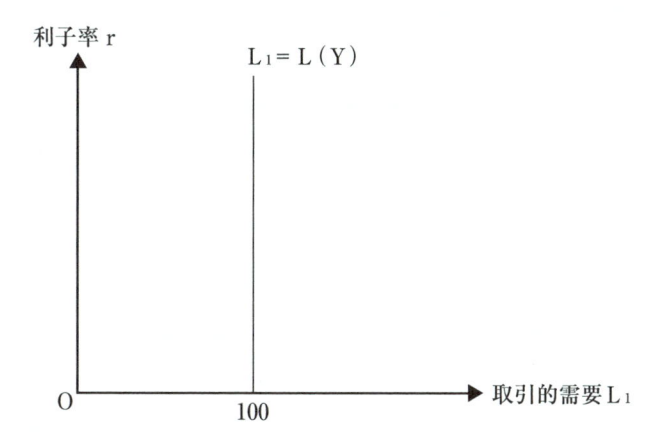

縦軸：利子率r　　$L_1 = L(Y)$
横軸：取引的需要L_1
（100）

一方，L_2は利子率の減少関数でしたね。だから利子率が変化すると動きます。どのように動くか覚えていますか。

🐘：今やったばかりだから覚えています。利子率が高いとL_2は減少し，利子率が低いとL_2は増加します。

🐘：そのとおりです。取引需要と投機的需要をイメージしやすくするために具体的な数値で考えると次の表のようになりますね。これはあくまでたとえばの数値ですが，利子率が変化したときに，投機的需要だけが変化しますね。しかも減少関数の関係になりますね。一方，取引需要は変化しません。そうすると貨幣需要全体は，利子率が変化したとき減少関数の傾向を示すことになりませんか。だから最終的に貨幣需要は利子率の減少関数になり

ますね。

表3

利子率	取引的需要 （変化しない） 図3参照	投機的需要 （利子率に反応 する）図1参照	貨幣需要 （利子率に反応 する）
10%	100	100	200
1%	100	300	400

図4

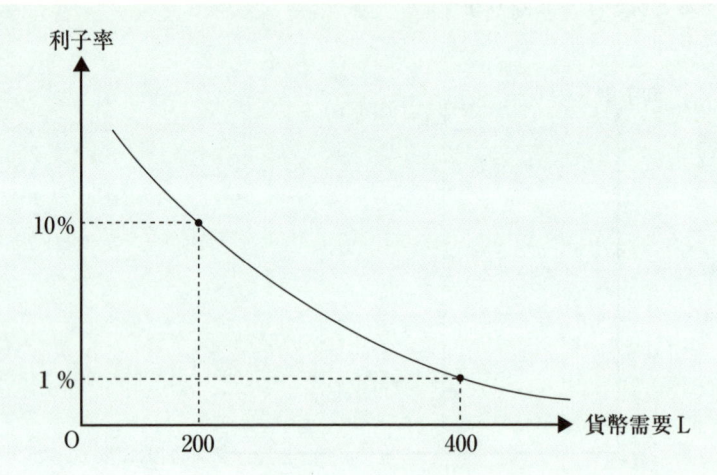

🐘：貨幣需要は利子率の減少関数になることは後に使うので，覚えておきましょう。

ポイント

貨幣需要L：貨幣需要Lは利子率の減少関数になる

それでは，終わりにしましょう。
🐘🐘：ありがとうございました。

●●● Exercise1 ●●●

地方中級　2004年

ケインズの流動性選好説に関する次の文の空欄A～Dにあてはまる語句の組み合わせとして，妥当なのはどれか。

ケインズは，貨幣の保有動機を，取引動機，予備的動機および投機的動機の3つにわけ，貨幣需要を分析した。彼は（　A　）に基づく貨幣需要は国民所得に依存し，国民所得が増加するほど貨幣需要は（　B　）するとし，（　C　）に基づく貨幣需要は利子率に依存し，利子率が上昇するほど貨幣需要は（　D　）すると考えた。彼は，社会全体の貨幣需要を上記の3つの動機に基づく貨幣需要の総和であるとし，これを流動性選好関数とよんだ。

	A	B	C	D
1	取引動機	減少	投機的動機および予備的動機	増加
2	取引動機	増加	投機的動機および予備的動機	増加
3	予備的動機	減少	投機的動機および予備的動機	減少
4	取引動機および予備的動機	増加	投機的動機	増加
5	取引動機および予備的動機	増加	投機的動機	減少

解説　　正解　5

取引的動機は，国民所得の増加関数，投機的動機は利子率の減少関数である。したがって，Aには「取引動機および予備的動機」，Bには「増加」，Cには「投機的動機」，そしてDには「減少」があてはまる。

よって，正解は5になる。

●●● Exercise2 ●●●

中小企業診断士　2003年

「流動性のわな」に関して，以下の設問に答えよ。

（設問1）
「流動性のわな」について，最も適切なものはどれか。

ア　貨幣需要の利子弾力性が小さく，貨幣の流動性選好表が垂直になる状態
イ　貨幣需要の利子弾力性が小さく，貨幣の流動性選好表が水平になる状態
ウ　貨幣需要の利子弾力性が無限大となり，貨幣の流動性選好表が垂直になる状態
エ　貨幣需要の利子弾力性が無限大となり，貨幣の流動性選好表が水平になる状態

（設問2）
「流動性のわな」に陥っている場合，その政策的な含意について，最も適切なものの組み合わせを下記の解答群から選べ。

a　大多数の人は，利子率が将来上昇するという期待を持っている。
b　大多数の人は，利子率が将来上昇するという期待を持っていない。
c　流動性のわなに陥っている場合，金融政策の有効性は期待できない。
d　流動性のわなに陥っている場合，財政政策の有効性は期待できない。

〔解答群〕
ア　aとc　　イ　aとd　　ウ　bとc　　エ　bとd

解説　正解　設問1　エ，設問2　ア

「流動性のわな」とは，利子率が下限になり，資産のすべてを貨幣で持つ状態をいう。この状態では，貨幣需要の利子弾力性が無限大になっている。なお，「流動性選好表」とは貨幣需要の図を指す。この図では，流動性のわなになると，水平になる。

したがって，設問1はエになる。

つぎに設問2では，大多数の人が利子率が下限にあると思っており，将来上昇するであろうという期待を持っている。さらに，流動性のわなになると，金融政策が無効になる（詳しくは次のStage 2を参照のこと）。

よって，設問2はアになる。

MEMO

Stage 2
貨幣供給（マネーサプライ）について

ここでは，貨幣供給について学習します。貨幣供給とは，貨幣供給量と考え，国内に供給された貨幣の総量，と受け取ることが大切です。もしも，このままでわかりにくければ，"国内で供給された結果，国内で流通し利用されている貨幣の量"と考えるといいでしょう。

Part 1　3-2-1　貨幣供給（マネーサプライ）

:ここでは，貨幣の供給について学習しましょう。

:よろしくお願いします。

:まず，国内に貨幣を供給し流通させてくれているのは，政府および日銀（日本銀行）です。

:日本銀行（その国の中央銀行，以下「日銀」とする）じゃないのですか？

:確かに，貨幣を発行，製造しているのは直接的には日銀なのですが，供給に関する権限を持つのは日銀と政府になるので，政府，日銀が貨幣供給すると理解してください。というのは，日銀は銀行法によって設置が規定されている特殊法人なのですが，国が約50％出資しているので，貨幣の発行についての権限は日銀と政府が共有している，と考えてよいのです。ところで，その貨幣供給ですが，通常はマネーサプライと表現します。

:マネー（Money）のサプライ（Supply）ですか。

:そうです。このマネーサプライですが，市場に流通している通貨で，現金（C）と預金（D）を合わせたものと定義されています。

ことばの意味

マネーサプライ：市場の流通している通貨量のこと
$M = C + D$　　M：マネーサプライ，C：現金，D：預金

:市場に流通している，とは，どういうことですか？

:みんなのところに行き渡っていて，世の中で広く使われている，と理解したらいいと思うよ。

:なるほど，よくわかりました。

:ところで，このマネーサプライですが，預金がありますね。預金って何を指すのでしょうか。

:えーと，普通預金とか，定期預金とか，いろいろありますけど，そのことですよね。

:そのとおりですね。アキコさんの言うとおり，預金にはいろいろありますね。そこで預金をどのように捉えるかによって，日本では，マネーサプライが3つほどに分類されているんだよ。その分類はM_1，M_2，M_3となって

いますね。

> **アドバイス**
> M_1：現金通貨＋流動性預金（普通預金，当座預金など）
> M_2：M_1＋定期性預金
> M_3：M_2＋郵便局，農協，信用組合などの預貯金

M_1は日銀の発行する貨幣に銀行の普通用金や当座預金を加えたものになります。M_2は日銀の貨幣に銀行の普通預金，当座預金にさらに定期預金が加わるね。そして，M_3は銀行以外の郵便局や農協などの預貯金も加わることになるね。そして厳密な意味での預金としては，ＣＤと呼ばれるものもあるので，これらをまとめて図で示すと次のようになります。

図1

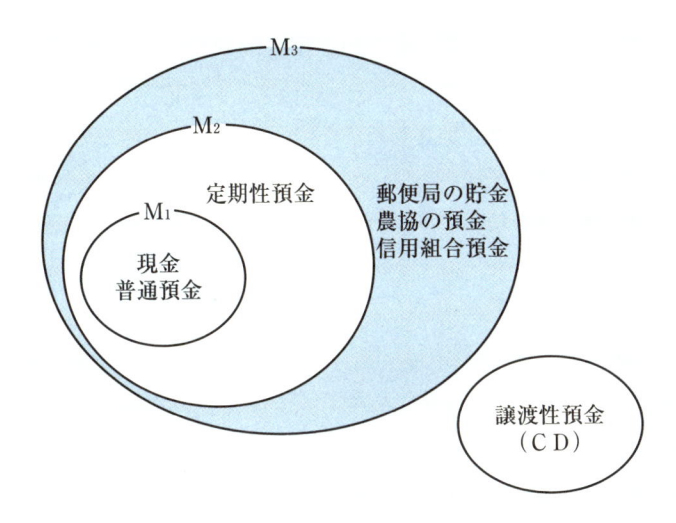

（図：M_3 の大きな円の中に M_2 の円，その中に M_1 の円。M_1：現金・普通預金。M_2：定期性預金。M_3：郵便局の貯金，農協の預金，信用組合預金。別枠で 譲渡性預金（ＣＤ））

：いろいろあるのですね。ところでこんなにあると，マネーサプライといっても何を指すのかわからないですね。

：そうですね。そこで日本では通常は，マネーサプライというと，M_2＋ＣＤを指すことになっています。ちなみにＣＤとは，Certificate of Depositの略で，譲渡可能な定期性預金証書（譲渡性預金）を意味します。これは通常，企業が保有していますので，企業が持つ預金と覚えていても問題ないと思いますよ。

> **ことばの意味**
>
> 日本のマネーサプライの指標：M＝M_2＋CD
> 　　CD：譲渡性預金

：なるほど。マネーサプライはM_2＋CDで表すのか。ところで，その額はどれくらいなのですか。

：政府の金融政策でこの額は変化するのですが，約720兆円（平成19年2月現在）ですね。

：日本のGDPを超える額の通貨が日本の市場には流通しているのですね。

：比較の仕方がいいですね。アキコさんの言うとおりで，日本のGDPを超える額の通貨が今，日本では流通しているのですよ。

：この通貨が経済の血液となっているわけですね。

：そうですね。通貨は経済の血液のようなものですね。それでは，これぐらいにしましょう。

：ありがとうございました。

Part 2 3-2-2 ハイパワード・マネー

🐘：ここでは，ハイパワード・マネーについて学習しましょう。

🐘🐘：よろしくお願いします。

🐘：この前のPart 1でマネーサプライについて学習しましたね。

🐘：はい，覚えています。

🐘：このマネーサプライはどのようにして増やしたり，減らしたりすると思いますか。

🐘：日銀が簡単にやってしまうのではないのですか？

🐘：そうなのですが，日銀は日本国内の貨幣の流通量であるマネーサプライを，直接自由自在に増減させることはできないんですよ。そこで，ハイパワード・マネーというものを通じて，間接的にマネーサプライを増減させることになるんですよ。

🐘：なぜ日銀は，マネーサプライを直接増減させることができないのですか？　貨幣の供給を行っているのは日銀じゃないですか？

🐘：確かに，貨幣の供給を行っているのは日銀です。でもマネーサプライは，現金と預金の合計ですよね。現金は日銀が発行しますから，直接動かすことは可能かもしれませんが，人々の預金まで直接動かすことはできませんね。だから，直接マネーサプライを増減させることは簡単にはできないのですよ。

🐘：なるほど。だからハイパワード・マネーというものを動かして，マネーサプライを調節するのですね。やっと理解できました。

🐘：それでは，そのハイパワード・マネーを確認したいのですが，これは現金と預金準備金総額との合計になります。

ことばの意味

ハイパワード・マネー（ベース・マネー，マネタリー・ベースとも呼ばれる）：現金と預金準備金総額の合計

$H = C + R$　　H：ハイパワード・マネー，C：現金，
　　　　　　　R：預金準備金総額

🐘：先生！　預金準備金総額って何ですか？

🐘：これは民間の金融機関が，預金者の引き出しに備えて準備しておく資金のことをいうんだよ。民間の金融機関はすべて，日銀に当座預金口座があり，その口座に，預金者の引き出しに備えて準備金を納めるんだ。納める額はその国の中央銀行が準備しておくべき比率（預金準備率）を法律上で決め，それぞれの金融機関は，預金額にその準備率をかけた額だけ口座に納めることになるのです。日本も日銀が準備率を決めています。

🐘：このハイパワード・マネーを変化させながら，マネーサプライを増やしたり，減らしたりするのですね。

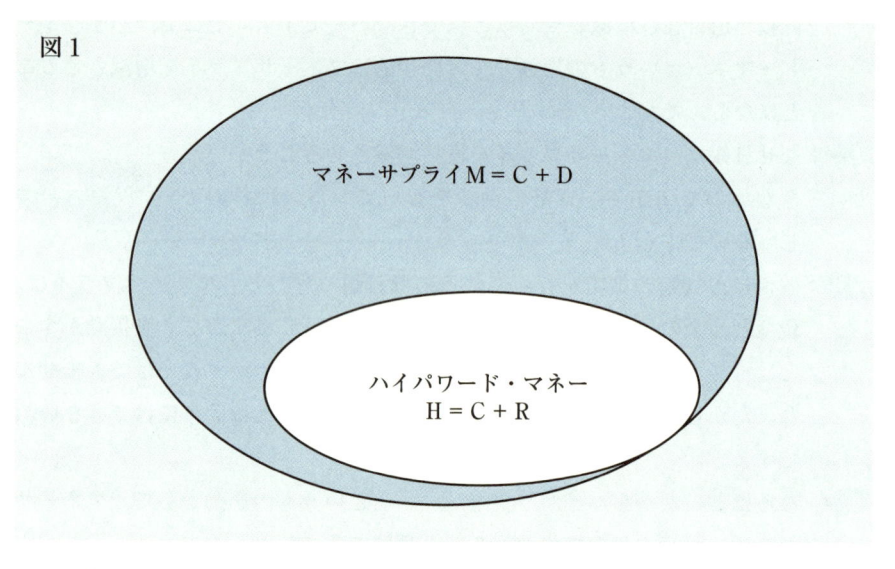

🐘：そのとおりです。それでは，この関係を図で示しておきましょう。

図1

マネーサプライ $M = C + D$

ハイパワード・マネー
$H = C + R$

ハイパワード・マネーは現金＋預金準備金総額ですから，マネーサプライの中に入ります。そしてこのハイパワード・マネーを増減させることで，全体のマネーサプライを調節するのです。

🐘：なるほど。中央銀行としては，マネーサプライ全体を直接増減させる（動かす）ことができないので，その一部のハイパワード・マネーを動かして，マネーサプライを膨らませたり，縮ませたりするのですね。

🐘：そのとおりですね。ここまで理解できたら，この辺で終わりにしましょう。

🐘🐘：ありがとうございました。

Part 3　3-2-3　貨幣乗数（信用乗数）

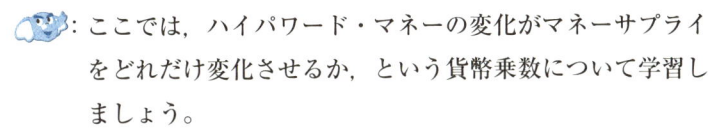

🐘：ここでは，ハイパワード・マネーの変化がマネーサプライをどれだけ変化させるか，という貨幣乗数について学習しましょう。

🐘🐘：よろしくお願いします。

🐘：この前のPart 2で，ハイパワード・マネーを変化させることでマネーサプライを調節することができる，ということを学習しましたね。

🐘：まだ，覚えています。

🐘：それではハイパワード・マネーを変化させると，どれだけマネーサプライが変化するかについて考えてみましょう。

🐘🐘：はい，よろしくお願いします。

🐘：ハイパワード・マネーはマネーサプライの一部だから，

$$M = m \cdot H$$

とおくことにしますね。これはハイパワード・マネーのm倍のマネーサプライが流通している，ということを意味しています。

🐘🐘：はい，大丈夫です。

🐘：これをmについて解いてみるね。そうすると，$m = \dfrac{M}{H}$ となるね。さらに分母と分子をそれぞれDで割って変形して行きますよ。

$$m = \frac{M}{H} = \frac{C+D}{C+R} = \frac{\dfrac{C+D}{D}}{\dfrac{C+R}{D}} = \frac{\dfrac{C}{D}+1}{\dfrac{C}{D}+\dfrac{R}{D}}$$

ここで，$\dfrac{C}{D} = \alpha$，$\dfrac{R}{D} = \beta$ とおくとすると，この難しい分数の形になっているこの式がきれいになるよ。そしてこのときの α を現金・預金比率といい，β を準備金・預金比率といい，銀行にとってこの比率は法定預金準備率と考えることができることに気付いておきましょう。

$$m = \frac{M}{H} = \frac{\alpha+1}{\alpha+\beta}$$

そしてHを右辺に移項すると，

$$M = \frac{a+1}{a+\beta} \cdot H$$

となりますね。この式の変化分をとりましょう。すると，

$$\Delta M = \frac{a+1}{a+\beta} \Delta H \quad \cdots\cdots ①$$

となりますね。

🐘：先生！　はじめのmを求めるところなのですが，なぜDで分母と分子を割るのですか？　そこには何か意味があるのですか？

🐘：いいえ。残念ながら特に深い意味はありません。数学的な操作で，$\frac{C}{D}, \frac{R}{D}$ を求めるために行っただけです。

🐘：ボクは現金・預金比率と，法定預金準備率の意味がよくわかりません…

🐘：**現金・預金比率**とは，その国の現金と預金の比率です。それぞれの国の慣習などに基づいて，ほぼ固有の値になっていると思ってください。それから**法定預金準備率**（準備金・預金比率）とは，日本の場合は日銀が定めるもので，銀行の預金のうち日銀に預けるべき準備金の割合のことです。通常，各国の中央銀行が決めるものなので，その国で固有の値があると思ってくださいね。

🐘：はい，わかりました。

🐘：ところで，いま求めた①式がありましたね。この①式から考えてほしいのだけれど，ハイパワード・マネーを1兆円増加させると，マネーサプライはどれだけ増えるかな。

🐘：①式のΔHのところに1兆円を代入すればいいのですよね。そうすると，マネーサプライは $\frac{a+1}{a+\beta} \times 1$ 兆円になると思います。

🐘：そのとおりです。この①式に代入することで，ハイパワード・マネーを1兆円増加させると $\frac{a+1}{a+\beta} \times 1$ 兆円増加することになりますね。

このときマネーサプライはハイパワード・マネーの$\frac{a+1}{a+\beta}$倍になっていますね。だからこの$\frac{a+1}{a+\beta}$を，**貨幣乗数**（または**信用乗数，通貨乗数**）といいます。

> **ことばの意味**
>
> 貨幣乗数（信用乗数，通貨乗数）：$\frac{a+1}{a+\beta}$
> a：現金・預金比率，β：預金・準備金比率（法定準備率）

大事なポイントは，日銀はハイパワード・マネーを増減させながらマネーサプライの量を調節する，ということです。それでは，知識を確かなものにするために，図示しておきましょう。

図1

ハイパワード・マネーを1兆円増加させる

マネーサプライが$\frac{a+1}{a+\beta}$兆円増加する

この図が確認できたら，終わりにしましょう。
：どうもありがとうございました。

●●● Exercise ●●●

中小企業診断士　2004年

次の表中の空欄A，B，Cは，文中の空欄A，B，Cとそれぞれ対応している。

表中と文中の空欄A～Cに入る最も適切なものの組み合わせを下記の解答群から選べ。

（対前年比，％）

	A	B	C
1994年	4.6	0.1	2.1
1995年	4.9	1.3	3.0
1996年	8.2	0.4	3.3
1997年	7.7	1.0	3.1
1998年	8.6	−0.9	4.0
1999年	7.3	−4.1	3.6
2000年	7.6	−1.0	2.1
2001年	7.4	−3.4	2.8
2002年	25.7	−3.7	3.3
2003年	16.4	−4.1	1.7

資料：日本銀行『金融経済統計月報』2004年4月

2003年現在，日本銀行はいわゆる金融の量的緩和政策を採用し，　A　の拡大を図っていることがわかる。しかし，　A　の増加にもかかわらず，　B　の減少が見られるために，信用創造のプロセスが機能していないといえる。それゆえ，　A　が大幅に増加しているのに対して，　C　の増加はわずかにとどまっている。

〔解答群〕

　ア　A：ハイパワード・マネー（マネタリーベース）
　　　B：国内銀行貸出金　　C：マネーサプライ
　イ　A：ハイパワード・マネー（マネタリーベース）
　　　B：マネーサプライ　　C：国内銀行貸出金
　ウ　A：マネーサプライ　　B：国内銀行貸出金
　　　C：ハイパワード・マネー（マネタリーベース）

エ　A：マネーサプライ　　B：ハイパワード・マネー(マネタリーベース)
　　C：国内銀行貸出金

解説　　正解　ア

　2006年3月に解除されたが，2001年以降，政府は景気対策として，量的緩和政策を行っていた。これはマネーサプライを増加させるために，ハイパワード・マネー（ベースマネー）を増加させる政策であった。しかし，この表にもあるように，ハイパワード・マネーの増加は見られるものの，貨幣乗数が低下したため，マネーサプライはほとんど増加しなかったのである。貨幣乗数が低下した理由の1つは，銀行の貸出残高が減少したことであった。

　以上から，Aには「ハイパワード・マネー」，Bには「国内銀行貸出金」，Cには「マネーサプライ」が入る。

　したがって，正解はアになる。

Part 4 3-2-4　中央銀行の役割

：ここでは，中央銀行の役割について学習しましょう。

：よろしくお願いします。

：どこの国にも中央銀行がありますね。日本の場合は日本銀行ですね。その中央銀行の存在している目的は何だか知っているかな？

：はい。お金を発行するための"発券銀行"じゃないですか？

：あとは，"銀行の銀行"として民間の銀行を管理しています。

：そうですね。だいたい当たっていますね。それでは，きちんとまとめておきましょう。まず第1には，中央銀行はその国の通貨を発行していますね。第2には，民間の銀行を管理するというよりも，金融システムの安定的な運行を行うことですね。そして第3には，物価の安定を図り，国民経済の発展のために，金融政策を行うことですね。これらが中央銀行の目的になります。

補足

中央銀行の目的

1　銀行券（紙幣）を発行すること。

2　物価の安定を図ることを通じて，国民経済の健全な発展に資すること。また状況に応じて金融政策を行うこと。

3　決済システムの円滑かつ安定的な運行を確保し，金融システムの安定に資すること。

：確か，銀行の上に存在する銀行なのですよね。

：そうです。だから"銀行の銀行"とも言うのですね。これは目的の3に該当するのですが，わが国の決済システムや市場の安定性を維持するために，さまざまな市場介入を行ったり，金融システムを維持するために，金融機関に「最後の貸し手」として資金を提供したりしていますね。それ以外にも，財務大臣の代理として行う為替市場への介入や外国の中央銀行や国際機関との協力のための業務を行ったり，政府のお金の管理や，入札，発行，利払いなどの国債に関する業務も行ったりしていますね。

:日本銀行はいろいろなことを行っているのですね。いい勉強になりました。

:そうですか。日銀は国債の管理も行っていますが，政府が発行したばかりの新規の国債を購入したりすることはできませんので，あくまで，入札や発行などの事務を行っているのだということを知っておいてくださいね。それでは，終わりにしましょう。

:ありがとうございました。

Part 5　3-2-5　金融政策の具体的手段1
～公定歩合操作（基準割引率及び基準貸付金利）～

:ここでは，金融政策の一手段である公定歩合操作について学習しましょう。

:よろしくお願いします。

:日本銀行は金融政策として公定歩合を上下させる公定歩合操作を行います。この政策は，物価の安定と，国民所得の安定的な推移を目的として行います。国民所得の安定的な推移は，次のIS－LM分析の学習を行うとよくわかると思いますので，IS－LM分析の後に，もう一度このPartを読んでみるとよいと思います。

:先生！　公定歩合とは何ですか？

:これは，日銀が民間の金融機関に資金を貸し出す際に適用される金利じゃない？

:アキコさんのいうとおりですね。日銀が民間の金融機関に資金を貸し出す際に適用される利子率（金利）ですね。この金利を上下させることで，市場への資金量を増減させるわけです。それでは，その公定歩合を高く設定すると，市場のマネーサプライはどのようになると思いますか。

:民間の銀行は，日銀から資金を借りにくくなるので，市場のマネーサプライは減少すると思います。

:そのとおりです。減少しますね。では，公定歩合を低く設定すると，市場のマネーサプライはどうなりますか。

:今度は増加するのですか。

:そのとおりです。このようにして，日銀は市場のマネーサプライを増減させるわけです。

:先生！　また質問があります。

:何ですか。

:マネーサプライは，ハイパワード・マネーを動かして増減させるのではないですか。それなのに，なぜ公定歩合でマネーサプライを動かすのですか。

:いいところに気付きましたね。マネーサプライは，ハイパワード・マネーを動かして増減させます。このハイパワード・マネーを動かすために，公

定歩合を操作するのです。公定歩合が下がって，民間の金融機関が資金を多く借りると，ハイパワード・マネーが増加しますね。その結果，マネーサプライも増加するのです。逆に公定歩合が上がると，民間の金融機関は資金をあまり借りないので，ハイパワード・マネーは減少します。その結果，マネーサプライも減少しますね。公定歩合操作の基本的な原理はこのようなものになります。

> **アドバイス**
>
> 公定歩合操作：中央銀行が民間銀行に貸し出す金利を操作すること
> ・公定歩合を高くする　→　マネーサプライが減少する
> ・公定歩合を低くする　→　マネーサプライが増加する

：なるほど，現実にはこのような手段で，ハイパワード・マネーを動かして，マネーサプライを調節するのですね。よくわかりました。

：それでは最後に，もう少し厳密な部分の説明をしておきましょう。近年の金融の自由化によって，正確には公定歩合操作は，金融政策の手段ではなくなりました。実は公定歩合は，金利の自由化がなされていなかったときは，この公定歩合に基づいて，民間銀行の貸出金利を決めていました。そのため，公定歩合が高くなれば，民間の金融機関が企業に貸し出す金利も高くなるという連動性がありました。この連動性があったため，公定歩合操作は，マネーサプライを大きく動かすことができたのでした。しかし，近年の金融の自由化で，金利が完全に自由化されてしまいました。したがって公定歩合を動かしても，民間の金融機関は，金融市場の状況しだいで金利を決めますから，以前ほどの効果はなくなってしまったんですよね？

：なーんだ，金融政策の手段じゃないなら覚えなくていいんですか？

：確かに，日銀の金融政策ではなくなりましたが，ごく最近のことですし，公定歩合は有名なものなので，資格試験ではこの形で出題されるかも知れません。ですから，覚えるようにしてください。

：はい，わかりました。

：それからもう1つ。公定歩合という表現も使わなくなりました。2006年の8月以降なのですが，基準割引率及び基準貸付金利と呼ばれるようにな

りました。

> **補足**
> 基準割引率及び規準貸付金利：公定歩合の新しい呼びかた

🐘：なぜそのように変わったのですか。

🐘：公定歩合は金融政策の手段ではなくなり，現在では，金融機関同士での短期の金融市場（無担保コールレートオーバーナイト物：政策金利）における上限金利としての役割だけになってしまったので，このように表現が変わったのです。

🐘：そういえば，この10年ほどで，金融の自由化が進んだって新聞やニュースでいわれていましたよね。その結果なんですね。よくわかりました。

🐘：それでは，これで終わりにしましょう。

🐘🐘：どうもありがとうございました。

Part 6　3-2-6　金融政策の具体的手段2　～預金準備率操作～

- 🐘：ここでは，金融政策の一手段である預金準備率操作について説明しましょう。
- 🐘🐘：よろしくお願いします。
- 🐘：日銀は，このStageのPart 2，Part 3で学習したように，市中の金融機関が預かった預金の一部を日銀に預けるように義務付けています。
- 🐘：これは市中の金融機関は，預金を貸し出すのですが，預けた人が引出しに来たときに返せなくなるのを防ぐために，行っているのではないですか。高校時代に政治経済で学習した記憶があります。
- 🐘：ボクは勉強した覚えがないなあ。
- 🐘：アキコさんは高校時代からよく勉強していたのですね。アキコさんの言うとおりで，日銀は，市中の金融機関が，市場で預かった預金に対して，その一部を日銀の当座預金に預けるように義務付けています。この割合を法定預金準備率というのですが，これは預けた人が引出しに来た際に，返せないということが起こると，信用不安がおき，取付け騒ぎが起こるかもしれないので，日銀に預けるようにしているのです。
- 🐘：なるほど，わかりました。でも取付け騒ぎの意味がよくわかりません。
- 🐘：マナブ君は，銀行にお金を預けていますか。
- 🐘：少しですが銀行に預金があります。
- 🐘：それでは，その預けていたお金が，もしも帰ってこないかもしれない，あるいはその銀行がつぶれるかもしれない，といううわさが流れると，どうするかな。
- 🐘：もちろん，帰ってこなくなる前に引出しに行きます。
- 🐘：でもマナブ君以外にも，銀行にお金を預けている人はいるよね。その人達がみんな引き出しに行ったら，銀行はどうなるかな。
- 🐘：たぶん，倒産すると思います。
- 🐘：そうだね。このような騒ぎを，"取付け騒ぎ"というんだよ。この取付け騒ぎが起こると，銀行は大変なことになるので，そのような事態にならないように，日銀に預金の一部を納めているんですね。
- 🐘：なるほど，重要な制度ですね。

🐘：この日銀に預けるお金を準備金といい，納める割合を預金準備率，または法定預金準備率といいます。市中の金融機関は，預金準備金を納めて，残りの資金を貸出しなどの運用に使っているのです。

図1

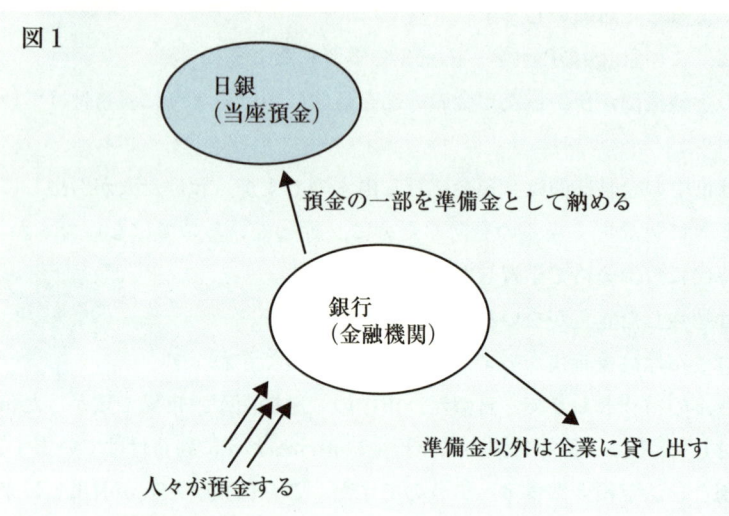

日銀
（当座預金）

預金の一部を準備金として納める

銀行
（金融機関）

人々が預金する

準備金以外は企業に貸し出す

いま，預金準備率を10％としましょう。そしてA銀行にある人が100万円を預金しました。このとき，銀行は次のような行動をとりますね。

図2

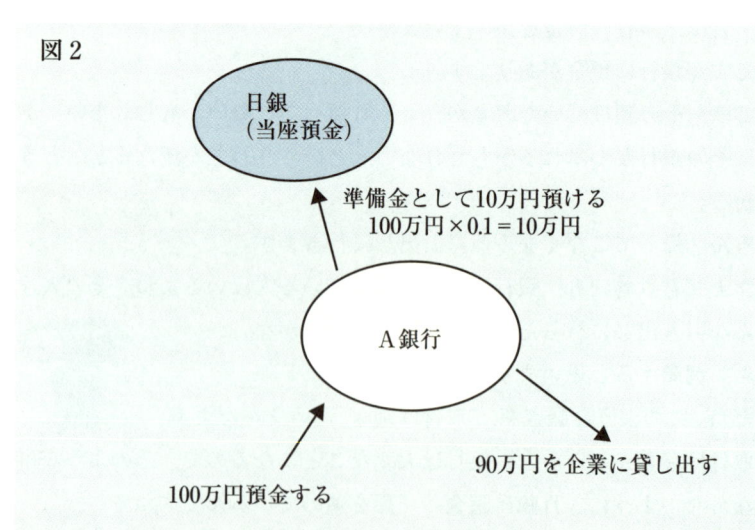

日銀
（当座預金）

準備金として10万円預ける
100万円×0.1＝10万円

A銀行

100万円預金する

90万円を企業に貸し出す

🐘：このときの準備率は10％（0.1）だけど，これを高くするとどうなると思いますか。

🐘：日銀に納めるお金が増えるわ。

🐘：そうすると，世の中のマネーサプライはどうなるかな。

🐘：銀行が企業に貸し出すお金は，減少するから，マネーサプライも減少するんじゃないですか。

🐘：そのとおりです。日銀の当座預金の額が増えれば，企業に貸し出すお金が減りますね。だから世の中のマネーサプライも減少するのですよ。では，この準備率を低下させるとどうなるかな。

🐘：今度は逆じゃないの。企業に貸し出すお金が増えるから，マネーサプライも増えるんじゃないかな。

🐘：そのとおりですね。ここで考えてほしいのですが，日銀がこの準備率を変更すれば，マネーサプライも変化しました。つまりこの準備率を動かすのは，金融政策の１つの手段になると思いませんか。

🐘：なるほど，思います。本来は銀行の信用を保つためのものが，金融政策の手段になるのね。面白いですね。

ことばの意味

法定準備率操作：市中の金融機関が日銀に納める法定預金準備率を変化させることでマネーサプライを増減させる政策のこと

🐘：それではここで，理論的にこのマネーサプライが増えることを説明しましょう。以前，マネーサプライと，ハイパワード・マネーの関係を学習しましたね。

🐘：はい学習しました。確か，$\Delta M = \dfrac{a+1}{a+\beta} \cdot \Delta H$ （$a = \dfrac{C}{D}$，$\beta = \dfrac{R}{D}$）でした（D：預金，C：現金，R：預金準備金）。

🐘：アキコさんはよく覚えていました。そのとおりです。では，この式を使いますが，いま法定預金準備率 β を増加させると，マネーサプライはどうなると思いますか。

🐘：えーと，β の部分が増加するから，分母の値が大きくなるのですよね。そうすると貨幣乗数 $\dfrac{a+1}{a+\beta}$ は小さくなるのではないですか。

: そのとおりです。分子の値は変わらずに、分母の値が大きくなりますから、貨幣乗数は小さくなりますね。だからマネーサプライは減少します。もちろんβの値を小さくすると、今度は分母の値が小さくなるので、貨幣乗数は大きくなりますね。だからマネーサプライも増加しますね。

: なるほど、貨幣乗数から正確に証明できるのですね。

: 預金準備率を変化させたときに、マネーサプライが増えるか、減るかということだけを考える場合は、貨幣乗数まで考えなくても、図2から求められるのですが、マネーサプライがどれだけ増加するか、または減少するかという数値を求める場合は、貨幣乗数から考えなければなりませんね。ですから貨幣乗数のβの部分が変化することによって、マネーサプライが増減することを覚えておいてくださいね。

: はい、わかりました。

: それでは、これで終わりにしましょう。

: ありがとうございました。

●●● Exercise ●●●

中小企業診断士　2003年

次の文章を読んで、以下の設問に答えよ。

貨幣乗数は、 ① が増加したときのマネーサプライの増加の割合を指す。貨幣乗数は、金融仲介機能を通じて信用創造がどれだけ行われているかを反映している。貸出を通じて預金が増加し、それがまた貸出に回るという信用創造プロセスが活発であれば、貨幣乗数は ② 。また、銀行や他の民間部門が当座預金残高や貨幣の保有を増加させると、貨幣乗数は ③ 。

（設問1）

文中の空欄①に入る最も適切なものはどれか。

ア　銀行貸出
イ　現　金
ウ　マネタリーベース（ハイパワード・マネー）

エ　預　金

（設問2）

文中の空欄①の数値が増加した場合，起こりうることとして，最も適切なものの組み合わせを下記の解答群から選べ。

　　a　現金・預金比率の上昇は，マネーサプライの増加を抑制する。
　　b　現金・預金比率の低下は，マネーサプライの増加を抑制する。
　　c　準備・預金比率の上昇は，マネーサプライの増加を抑制する。
　　d　準備・預金比率の低下は，マネーサプライの増加を抑制する。

〔解答群〕
　　ア　aとc　　イ　aとd　　ウ　bとc　　エ　bとd

（設問3）

文中の空欄②と空欄③に入る最も適切なものの組み合わせはどれか。

　　ア　②：上昇する　　③：上昇する
　　イ　②：上昇する　　③：低下する
　　ウ　②：低下する　　③：上昇する
　　エ　②：低下する　　③：低下する

解説

正解　設問1　ウ，　設問2　ア，　設問3　イ

まず，空欄①には「ハイパワード・マネー」が入る。
よって，正解はウになる。

設問2は実際に数値を代入するか，式を変形すればわかる。

$$貨幣乗数 = \frac{a+1}{a+\beta} = \frac{a+\beta+1-\beta}{a+\beta} = 1 + \frac{1-\beta}{a+\beta}$$

このようにaが分母分子の両方にあった場合は，変形して，どちらか一方のみに存在するようにすること。その結果，現金・預金比率aは，上昇すれば貨幣乗数は低下することがわかる。したがって，aは正しい。また，準備預金比率βが上昇すると，貨幣乗数 $= \frac{a+1}{a+\beta}$ より，貨幣乗数自体が低下するので，マネーサプライは抑制される。
したがって，アが正解になる。

最後に設問3であるが，信用創造プロセスが活発なときは貨幣乗数は上昇する。そして当座預金残高や，貨幣での保有が多くなると，貨幣乗数は低下することになる。
以上から，正解はイになる。

Part 7　3-2-7　金融政策の具体的手段3　～公開市場操作～

🐘：ここでは，金融政策の一手段である公開市場操作について説明しましょう。

🐘🐘：よろしくお願いします。

🐘：公開市場操作とは，オープンマーケットオペレーションともいうんだけど，これは中央銀行が国債を売買することなんだ。

🐘：中央銀行が国債を購入したり，販売したりするのですか？　日本の場合は，日銀が日本の国債を購入することになるのですか？

🐘：そうです。日銀が市場で日本の国債を売買するのです。

🐘：確か，日本の場合は日銀が新規の国債を購入してはいけないはずだったと思うのですが…。

🐘：確かに財政法によれば，日銀は新規国債を原則，購入してはいけないことになっています。しかし市場では，すでに発行されて一回以上売買された国債もまた売買されています。そんな国債を旧国債と呼ぶのですが，それを購入したり，あるいはすでに保有している国債を売却したりすることはできるんですよ。

🐘：新規の国債は購入してはいけないけど，すでに発行された国債ならいいのですね。知らなかったです。

🐘：ボクも初めて知りました。

🐘：そうですか。この機会にぜひ覚えていてください。それでは，その国債を日銀が売買するのですが，日銀が国債を購入すると，マネーサプライはどうなると思いますか。

🐘：突然なのですぐにはわからないです…

🐘：ゆっくり考えましょうか。たとえば日銀がAさんから，国債を買うとするね。そのとき日銀はAさんに現金を渡し，Aさんから国債の証書を受け取りますね。このとき市場のマネーは増加するか，減少するか，どちらになるかな？

図1

日銀
（国債を買う）
　→現金を渡す→
　←国債を渡す←
Aさん
（国債を売る）　現金

Aさんの手元に現金が来る　→　市場のマネーは増加する

🐘：日銀が一般人のAさんに現金を渡すのだから，市場のマネーは増加するんじゃないですか？

🐘：そうです。増加しますね。日銀の倉庫に現金があっても，それはマネーサプライではないけれども，Aさんの手に渡れば，それはマネーサプライになりますからね。

🐘：日銀の倉庫にあるお金は，マネーサプライにならないのですか。

🐘：あたりまえじゃない。マネーサプライは市場に流通している通貨のことよ。現金と預金の合計じゃない。現金とは，市場に流通している現金のことよ。

🐘：そうですね。アキコさんの言うとおりです。話を元に戻して，日銀が市場から国債を購入することを，**買いオペレーション**といいます。買いオペレーションを行うと，市場のマネーサプライは増加することになりますね。とても重要ですので，しっかり確認しておいてくださいね。

🐘🐘：はい，わかりました。

> **ことばの意味**
> 買いオペレーション：中央銀行が，市中の国債を購入すること。市場のマネーサプライは増加する。

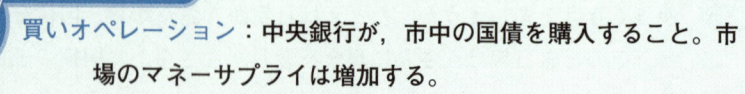

🐘：それでは反対に，日銀が市場に国債を売るとマネーサプライはどうなるかな？

🐘：日銀とAさんで考えると，日銀がAさんに国債を売ることになるのですよね。つまり先ほどの逆で，マネーサプライは減少するのですか。

🐘：そうですね。日銀が国債を売ると，マネーサプライは減少します。

図2

```
        現金
    ┌─────┐  国債を渡す
 ╱日銀     ╲ ─────────→  ╱ Aさん    ╲
(国債を売る)              (国債を買う)
 ╲         ╱ ←───────── ╲         ╱
                現金を渡す
```

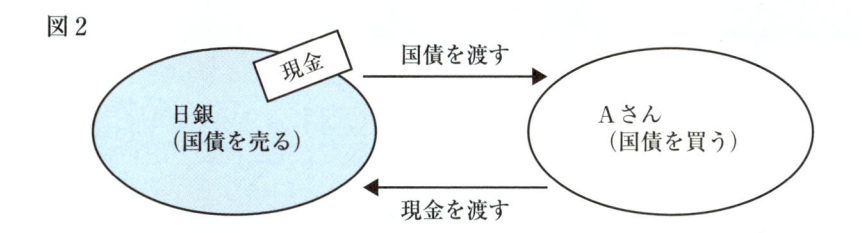

　　　　日銀に現金が来る　→　市場のマネーは減少する

日銀が国債を売ることを売りオペレーションといいます。

ことばの意味

売りオペレーション：中央銀行が市中に国債を売却すること。市場のマネーサプライは減少する。

このように日銀は国債を売買しながら市中のマネーサプライを調節することを確認しておいてください。

：はい，わかりました。
：それでは，終わりにしましょう。
：ありがとうございました。

Part 8 3-2-8 信用創造

🐘:ここでは，信用創造について学習しましょう。

🐘🐘：よろしくお願いします。

🐘:皆さんは，銀行に貯金をしていますか。

🐘:はい，少しずつ貯金していて，預金はあります。

🐘:ボクはほんの少しですが，預金はあります。

🐘:その預金は，マネーサプライの一部だったよね。

🐘:はい，マネーサプライは現金と預金ですから，マネーサプライの一部です。

🐘:でも銀行は"金融機関"と呼ばれるだけあって，皆さんの預金を企業に貸し出して（資金を融通してあげることによって），利息を稼いでいますね。つまり，皆さんが預金した大部分のお金は，実は銀行の内部にはなくて，企業に貸し出されてしまっているのでした。

🐘:えっ！　そうなんですか！

🐘:知らなかったの。やったじゃない。だから取付け騒ぎが起きないように，日銀に預金準備金を納めるのでしょ。

🐘:そういえば，そうだけど，改めて考えて，少しびっくりしただけだよ。

🐘:銀行が預金を企業に貸し出すわけなんだけれど，このシステムが繰り返されることで，市場のマネーが増加するんですよ。今からこのメカニズムを説明して行きましょう。たとえば，Aさんが1000万円をS銀行に預金したとしましょう。S銀行はこの預金の一部を日銀に準備金として預けます。いま法定預金準備率を10％としましょう。そうするとS銀行は100万円を日銀に預け，残り900万円を企業に貸し出します。その900万円をB企業に貸し出したとしましょう。B企業はその資金を使って，工場設備を作るという投資を行ったとします。この工場をC企業に依頼して作ってもらいました。するとC企業は900万円の売上が増加します。この900万円をS銀行に預金したとしましょう。するとS銀行は900万円の預金のうち，法定準備金の90万円を日銀に預けて，残りをまた企業に貸し出しますね。これが繰り返されたとします。

🐘:先生！　ちょっと待ってください。混乱してきました。もう少しゆっくりお願いします。

🐘：そうですか。では図で確認しましょう。

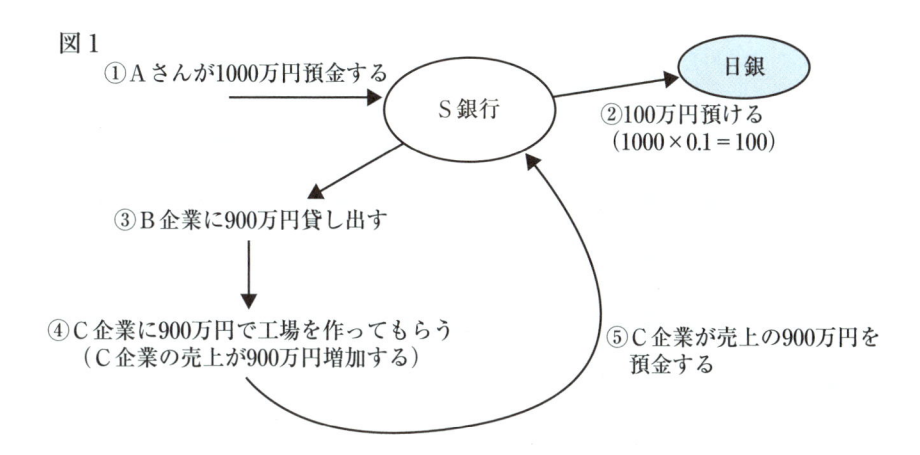

図1

①Aさんが1000万円預金する → S銀行
②100万円預ける（1000×0.1＝100）→ 日銀
③B企業に900万円貸し出す
④C企業に900万円で工場を作ってもらう（C企業の売上が900万円増加する）
⑤C企業が売上の900万円を預金する

Aさんの預金が，B企業，C企業を通じて，またS銀行に戻ってきましたね。

🐘 🐘：確認できました。

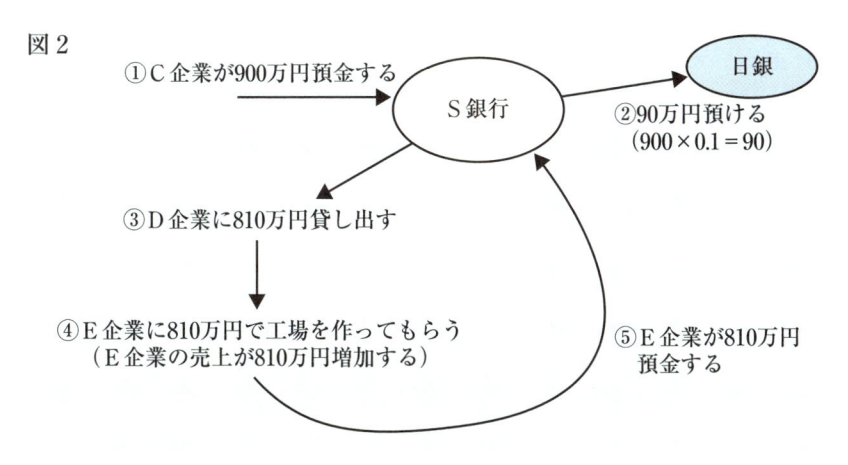

🐘：S銀行はさらにC企業から受け取った預金のうち，法定準備金の10％である90万円を日銀に預けて，残りの810万円を貸し出します。D企業に貸し出したとしましょう。D企業は，E企業に依頼して，工場設備を建ててもらいました。その費用としてD企業はE企業に810万円を払いました。E企業は810万円の売上が増加しましたが，これを全額S銀行に預けたとしましょう。S銀行はこの預金のうち10％の81万円を日銀に預けて，残りを貸し出します。

図2

①C企業が900万円預金する → S銀行
②90万円預ける（900×0.1＝90）→ 日銀
③D企業に810万円貸し出す
④E企業に810万円で工場を作ってもらう（E企業の売上が810万円増加する）
⑤E企業が810万円預金する

このような流れが，どこまでも継続されると仮定すると，1000万円の預金から生み出される預金額はいくらになると思いますか。

🐘：最初が1000万円で，次が900万円で，その次が810万円で，これが永遠に続くのですよね。えーと，そうすると…，よくわかりません。

🐘：銀行が企業に貸し出したお金は，受け取った預金から，10％の法定準備金を除いた90％の部分になりますね。その点に注意すると，はじめが1000万円，次が1000×0.9＝900万円，その次が1000万円×0.9×0.9＝810万円，となりますね。そうすると0.9をかければ次の貸出額になるわけです。この貸出額の合計を預金総額，本源的預金（はじめの預金）を除いた合計額を信用創造額といいます。実際に求めてみましょう。

つまり信用創造額Sは，

$$S = 1000 \times 0.9 + 1000 \times 0.9^2 + 1000 \times 0.9^3 + \cdots$$

となります。両辺に0.9をかけると

$$0.9S = 1000 \times 0.9^2 + 1000 \times 0.9^3 + 1000 \times 0.9^4 + \cdots$$

となり，両辺を引き算すると，

$$(1-0.9)S = 1000 \times 0.9$$

$$S = \frac{1000 \times 0.9}{1-0.9} = \frac{900}{0.1} = 9000$$

となります。したがって預金総額は，9000万円＋1000万円＝1億円となります。

このように銀行に預金をすることで，預金総額が増え，それがさらにマネーサプライを増加させることになります。これを信用創造というのですよ。

🐘：先生！　なぜマネーサプライが増加しているのですか。よくわかりません。

🐘：私も何となくしかわかりません。

🐘：今の流れをよく見てね。Aさんが1000万円を預金しました。Aさんの預金通帳には1000万円と記帳されていますね。一方，S銀行はB企業に900万円貸し出し，B企業はC企業にその900万円を払い，C企業は

その全額をS銀行に預金しましたね。つまり，C企業の通帳には900万円と記帳されます。さらに，S銀行は810万円をD企業に貸し出し，D企業はE企業に810万円を払い，E企業はS銀行に全額預金しましたね。つまり，E企業の通帳には810万円が記帳されています。はじめにもっていた現金は，Aさんの1000万円だけですが，これが銀行に預金され，銀行が貸し出しを行うことで，預金総額が増加したわけです。この預金はマネーサプライの一部ですから，マネーサプライも増加するのです。
銀行に対する信用（倒産しない，ということ）がもとでこのようなメカニズムが働くので，これを信用創造というのですよ。

公式

$$信用創造額 = \frac{本源的預金 \times (1 - 預金準備率)}{預金準備率}$$

$$預金総額 = 本源的額 + 信用創造額$$

$$= \frac{1}{預金準備率} \times 本源的預金$$

なお，信用創造が成立するためには，個人や企業が手元に現金をおかずに全額を預金することが前提となりますよ。このとき預金総額は，貨幣乗数（信用乗数）$\frac{a+1}{a+\beta}$ の a を 0 としたものに本源的預金をかけた値になりますね。それでは，これで終わりにしましょう。

：ありがとうございました。

●●● Exercise ●●●

地方上級　2002年

A社が300万円をある市中銀行に預金したとき，市中銀行の預金準備率を10％とした場合におけるA社の預金をもとした市中銀行全体で信用創造される預金総額と，市中銀行の預金準備率を15％とした場合におけるA社の預金をもとした市中銀行全体で信用創造される預金総額との差額はどれか。ただし，市中銀行は過剰準備をもたず，常に預金準備率の限度ま

で貸し出しを行い，市中銀行が貸し出した資金はすべて預金として市中銀行に還流するものとする。

1　150万円
2　300万円
3　600万円
4　1000万円
5　1500万円

解説　　正解　4

市中銀行が預金を市中に貸し出すことによって，信用創造される預金総額は，市中銀行が貸し出した資金が，すべて預金として市中銀行に還流するので，貨幣乗数の現金預金比率をゼロとおいて求めることができる。したがって，その要領で求める。

$$\Delta M = \frac{a+1}{a+\beta} \cdot \Delta H$$

（M：預金総額，H：本源的預金）

$$\Delta M = \frac{1}{\beta} \Delta H$$

ここで，預金準備率が10％のときの預金総額を求める。

$$\Delta H = \frac{1}{0.1} \times 300 = 3000$$

つぎに，預金準備率が15％のときの預金総額を求める。

$$\Delta M = \frac{1}{0.15} \times 300 = 2000$$

以上から差額は，3000 − 2000 = 1000となる。

したがって，正解は4になる。

Stage 3
貨幣市場の均衡について

ここでは，マクロ経済学における2つ目の市場になる貨幣市場に注目し，ケインズ派，古典派の考え方に基づく均衡について学習します。

Part 1　3-3-1　貨幣市場の均衡　～ケインズ派～

🐘：それではここで，貨幣市場の均衡について説明しましょう。

🐘🐘：よろしくお願いします。

🐘：いままで，貨幣の需要と供給について学習してきました。貨幣の需要供給を学習したので，貨幣の市場の均衡についても学習しましょう。そこで，貨幣の需要と供給はどのように表すことができたか覚えていますか。

🐘：貨幣の需要は取引的需要と投機的需要の合計でした。取引的需要は国民所得の増加関数で，投機的需要は利子率の減少関数でした。

貨幣需要：$L = L_1 + L_2$　　L_1：取引的需要，L_2：投機的需要

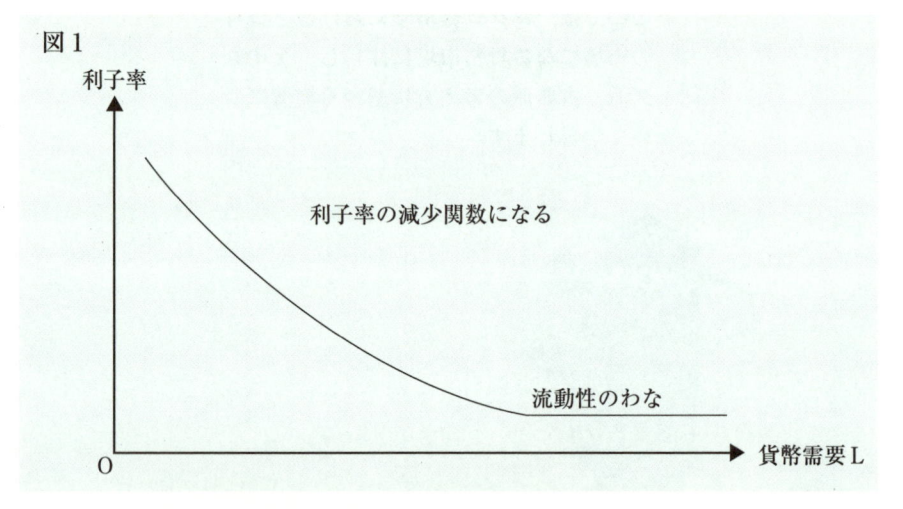

図1

（縦軸：利子率，横軸：貨幣需要L。利子率の減少関数になる曲線。下部に「流動性のわな」）

🐘：よく覚えていましたね。そのとおりです。それではマナブ君，貨幣の供給についてはどうだったかな。

🐘：えーと，政府が供給しました。利子率には依存しなかったと思います。

🐘：そうですね。政府がハイパワード・マネーを動かして，マネーサプライを変化させましたね。このマネーサプライが貨幣供給でした。それでは，その貨幣供給を図に表しておきましょう。ヨコ軸に実質貨幣供給量，タテ軸

に利子率をとると，垂直な直線になります。

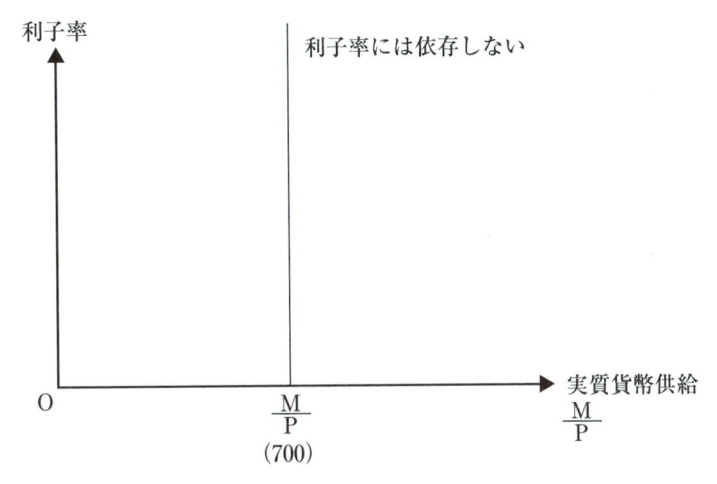

図2

利子率

利子率には依存しない

O　　　$\frac{M}{P}$　　　実質貨幣供給 $\frac{M}{P}$
　　　(700)

🐘：この図は初めて見たのですが，なぜ垂直なのですか？

🐘：利子率に依存しないからです。貨幣供給は日銀が行いますね。つまり日銀が，マネーサプライを700兆円になるように金融政策を行えば，利子率が1％であろうと，10％であろうと700兆円になりますよね。だから貨幣供給量は，利子率から影響を受けることなく垂直になるんですよ。

🐘：それと，実質貨幣供給量のなかにあるPは，物価水準のことですよね。なぜPで割るのですか。

🐘：第1部Stage 1のPart 5の「実質と名目」のところでやったじゃない。忘れたの？

🐘：あれれっ？

🐘：しっかりと思い出しておいてください。実質値は物価水準Pで割れば求められるね。だから，実質マネーサプライは名目マネーサプライMをPで割るんだよ。

🐘：はい，復習しておきます。

🐘：ところで，この物価Pは一定として考えています。これは，ケインズ派が想定している"物価が硬直的である"ことを表しています。それでは，次の図を使って貨幣市場の均衡を考えましょう。貨幣市場は，貨幣の需要と

供給が一致するところで決まります。図でその場所を確認しておきましょう。

図3

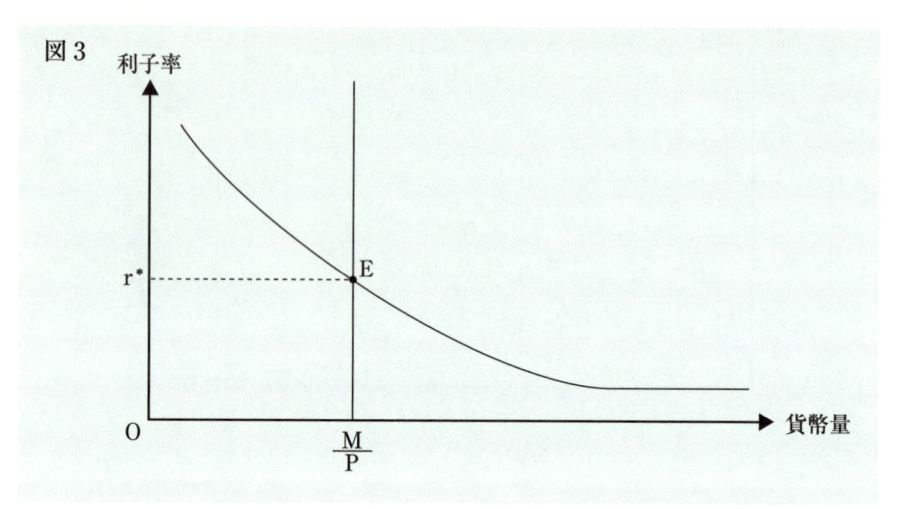

利子率・貨幣量のグラフ。縦軸が利子率、横軸が貨幣量。右下がりの曲線と、$\frac{M}{P}$ の垂直な供給線が交わる点Eで均衡し、そのときの利子率が r^* となる。

図の点Eが貨幣市場の均衡になります。貨幣市場が均衡して，その国の利子率が決まることになります。上の図では r^* がその国の利子率になります。

> **ポイント**
>
> **貨幣市場の均衡**：(ケインズ派によれば) 貨幣需要と貨幣供給が一致するところで市場は均衡し，その国の利子率が決定する。このとき物価は一定とする。

：なるほど，貨幣市場が均衡して，その国の利子率が決まるのね。よくわかりました。

：それではこの図から，政府がマネーサプライを増加させたときの市場均衡点の変化を見ておきましょう。政府がマネーサプライMを700兆円から800兆円に増加させたとします。すると，物価が一定だから貨幣供給の図が右にシフトしますね。

図4

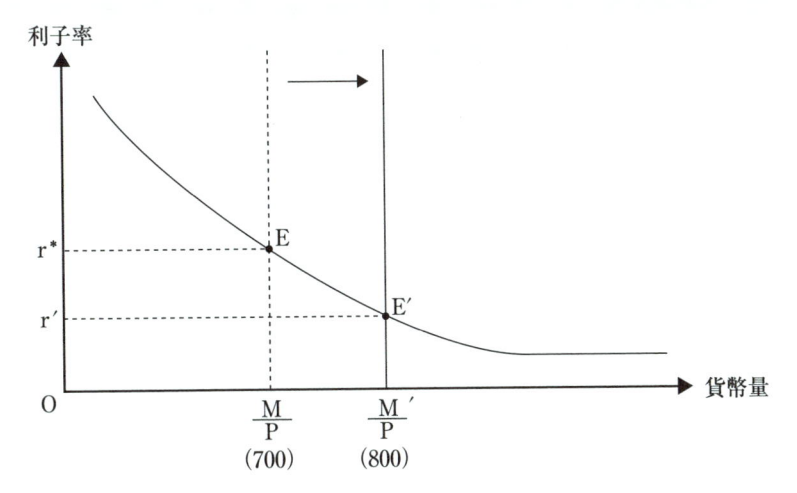

[図：縦軸「利子率」、横軸「貨幣量」のグラフ。右下がりの曲線と、$\frac{M}{P}$(700)、$\frac{M'}{P}$(800)を通る2本の垂直線。点Eは($\frac{M}{P}$, r*)、点E'は($\frac{M'}{P}$, r')。矢印は右方向シフトを示す。]

　この図からわかるように，貨幣市場は点E´で均衡して利子率が低下しますね。この関係をしっかりと確認しておいてください。

🐘🐘：はい，わかりました。

ポイント
政府がマネーサプライを増加させた場合：(垂直な)貨幣供給曲線が右にシフトして，利子率が低下する

🐘：それでは，これで終わりにしましょう。
🐘🐘：ありがとうございました。

Part 2　3-3-2　古典派の貨幣数量説とは

🐘：この前のPart 1では，ケインズ派が想定する貨幣市場について学習してきましたが，ここでは，ケインズ派の考え方を少し離れて，古典派の考え方について学習しましょう。

🐘🐘：よろしくお願いします。

🐘：まず，古典派のことですが，覚えているかな？

🐘：えーと，何だっけ。

🐘：マクロ経済の最初で学習したのを覚えています。マクロ経済には2つの流れがあって，ケインズとは異なるもう1つの流れだったと思います。

🐘：アキコさんはよく復習してくれているね。そのとおりです。ケインズ派の流れと古典派の流れがありました。いまから学習するのは，古典派から新古典派の貨幣市場の基本となる考え方の部分ですが，ケインズよりもはるか前の古典派の時代から存在する学説ですから，一般には「新」をつけずに，単に「古典派の貨幣数量説」と表現しますね。

🐘：なんかややこしいな。

🐘：少しややこしいかもしれないけど，しっかりと聞いてね。
では，その古典派の貨幣数量説の内容ですが，マネーサプライをM，物価をPとすると，次のような関係が成り立ちます。

$$M \cdot V = P \cdot T$$
V：貨幣の流通速度，T：財の取引量（国民所得を数量表示したもの）

ここで，Vは貨幣の流通速度といって，その国でどれくらいのスピードで貨幣が流通するかを表すものになりますね。よくわからないと思うので，少し考えてね。たとえばある国で，1年間の財の取引量が12万円だったとしましょう。この取引が同時に行われれば，貨幣は12万円必要ですが，月に3万円ずつ合計4回行われれば，貨幣は3万円あれば4回の取引が可能になりますね。つまり取引の回数によって貨幣の必要量は変わってくるわけです。この使用されている貨幣量のことをマネーサプライMといい，4回の取引回数を貨幣の流通速度というのです。貨幣が何回取引に使用されたかを表すものと考えればいいでしょう。

🐘：なるほど。何となく貨幣の流通速度の意味がわかりました。

:ボクも何となくですが，わかったような気がします。
:それでは，その貨幣数量説の持つ意味を考えましょう。

$$M \cdot V = P \cdot T$$

この式では，VとTは一定としています。Tにはその国の国民所得が入ります。国民所得を数量で表示したものですから，実質国民所得が入ると思ってください。この実質国民所得も一定として考えます。このように考えるとき，Mを増やすとPはどのようになるかな。

:VとTが一定だから，Mを増やすとPも増えるのではないですか。
:そのとおりですね。Mが増えると同じ比率でPも増えますね。このことがこの理論の持つ重要な意味になるのです。

ポイント
古典派の貨幣数量説からいえること：マネーサプライMを増やしたとき，同じ比率で物価Pが増加する

:先生！ ちょっと待ってください。
:何かな。
:マネーサプライMを増やすと物価Pが増えるのはその式からいえるのですか？
:いまやったじゃない。
:現実にもそのようになるのですか。
:マナブ君はいいところに気付きましたね。現実のマクロ経済は大きなダイナミズムを持っていますから，この式がそのまま成り立つかどうかは評価が分かれるところですね。しかし，ここが古典派とケインズ派に分かれた重要なところで，現実にも古典派の貨幣数量説が成り立つとするのが，古典派や新古典派の人達で，現実には物価は硬直化して動かないから，成り立たないと考えるのがケインズ派なのですよ。
:だから古典派は貨幣数量説でケインズ派は流動性選好説になるのですね。
:そうですね。そのとおりです。古典派とケインズ派の貨幣に対する考え方の違いは，次のPart 3でしっかりと学習しましょう。したがって，ここではこれで終わりにしましょう。
:はい，ありがとうございました。

Part 3　3-3-3　マーシャルのkの意義　～ケインズ派との比較～

🐘：ここでは，古典派の貨幣数量説の式を変形するうえでマーシャルのkというものを用います。そしてそれをもとにして，古典派とケインズ派の貨幣市場に対する考え方の違いについて学習していくことにしましょう。

🐘🐘：はい，よろしくお願いします。

🐘：古典派の貨幣数量説の式は覚えているよね。

🐘：はい，M・V＝P・Tでした。Mはマネーサプライ，Vは流通速度，Pは物価，そしてTは財の取引量でした。

🐘：Tの財の取引量は，実質国民所得のことでした。

🐘：よく覚えていましたね。ではこれを変形しましょう。左辺のVを右辺に移項しますね。そうするとこの式はどうなるかな。

🐘：$M = \dfrac{1}{V} \cdot P \cdot T$になります。

🐘：そうだね。ここでこの$\dfrac{1}{V}$をkという文字に置き換えるね（これをマーシャルのkと呼ぶ）。そうするとこの式はM＝k・P・Tとなるね。そして，この式のTは実質国民所得だったので，国民所得Yに置き換えます。するとM＝k・P・Yとなりますね。この式のことをマーシャルの現金残高方程式とか，ケンブリッジの現金残高方程式などと表現します。

公式

マーシャルの現金残高方程式：M＝k・P・Y
　　M：マネーサプライ，k：マーシャルのk，
　　P：物価，Y：国民所得

🐘：先ほどの貨幣数量説を変形しただけなのですが，何か意味があるのですか。

🐘：はい。この式をさらに変形すると，意味がわかりますよ。この式の右辺にある物価Pで両辺を割ると，どうなるかな？

🐘：$\dfrac{M}{P} = k \cdot Y$となります。

🐘：この式をみて，何か気付かないかな。

:特に何も感じないです。単に変形しただけじゃないですか。

:確かに変形をしただけなのですが、左辺を見てください。実質マネーサプライになっていますね。この前のPart 1で学習しましたね。

:そう言えばそうね。

:それでは右辺を見てください。右辺は国民所得の増加関数になっていますね。

:そうですね。国民所得が増加すれば、右辺の値も大きくなるようになっていますね。

:これでわかったと思います。左辺が貨幣供給で、右辺が貨幣需要（取引的需要）になっています。

:あー！　まったく気付かなかったです。

:つまり、マーシャルの現金残高方程式から、古典派の貨幣市場の均衡を表す式が求められたわけです。この結果、古典派の貨幣の需要は取引的需要しかないことがわかりますね。

> **ポイント**
>
> 古典派の貨幣市場：貨幣需要は取引的需要のみであると考えている
>
> $$\frac{M}{P} = L_1 \quad \frac{M}{P}：貨幣供給、L_1：取引的需要$$

:ケインズの貨幣需要は、取引的需要と投機的需要がありましたが、古典派では投機的需要がないのですか。

:そのとおりです。古典派は貨幣の需要は取引的需要しかないと考えています。この古典派の貨幣数量説ですが、この右辺に L_2 を加えるとケインズの貨幣市場の式になりますね。

> **アドバイス**
>
> 古典派の貨幣市場
> ↓
> $$\frac{M}{P} = L_1(Y) + L_2(r)$$
> ↑
> ケインズは古典派の貨幣需要に
> 投機的需要を加えた

🐘：なるほど。ケインズは古典派の貨幣数量説にL_2を加えた形になっているのですね。

🐘：そうです。この2つの式から，利子率について確認しておいてほしいのですが，ケインズの場合は，利子率は貨幣市場から決まるのですが，古典派の場合は，貨幣数量説に利子率がないので，貨幣市場からは利子率は決まらないんですね。これも古典派とケインズ派の大きな違いなんですよ。それでは，これで終わりにしましょう。

🐘🐘：どうもありがとうございました。

第4部
財市場と貨幣市場の同時分析
～IS－LM分析～

これまでに，財市場と貨幣市場の分析をそれぞれ行ってきましたが，ここではそれらを同時に分析します。その国が市場経済のシステムをとるならば，そこには市場原理(市場メカニズム)が働くため，財市場も貨幣市場も需給が一致します。このとき，国民所得は財市場と貨幣市場の双方の需給を満たすところで決まりますが，その決定メカニズムについての学習を行います。

Stage 1
財市場の分析 ～IS曲線～

ここでは，財市場の均衡に注目して，ヨコ軸が国民所得Y，タテ軸が利子率rにおいて描かれるIS曲線を導出します。

Part 1　4-1-1　ＩＳ曲線の定義と導出

🐘：この第4部では，財市場の均衡を表すＩＳ曲線と，貨幣市場の均衡を表すＬＭ曲線を作って分析を行います。まずはＩＳ曲線の導出から行いましょう。

🐘🐘：はい，よろしくお願いします。

🐘：ＩＳ曲線とは，財市場の均衡を表します。財市場の均衡とはどういうことかわかりますか。

🐘：財やサービスの総需要と総供給が等しいことですよね。

🐘：そのとおりですね。それは数式で表すとどのようになりましたか。

🐘：総需要がY_d，総供給がY_sとすると，$Y_s = Y_d$で表すことができました。

🐘：そうですね。$Y_s = Y_d$が財市場の均衡です。ところで，

$$Y_s = Y = C + S + T$$
$$Y_d = C + I + G \quad (貿易部門は無視する)$$

でしたね。財市場が均衡すると，

$$Y_s = Y_d$$
$$C + S + T = C + I + G$$

　Ｃ：消費，Ｓ：貯蓄，Ｔ：租税，Ｉ：投資，Ｇ：政府支出

となりますね。ここで政府は均衡財政を維持しているとしましょう。そうすると，Ｔ＝Ｇが成り立ちますね。また，Ｃの消費は消すことができますね。

🐘🐘：はい。

🐘：これらを代入すると，

$$Y_s = Y_d$$
$$C + S + T = C + I + G$$
$$S = I \quad (\because T = G より)$$

となりますね。これは何を意味するかな？

🐘：貯蓄Ｓと投資Ｉが等しいことを意味しています。

🐘：そうですね。もう少し詳しく説明すると，総供給と総需要が等しいという

ことは，貯蓄と投資が等しいことと同じだということなのですよ。

: なんかややこしいですね。

: あまり難しく考えないでね。財市場の均衡 $Y_s = Y_d$ でその国の国民所得が決まっていましたね。これを変形しただけだから貯蓄と投資が等しいということは，国民所得を決定する条件ということになるんですね。

ポイント

財市場における国民所得を決定する条件：投資と貯蓄が等しい

: なるほど，よく考えると国民所得が決定する条件ですね。

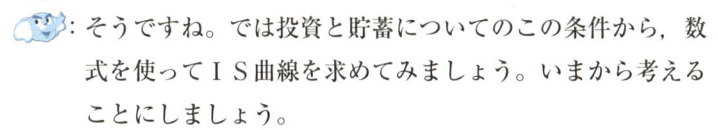

: そうですね。では投資と貯蓄についてのこの条件から，数式を使ってIS曲線を求めてみましょう。いまから考えることにしましょう。

: はい，お願いします。

: ケインズは，貯蓄は国民所得の増加関数であるとしています。つまり，貯蓄は国民所得が増加すると，同様に増加するものであると考えていました。これは特に問題ないですね。以前に学習したケインズの貯蓄関数と同じです。

$$\begin{aligned}
\text{貯蓄関数：} S = S(Y) &= Y - C \\
&= Y - (C_0 + cY) \\
&= -C_0 + (1-c)Y
\end{aligned}$$

貯蓄関数は，国民所得の増加関数になっていますね。

: 確かになっています。

: それではつぎに，投資関数を求めましょう。これも第2部Stage 1のPart 8のところで学習したのですが，ケインズは，投資は利子率の減少関数であるとしています。これも特に問題ないですよね。利子率が低いと金利負担が少なくなるので，借入が比較的に容易になり，投資が積極的に行われるようになり，だから投資は利子率の減少関数といえますね。

: はい，以前学習したので大丈夫です。

: それでは，投資を計算式で表してみましょう。利子率の減少関数ですから，

$$I = I(r) = I_0 - \rho r \qquad \rho：正の定数$$

と表せますね。それではこれに具体的な数値を代入して，実際にIS曲線を導出してみましょう。たとえば投資関数を次のようにおきますね。

$$I = 10 - 2r \qquad I：投資，r：利子率$$

利子率が上昇すると投資は減少するような形になっていますね。この式を使って貯蓄と投資が等しくなる状態を考えてみましょう。

🐘：どのようにして考えればいいのですか。

🐘：貯蓄と投資が等しくなるので，S＝Iとすればいいのですよ。では貯蓄関数も具体的に定めて，実際にやってみましょう。貯蓄関数を，

$$S = 0.2Y - 2 \qquad S：貯蓄，Y：国民所得$$

としましょう。これを使うと，

$$\begin{aligned} S &= I \\ 0.2Y - 2 &= 10 - 2r \\ 2r &= 12 - 0.2Y \\ r &= 6 - 0.1Y \quad （IS曲線） \end{aligned}$$

となります。これがIS曲線になるのです。これを図示しましょう。

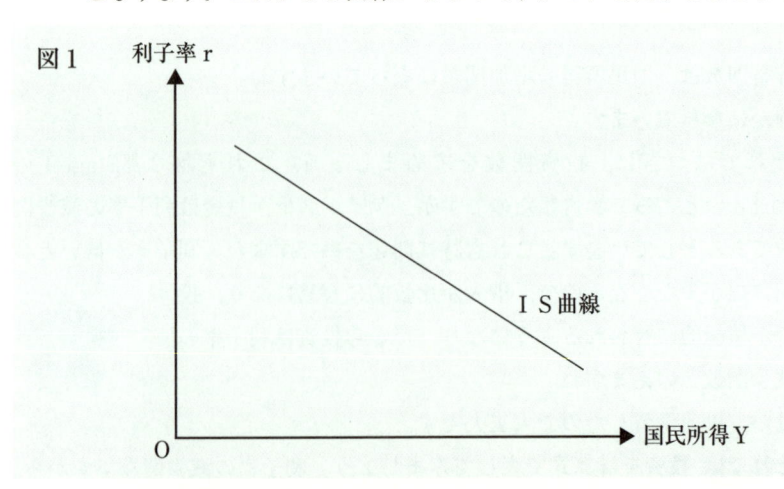

図1

利子率 r

IS曲線

国民所得 Y

このようにIS曲線は右下がりの曲線になります。

> **ことばの意味**
>
> IS曲線：ヨコ軸に国民所得Y，タテ軸に利子率rをとったときの貯蓄と投資が等しくなるYとrの組合せの点を集めた軌跡のこと。通常は右下がりになる。

また，このIS曲線上では貯蓄と投資が等しいので，これも覚えておいてください。それでは終わりにしましょう。

：ありがとうございました。

Part 2 4-1-2 財市場における超過需要と超過供給

🐘：ここでは，ＩＳ曲線から確認できる財市場の超過需要と超過供給について学習しましょう。

🐘🐘：よろしくお願いします。

🐘：先ほど財市場の均衡としてＩＳ曲線について学習しましたね。そのＩＳ曲線をもう一度思い出しましょう。

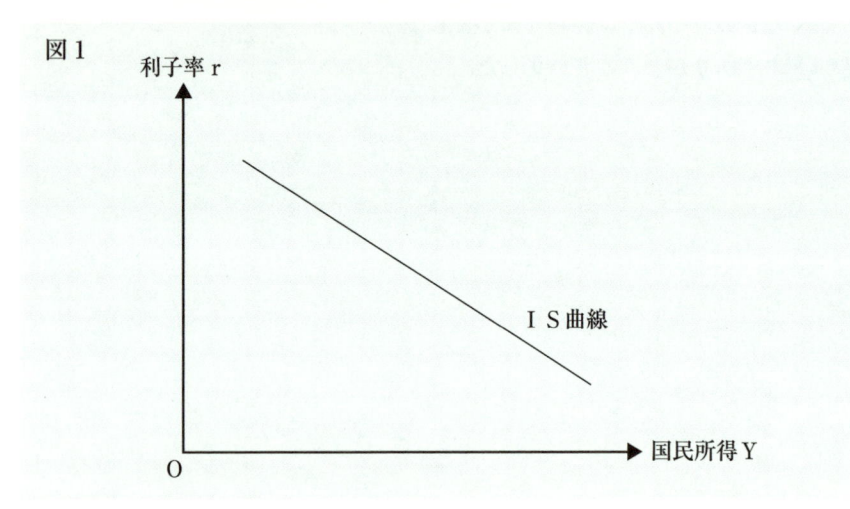

図1

（利子率 r を縦軸，国民所得 Y を横軸とする右下がりのＩＳ曲線のグラフ）

ＩＳ曲線は通常，右下がりになりましたね。このＩＳ曲線の線上は，どのような状態でしたか。

🐘：ＩＳ曲線の線上では，財市場が均衡していて貯蓄と投資が一致していました。

🐘：ボクもそれは覚えています。

🐘：そうですね。ここまでは前回の復習ですが，ここでは，ＩＳ曲線の上側や下側では財市場がどのようになっているのか考えましょう。わかりやすくするために，ＩＳ曲線を，Part1で用いた

$r = -0.1Y + 6$

として，利子率を4％で一定として考えることにしましょう。

図2

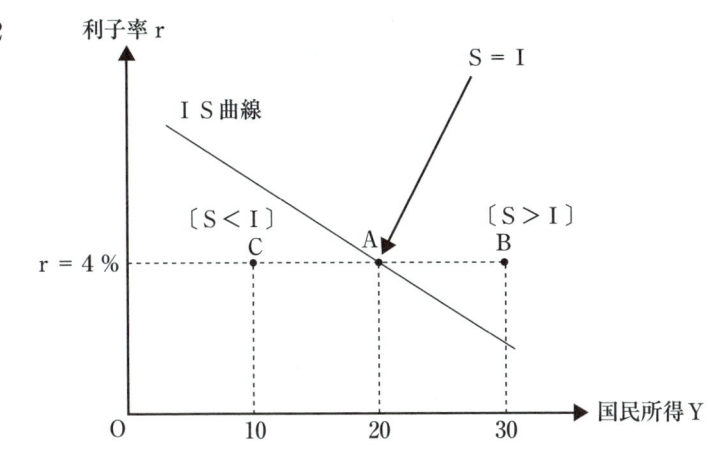

利子率が4％のとき、この式に代入すると、国民所得は20になりますね。これが点Aです。この点AはＩＳ曲線上ですので、貯蓄Sと投資Iが等しくなりますね。そして点Bですが、この点は、均衡状態に比べて所得が大きくなりすぎていますね。このとき点Bの貯蓄と投資の関係はどのようになるでしょうか？

：えーと、点Bは均衡に比べて所得が多すぎるのは、わかるのですが…。

：これは具体的にPart 1の貯蓄と投資の式に、$Y=30$, $r=4$を代入して考えればすぐにわかりますよ。

貯蓄：$S = 0.2Y - 2 = 0.2 \times 30 - 2 = 4$
投資：$I = 10 - 2 \times 4 = 2$

したがって、貯蓄のほうが数値が大きくなります。貯蓄は総供給の項目でしたから、この状態を超過供給といいます。つまり、ＩＳ曲線の上側では超過供給の状態になりますね。それでは次に点Cですが、今度は、$Y=10$, $r=4$を代入すると、

貯蓄：$S = 0.2 \times 10 - 2 = 0$
投資：$I = 10 - 2r = 2$

となります。よって、点Cでは、投資のほうが数値が大きくなっています

ね。投資は総需要の項目なので，この状態を超過需要といいます。つまりIS曲線の下側では超過需要の状態になりますね。

> **ポイント**
> IS曲線の上側：財市場が超過供給（S＞I）
> IS曲線の下側：財市場が超過需要（S＜I）

：何だかややこしくて，わかりにくいです。
：そうですか。それでは図示して確認しておきましょう。

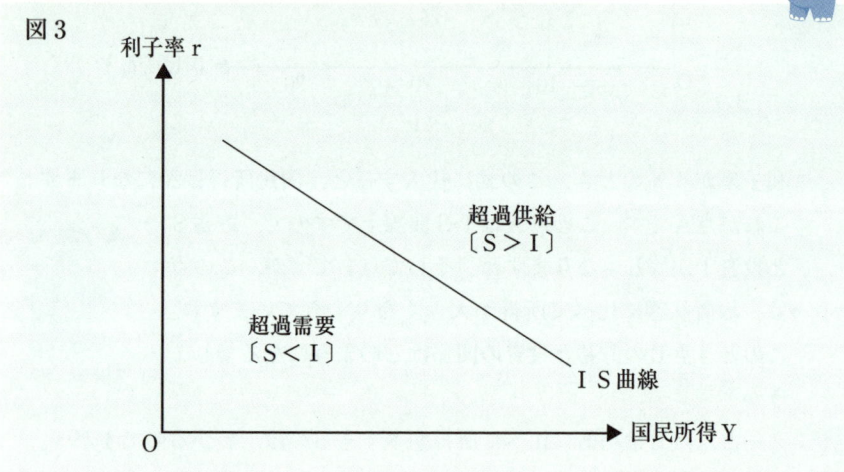

図3

利子率 r

超過供給
〔S＞I〕

超過需要
〔S＜I〕

IS曲線

国民所得 Y

上側では超過供給，下側では超過需要になるのでしっかりと確認しておいてください。

：先生に質問なのですが，上側，下側ではなくて，右側，左側ではいけないのですか。
：そのように考えても問題ないですよ。でも一般的には，上側，下側の表現を使っていますので，上側，下側で覚えたほうがいいかもしれませんね。
：はい，わかりました。
：それでは，これで終わりにしましょう。
：ありがとうございました。

Part 3 　4-1-3　財政政策とIS曲線のシフト

🐘：ここでは，IS曲線のシフトについて説明しましょう。

🐘🐘：よろしくお願いします。

🐘：いままで学習してきたIS曲線ですが，もう1つ重要なことがあります。それは財政政策を行うとシフトすることなのです。今度も数式を用いて考えましょう。

　　貯蓄関数：$S = 0.2Y - 2$　　　S：貯蓄，Y：国民所得
　　投資関数：$I = 10 - 2r$　　　I：投資，r：利子率
　　IS曲線：$r = -0.1Y + 6$

図1

利子率 r

$r = -0.1Y + 6$

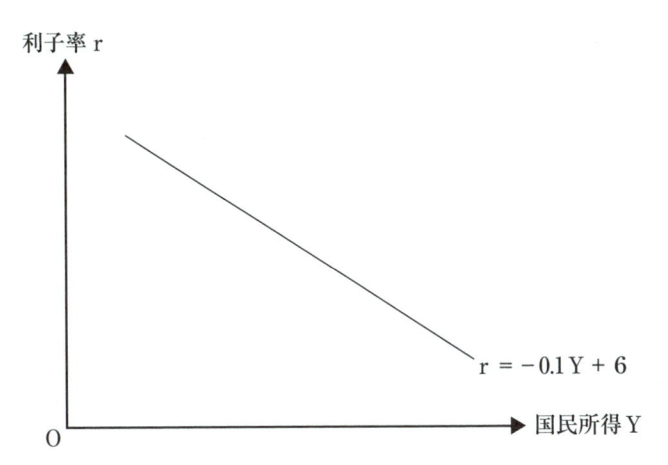

国民所得 Y

いま，IS曲線の式は $r = -0.1Y + 6$ としましょう。この状態から，政府支出を増やしたとしましょう。この政府支出は公共投資であるとすれば，利子率の変化なしに投資が増えると思ってください。また，政府の支出は乗数効果を伴いますから，その乗数効果の過程で投資が増えることも考えられますね。この乗数効果に伴って，増加する投資も利子率の変化なしに増加します。すると，投資関数は変化しますね。

🐘：変化するのは何となくわかるのですが，どのように変化するかがよくわかりません。

🐘：はい。正確には，投資関数の定数の部分が増加しますね。利子率の変化な

しに投資が増えますから，定数項の部分が増加するのですよ。

🐘：投資関数の定数の部分が増加するのは何となくわかりましたが，このときのIS曲線はどのようになるのですか。

🐘：それでは，実際に作りましょう。いまはじめの貯蓄関数と投資関数が以下のようになっています。

貯蓄関数：$S = 0.2Y - 2$　　　S：貯蓄，Y：国民所得
投資関数：$I = 10 - 2r$　　　I：投資，r：利子率

この状態から政府支出を増やすと投資関数の定数の部分が増加しますね。いま6増加したとしましょう。すると投資関数は，

$I = 16 - 2r$

となりますね。では，この新しい投資関数と貯蓄関数を使ってIS曲線を求めると，

$$S = I$$
$$0.2Y - 2 = 16 - 2r$$
$$2r = 18 - 0.2Y$$
$$r = 9 - 0.1Y \quad (IS曲線)$$

となりますね。これを図示して，はじめのIS曲線と比べてみると，どのように変化したかがわかりますね。

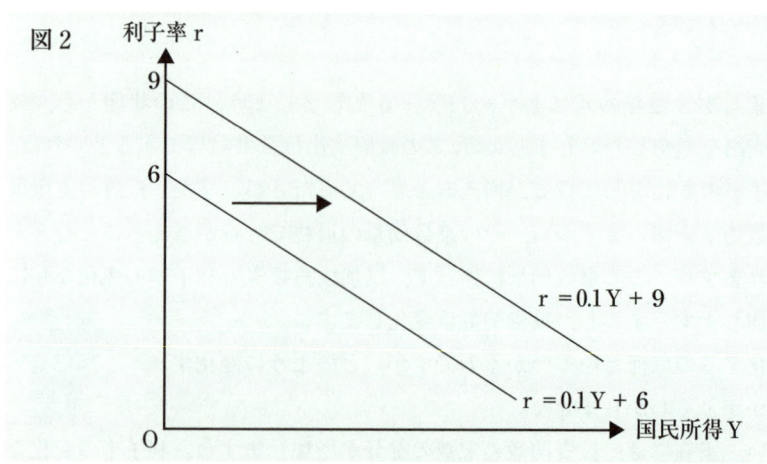

図2

(グラフ：縦軸 利子率r，横軸 国民所得Y。2本の右下がり直線。$r = 0.1Y + 9$ と $r = 0.1Y + 6$，縦軸切片はそれぞれ9と6，右向き矢印で平行シフトを示す)

このように，傾きは同じで，切片の部分が大きくなりますね。その結果，ＩＳ曲線は右にシフトすることになりますね。

> **ポイント**
> 財政政策とＩＳ曲線のシフト：政府支出を増加させるとＩＳ曲線は右にシフトする。逆に政府支出を減少させるとＩＳ曲線は左にシフトする。

：政府支出を増加させるとＩＳ曲線は右にシフトするのは，わかりましたが，政府支出を減少させるとＩＳ曲線が左にシフトするのは逆の政策だからと理解しておけばいいですか。

：そうですね。逆の政策になるからシフトも逆になると覚えておいてください。また通常は上シフトとは言わずに，国民所得が増加したことを意識して右シフトというので，この点も確認しておいてください。それでは，これで終わりにしましょう。

：ありがとうございました。

MEMO

Stage 2
貨幣市場の分析 〜LM曲線〜

ここでは，貨幣市場の均衡に注目してLM曲線を導出し，それに関連する学習をします。

Part 1 4-2-1 LM曲線の定義と導出

🐘：ここでは，LM曲線の定義と導出について説明しましょう。

🐘🐘：よろしくお願いします。

🐘：まずＬＭ曲線とは，貨幣市場の均衡を表す式になります。これは貨幣市場が均衡しているときの利子率 r と国民所得 Y との関係を表した式だと考えてもいいね。

ことばの意味

ＬＭ曲線：貨幣市場の均衡を表す曲線

🐘：貨幣市場の均衡だから，貨幣需要と貨幣供給が一致している，ということでいいのですよね。

🐘：そうですね。それでは実際に求めてみましょう。貨幣の供給を式で書くとどうなったか覚えていますか。

🐘：はい，覚えています。$\frac{M}{P}$ になりました。

🐘：それでは，貨幣需要はどのようになりましたか？

🐘：はい，確か取引的需要と投機的需要の合計でした。$L_1 + L_2$ でした。

🐘：そのとおりですね。需要と供給が一致するのが貨幣市場の均衡ですよね。その式を書きましょう。

$$\frac{M}{P} = L_1 + L_2 \quad （ＬＭ曲線）$$

この式から，利子率と国民所得の関係を求めましょう。

🐘🐘：よろしくお願いします。

🐘：貨幣需要 L_1 は国民所得の増加関数でした。また，貨幣需要 L_2 は利子率の減少関数でした。では利子率が上昇したとしましょう。このとき貨幣市場で何が起こるかな。

🐘：L_2 が利子率の減少関数だったから，利子率が上昇すると，L_2 が変化するわね。たぶん L_2 は減少するのではないですか。

🐘：そのとおりです。L_2 が減少しますね。いま L_2 が減少しましたが，このと

き日銀はマネーサプライを変化させていません。つまり$\frac{M}{P}$は変化しませんね。そうするとL_2が減少すると，次には何が動きますか。

🐘：右辺にあるL_1が動くのですか。これしか残ってないのですが…。

🐘：そうです。L_1が動きます。そのL_1は増加しますか，それとも減少しますか。

🐘：右辺のL_2が減少したとき，左辺の$\frac{M}{P}$は，変化しないので，L_1が増加します。

たとえば，

$$\frac{M}{P} = L_1 + L_2$$

$$800 = 400 + 400$$

$$800 = 500（上昇）+ 300（下落）$$

左辺が一定なので，L_2が減るとL_1が増える，ということですね。

🐘：そうです。増加しますね。ところで，このL_1は国民所得の増加関数でしたね。そうすると，このとき国民所得はどうなるかな？

🐘：L_1が増えたので，国民所得Yも増えるのですか。

🐘：そのとおりです。国民所得は増えますね。この結果，利子率が上昇すると，最終的に国民所得が増加しました。この流れを書きましょう。

図1

```
利子率 r が上昇する
        ↓
    $L_2$が減少する
        ↓
    $L_1$が上昇する
        ↓
      Yが上昇する
```

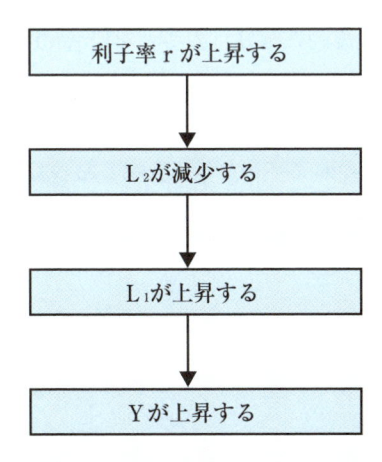

ここからいえることですが、利子率が上昇すると国民所得も上昇することがわかりますね。この関係を図示したのがLM曲線になるのですよ。

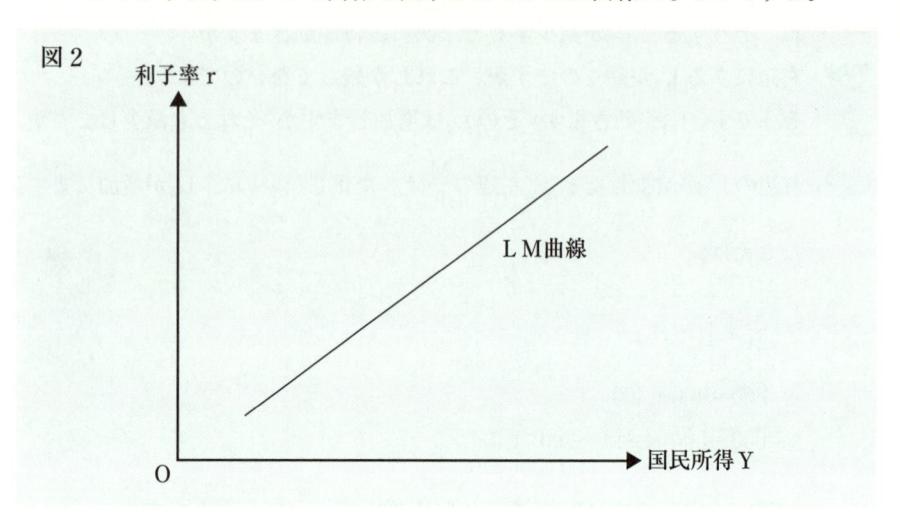

図2

[図：縦軸に利子率r、横軸に国民所得Yをとり、右上がりの直線としてLM曲線が描かれている]

このLM曲線上では貨幣市場が均衡します。

ポイント

LM曲線の性質：LM曲線上では貨幣の需要と供給が一致する。つまり、貨幣市場が均衡する。

:貨幣市場から作ったのがLM曲線ということはわかったのですが、なぜLM曲線というのですか。

:これは貨幣需要（流動性選好）のことをLiquidity preferenceといい、貨幣供給のことをMoney Supplyというので、そこからとってLM曲線というのですよ。

:貨幣の需要と供給の頭文字をとって表現したのですね。わかりやすいです。

:それでは最後に、利子率が下限に到達している流動性のわなのときの状態を図示しておきましょう。

図3

利子率 r

LM曲線

流動性のわな

国民所得 Y

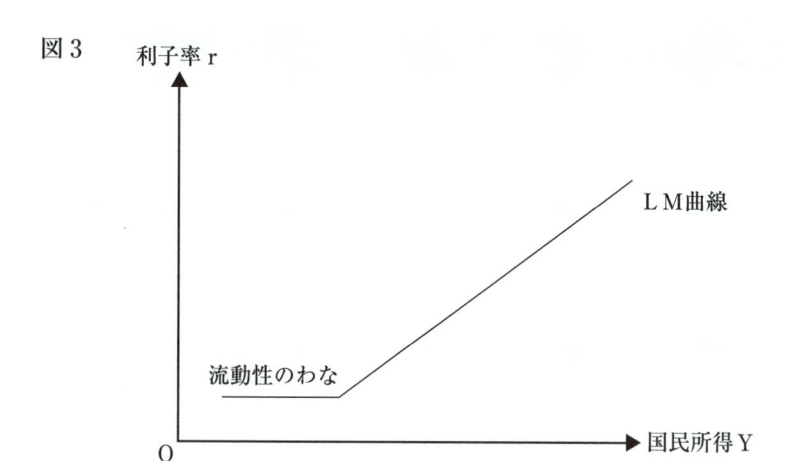

このように流動性のわなになると，LM曲線が水平になりますね。これは利子率が下限になって（債券価格が上限に到達していて）資産のすべてを貨幣で持つことになるのでこのように水平になりますね。それでは，これで終わりにしましょう。

：ありがとうございました。

Part 2 4-2-2 貨幣市場における超過需要と超過供給

🐘:ここでは，IS曲線のときと同様に，LM曲線における超過需要と超過供給について説明しましょう。

🐘🐘:よろしくお願いします。

🐘:この前のPart 1で求めたLM曲線がありましたね。そのLM曲線上では貨幣市場が均衡していました。

🐘:はい，覚えています。

🐘:ここでは，そのLM曲線の上側と下側の領域では，貨幣市場はどのようになっているのかを学習しましょう。

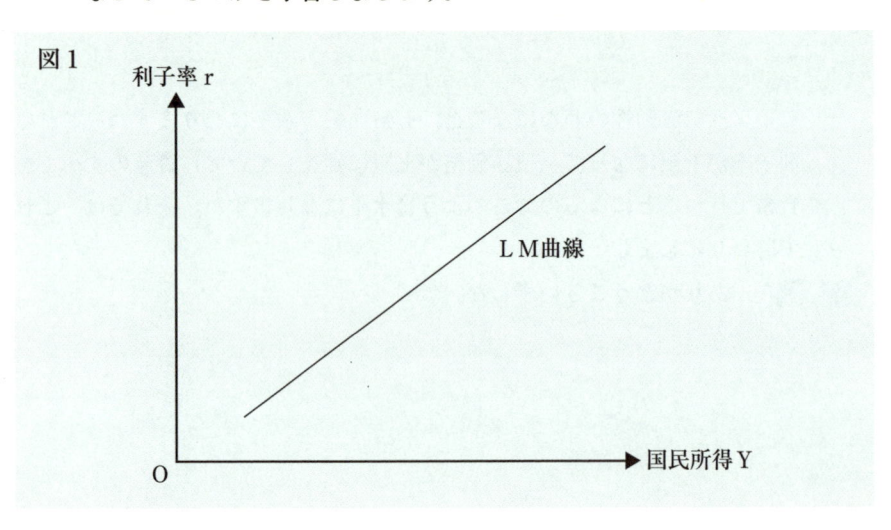

図1

(LM曲線のグラフ：縦軸 利子率 r，横軸 国民所得 Y，右上がりの直線にLM曲線とラベル)

いま，実質貨幣供給量を $\frac{M}{P}=200$ としましょう。つぎに貨幣需要ですが，L_1 と L_2 の特徴を覚えているかな。

🐘:L_1 は国民所得の増加関数でした。

🐘:L_2 は利子率の減少関数でした。

🐘:そうですね。よく覚えていました。それらも数式にして考えることにしましょう。

$$L_1(Y)=0.8Y \quad (L_1はYの増加関数)$$
$$L_2(r)=100-2r \quad (L_2はrの減少関数)$$

たとえば，前のような式でL_1とL_2が表せたとしましょう。このとき貨幣需要の式は，

$$L = L_1(Y) + L_2(r)$$
$$L = 0.8Y + 100 - 2r$$

となりますね。それでは，貨幣市場の均衡式はどのようになりますか？

🐘：貨幣の需要と供給が等しいから，

$$\frac{M}{P} = L_1 + L_2$$
$$200 = 0.8Y + 100 - 2r$$

となります。

🐘：そうですね。そしてこの式を整理しましょう。

$$200 = 0.8Y + 100 - 2r$$
$$100 = 0.8Y - 2r$$
$$50 = 0.4Y - r$$
$$r = 0.4Y - 50 \quad （ＬＭ曲線）$$

この式に数値を代入して，超過需要，超過供給を考えますね。

🐘：なんだか難しそうだな。

🐘：それでは，計算しやすく利子率を30％で一定としましょう。このとき，ＬＭ曲線にこの値を代入すると，国民所得はいくらになりますか？

🐘：$30 = 0.4Y - 50$だから，$Y = 200$になります。

🐘：そうですね。図で確認しましょう。

図2　利子率 r

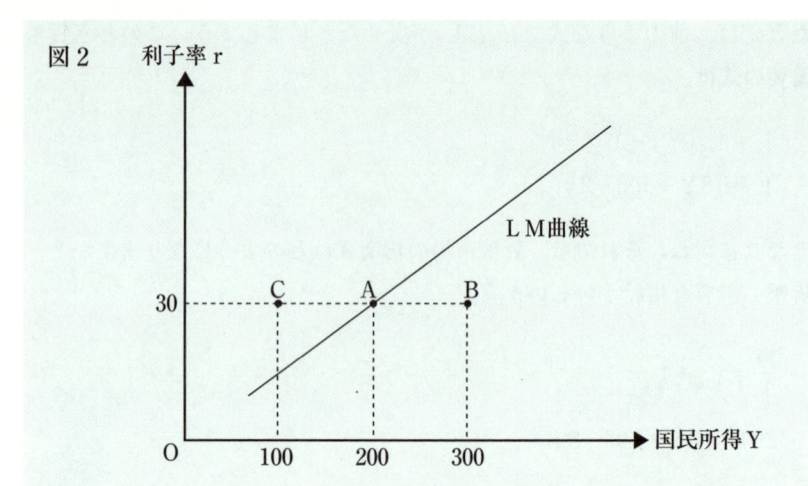

（LM曲線のグラフ：点C(100, 30)、点A(200, 30)、点B(300, 30)、点AがLM曲線上）

　　図の点Aが貨幣市場の均衡点で，利子率30％，国民所得200の点です。
🐘：これはボクにもわかります。
🐘：では，点Bの状態になると，貨幣市場はどうなるか調べましょう。点Bでは利子率30％に対して，国民所得が300になっています。
　　この場合，国民所得に反応するのはL_1でしたね。そうするとL_1は点Aのときに比べて増えるかな，それとも減るかな？
🐘：L_1は国民所得の増加関数だから，L_1は増えます。
🐘：そうすると，貨幣需要は全体としてどのようになるかな？
🐘：貨幣需要はL_1とL_2の合計で，いまL_1が増加したから，貨幣需要全体も増加すると思います。
🐘：貨幣供給はどうかな？
🐘：貨幣供給は政府の政策で行われるため，いま変化していないと思います。
🐘：そうですね。政策変数といって，政策で動く変数ですから，いまは変化していません。そうすると点Bでは，貨幣の需給はどうなっていますか？
🐘：貨幣需要の方が多くなっています。
🐘：そうですね。点Bでは貨幣需要の方が多くなっています。これは言い換えると，超過需要になっているということですね。したがって，LM曲線の下側では，超過需要になります。

🐘：なるほど何となくわかりました。
🐘：それでは，点Cではどのようになっているでしょうか？
🐘：点Bの逆だから，超過供給ですね。
🐘：もう少し正確に言わなきゃだめよ。国民所得が100で均衡点の点Aの200よりも少ないから，貨幣需要が少ないのだと思います。だから，点Cでは貨幣供給の方が多くなっていると思います。 
🐘：アキコさんの言うとおりですね。点Cでは国民所得が100で均衡点の点Aの200よりも少ないので，貨幣需要が少なくなっていますね。だから超過供給の状態になりますね。これは言い換えるとLM曲線の上側では，超過供給になることを意味します。

ポイント

LM曲線の下側：貨幣市場が超過需要になっている
LM曲線の上側：貨幣市場が超過供給になっている

この関係を図で示しておきます。それでは，これで終わりにしましょう。

図3

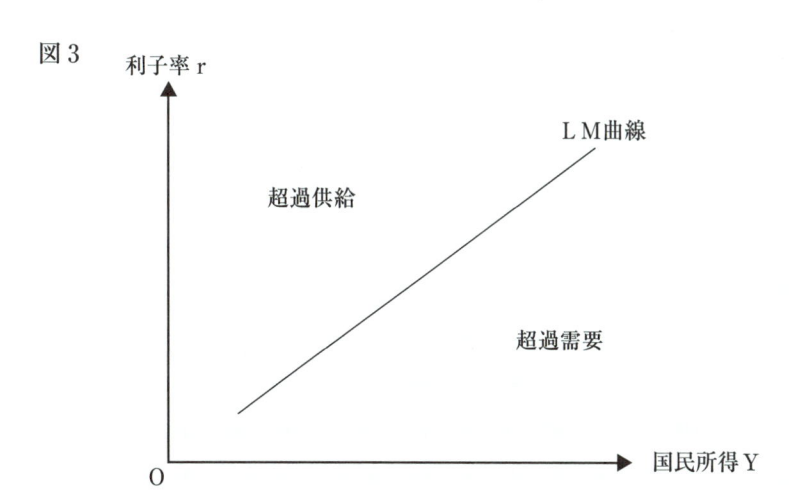

（利子率 r を縦軸，国民所得 Y を横軸とし，右上がりのLM曲線を描く。LM曲線の上側が「超過供給」，下側が「超過需要」と示されている。）

🐘🐘：ありがとうございました。

Exercise

中小企業診断士　2005年

　下図は，IS-LM曲線を描いたものである。Ⅰ～Ⅳのそれぞれの領域において，生産物市場と貨幣市場はどのような状態にあるか。その説明として最も適切なものを選べ。

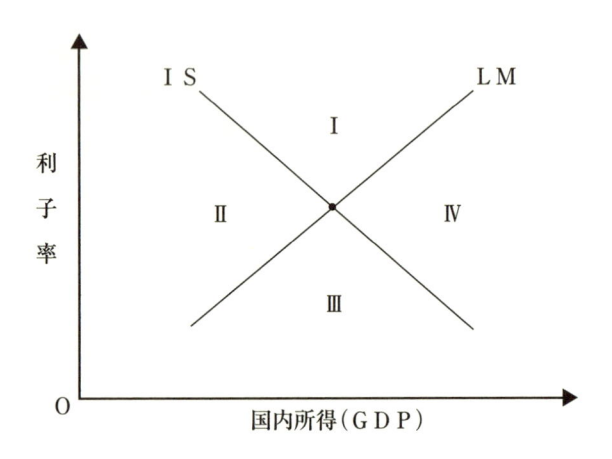

（縦軸：利子率，横軸：国内所得（GDP），IS曲線とLM曲線により区切られた領域をⅠ（上），Ⅱ（左），Ⅲ（下），Ⅳ（右）とする）

ア　Ⅰの領域では，生産物市場と貨幣市場はともに超過需要の状態にあり，Ⅲの領域では，生産物市場と貨幣市場はともに超過供給の状態にある。

イ　Ⅰの領域では，生産物市場は超過供給，貨幣市場は超過需要の状態にあり，Ⅳの領域では，生産物市場は超過需要，貨幣市場は超過供給の状態にある。

ウ　Ⅱの領域では，生産物市場は超過供給，貨幣市場は超過需要の状態にあり，Ⅲの領域では，生産物市場と貨幣市場はともに超過需要の状態にある。

エ　Ⅱの領域では，生産物市場は超過供給，貨幣市場は超過需要の状態にあり，Ⅳの領域では，生産物市場は超過需要，貨幣市場は超過供給の状態にある。

オ　Ⅲの領域では，生産物市場と貨幣市場はともに超過需要の状態にあり，Ⅳの領域では，生産物市場は超過供給，貨幣市場は超過需要の状態にある。

解説　　正解　オ

これはこのPartで学習したとおりで，IS曲線の上側は超過供給，下側は超過需要，LM曲線の上側は超過供給，下側は超過需要になる（IS曲線に関しては4−1−2参照のこと）。

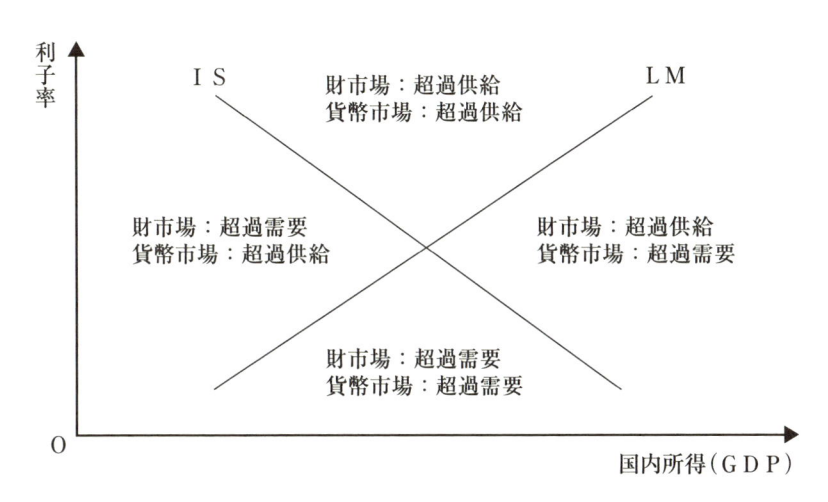

```
利子率
  │    IS              財市場：超過供給          LM
  │                    貨幣市場：超過供給
  │
  │  財市場：超過需要                    財市場：超過供給
  │  貨幣市場：超過供給                  貨幣市場：超過需要
  │
  │              財市場：超過需要
  │              貨幣市場：超過需要
  │
  O─────────────────────────────── 国内所得（GDP）
```

したがって，正解はオになる。

Part 3　4-2-3　金融政策とＬＭ曲線のシフト

🐘：ここでは，金融政策とＬＭ曲線のシフトについて説明しましょう。

🐘🐘：よろしくお願いします。

🐘：それではＬＭ曲線の図を書きましょう。この前のPart 2のケースと同じ値で式を作りましょう。

取引的需要：$L_1(Y) = 0.8Y$
投機的需要：$L_2(r) = 100 - 2r$
貨幣需要：$L = L_1(Y) + L_2(r)$
　　　　　$L = 0.8Y + 100 - 2r$
貨幣供給：200
　　　　⇩
ＬＭ曲線：$\dfrac{M}{P} = L_1 + L_2$

　　　　　$200 = 0.8Y + 100 - 2r$
　　　　　$\therefore r = 0.4Y - 50$

図1

ＬＭ曲線：$r = 0.4Y - 50$

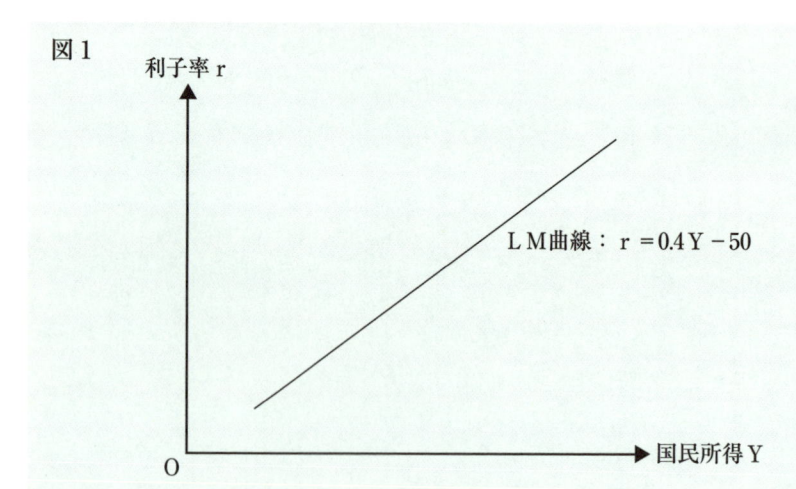

利子率 r／国民所得 Y

🐘：つまり，ＬＭ曲線は $r = 0.4Y - 50$ ということですね。

🐘：そうです。ではこの式をもとに考えて行きましょう。いま，

貨幣供給量が200から300に増加したとしましょう。これは日銀がマネーサプライを増やしたと考えてください。また，このとき物価は変化しないと仮定します。そのとき貨幣市場の均衡式はどのようになるかな？

🐘：貨幣供給量が300になるのだから，

$$300 = 0.8Y + 100 - 2r$$
$$200 = 0.8Y - 2r$$
$$100 = 0.4Y - r$$
$$\therefore r = 0.4Y - 100$$

となります。

🐘：そうですね。この式は，はじめの式と比べて右に移動していますね。図で確認してみましょう。

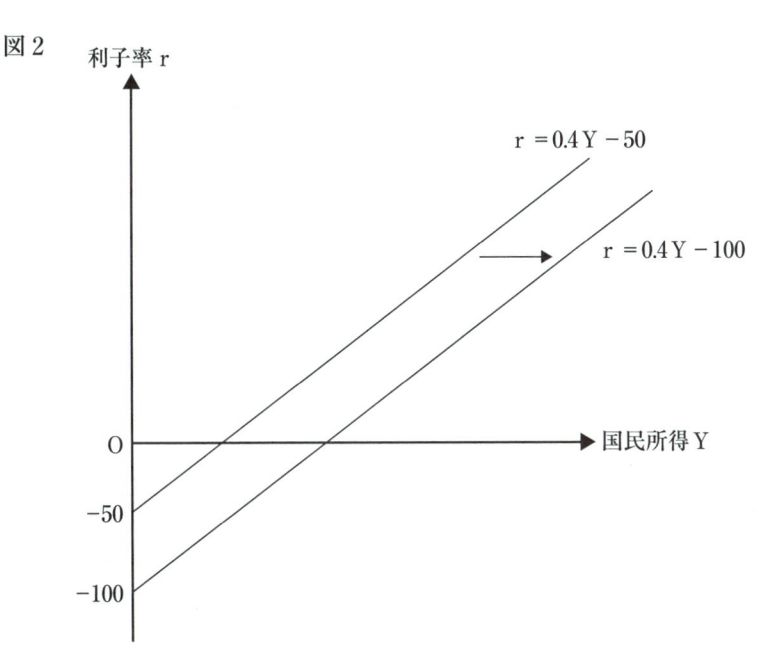

図2

利子率 r

$r = 0.4Y - 50$

$r = 0.4Y - 100$

国民所得 Y

−50

−100

🐘：先生！ なぜ右にシフトしたといえるのですか。下じゃないのですか？
🐘：切片の値を確認すればよいでしょう。−50から−100に移動していますね。これは下に移動しているように見えるけど，国民所得が増加することを意識すれば右にシフトしているように見えませんか？

:そう言えば……

:通常は下にシフトするとは言わずに，国民所得が増加したことを意識して右にシフトするというので，この表現を覚えていてください。それでは，これで終わりにしましょう。

> **ポイント**
>
> LM曲線のシフト：マネーサプライMを増加させるとLM曲線は右にシフトする。マネーサプライMを減少させるとLM曲線は左にシフトする（ただし物価Pは一定とする）。

:ありがとうございました。

Stage 3
財市場と貨幣市場の同時均衡

ここでは，財市場と貨幣市場の均衡を同時に扱うことによって，財政政策や金融政策の効果がどのように現れることになるかを，ＩＳ－ＬＭ分析の枠組みで学習します。

Part 1 4-3-1 　財市場と貨幣市場の同時均衡および調整過程

🐘：ここでは，財市場と貨幣市場の同時均衡について学習しましょう。

🐘🐘：よろしくお願いします。

🐘：いままでに，ＩＳ曲線とＬＭ曲線について学習しました。

🐘：がんばりました。（笑）

🐘：ここでは，ＩＳ曲線とＬＭ曲線を１つの図にして，均衡について考えることにしましょう。

🐘🐘：よろしくお願いします。

🐘：ＩＳ曲線とＬＭ曲線を図に表します。すると１点で交わるね。

図１

（利子率r を縦軸，国民所得Y を横軸とし，右上がりのＬＭ曲線と右下がりのＩＳ曲線が点Eで交わる図）

🐘：点Ｅで均衡するのですか？

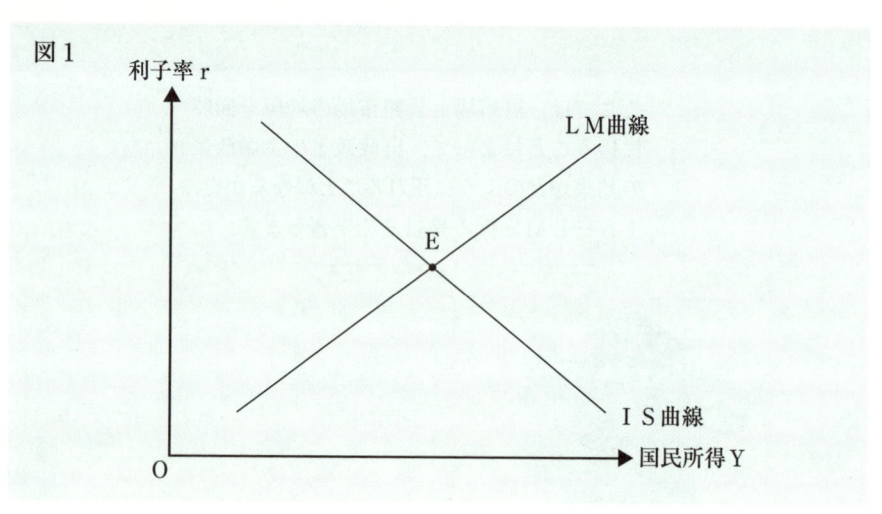

🐘：そうですね。市場経済であれば，競争原理が働き，財市場が均衡しますね。また貨幣市場も均衡しますね。そうすると最終的には両方が均衡するわけですから，点Ｅに収束するわけです。つまり点Ｅが均衡点になり，その国の国民所得と利子率が決まりますね。

> **ポイント**
>
> 財市場と貨幣市場の同時均衡：ＩＳ曲線とＬＭ曲線の交点で均衡してその国の国民所得と利子率が決まる

🐘：交点は常に1つしかないのですか。
🐘：IS曲線は右下がりでしょ。そしてLM曲線は右上がりでしょ。そうすると1点しか交点はできないじゃない。
🐘：そういえばそうですね。
🐘：通常は1点しか交点はありませんね。それでは次に，この均衡へと向かうプロセスについて学習しておきましょう。たとえばある国の経済，つまり国民所得と利子率が点Aにあったとしましょう。

図2

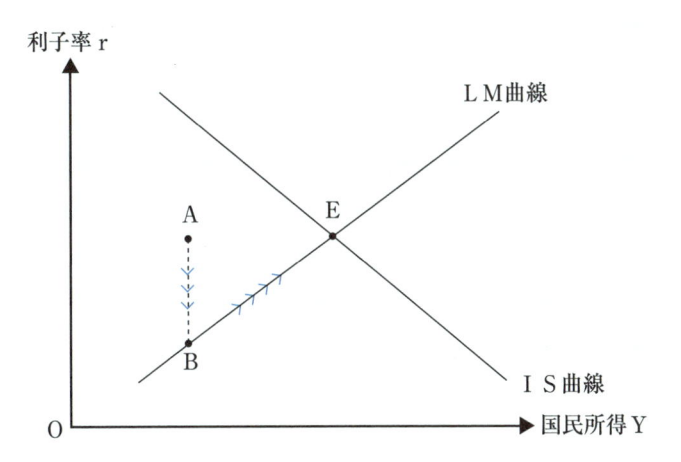

このとき，財市場よりも貨幣市場のほうが，均衡するスピードが速くなるので，点Bに移動して貨幣市場が均衡します。その後ゆっくりと財市場が均衡して最終的に点Eに収束していきます。これは，財は需給のバランスを均衡させるスピードが遅いことからこのような動きをするのです。

補足

均衡へのメカニズム：先に貨幣市場が均衡して，その後財市場が均衡する。そのため，まずLM曲線上へと移動して，LM曲線上を移動しながら均衡点に向かう動きをする。

🐘：先生！　なぜ貨幣市場の方が調整が早いのですか？
🐘：財市場は実物市場ともいうのだけれど，たとえばある企業の商品の需要が増加したときに，その需要に対応するため

にその企業が供給を増やそうとすると、設備投資をして増やさなければなりませんね。そのため時間がかかるわけです。ところが貨幣市場の場合は、たとえば利子率が上昇したとき、資産を保有する人は、貨幣の保有割合を減らし、債券の保有割合を増やしますが、こちらは債券市場で売買すれば完了しますから財市場に比べて調整の速度が速くなるのですよ。

🐘：なるほど。わかりました。

🐘：私もわかりました。財市場と貨幣市場の均衡は、貨幣の方が早くなるのですね。

🐘：それでは、市場が点Cの状況にある場合はどうなるかな？

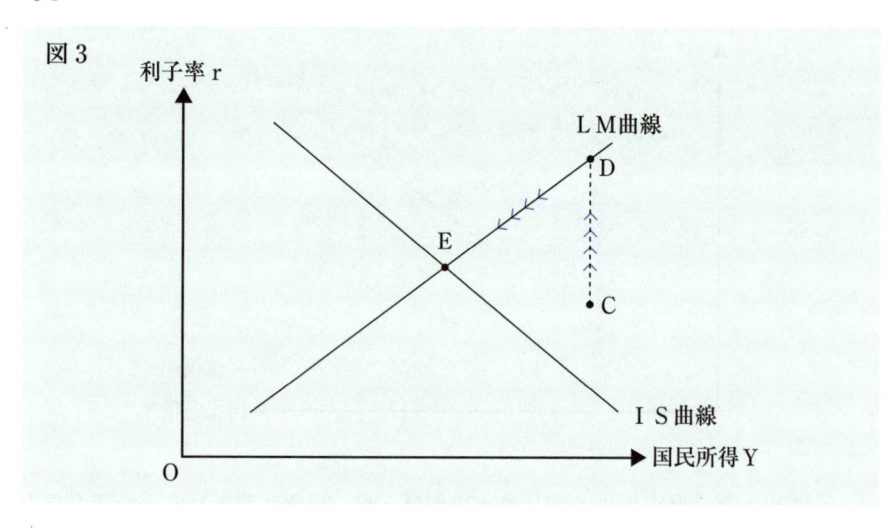

図3

利子率r

LM曲線
D
E
C
IS曲線
国民所得Y

🐘：貨幣市場の方が先に均衡するので、点DのLM曲線上に移動してから、そのLM曲線上を移動しながら均衡点に向かうと思います。

🐘：そのとおりですね。よくできました。それでは、調整過程の学習ができたので、これで終わりにしましょう。

🐘🐘：ありがとうございました。

●●● Exercise ●●●

地方上級　2003年

　ある経済において，マクロ経済モデルが次式で示されているとき，生産物市場と貨幣市場とを同時に均衡させる国民所得の大きさとして，正しいのはどれか。

$$C = 0.6Y + 30$$
$$I = 10 - 6i$$
$$L = 0.04Y + 280 - 3i$$
$$M = 760$$
$$P = 2$$

$$\begin{pmatrix} C = 国民消費 \\ Y = 国民所得 \\ I = 民間投資 \\ i = 利子率 \\ L = 実質貨幣需要量 \\ M = 名目貨幣供給量 \\ P = 物価水準 \end{pmatrix}$$

1　400
2　500
3　600
4　700
5　800

解説　　正解　2

　財市場（IS曲線）と貨幣市場（LM曲線）を求めて解く。財市場の均衡を求める。財市場は政府部門と海外部門を除くと，

$$Y = C + I$$

となる。これに問題文の式を代入する。

$$Y = 0.6Y + 30 + 10 - 6i$$
$$0.2Y = 20 - 3i \quad （IS曲線）\cdots\cdots①$$

つぎに貨幣市場の均衡を求める。

$$\frac{M}{P} = L$$

$$\frac{760}{2} = 0.04Y + 280 - 3i$$

$$3i = 0.04Y - 100 \quad （LM曲線）\cdots\cdots②$$

ＩＳ曲線とＬＭ曲線の交点が均衡国民所得になるので，①式と②式を連立させる。②式を①式に代入すると，

$0.2Y = 20 - (0.04Y - 100)$

$Y = 500$

したがって，正解は肢２になる。

Part 2 4-3-2 財政政策の効果

🐘：ここでは，財政政策の効果について学習しましょう。
🐘🐘：よろしくお願いします。
🐘：先ほどIS-LM分析から，均衡国民所得を求めました。
🐘：均衡国民所得とはヨコ軸の国民所得から求めていいのですよね。
🐘：そうです。IS曲線とLM曲線の交点における国民所得のことですね。点Eで均衡して，（均衡）国民所得がY^*になりました。

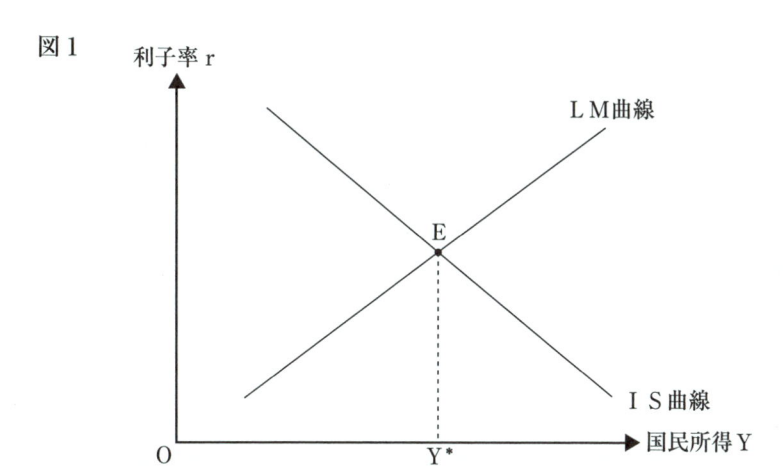

図1

利子率 r

LM曲線

E

IS曲線

Y^*

国民所得 Y

🐘🐘：これは覚えています。
🐘：この均衡国民所得ですが，この状態で失業が発生していた場合を考えましょう。この失業は市場メカニズムで解決すると思いますか。
🐘：よくわからないです。
🐘：きっと解決しないですね。なぜならば，均衡点EはIS曲線の線上ですので，財市場が均衡しますね。また，LM曲線の線上でもあるので，貨幣市場が均衡しますね。両方が均衡しているので，その意味では点Eはすごく安定した点ですね。だから，この点で失業が発生していても，マーケットメカニズムによってその失業は解決しなくなっています。
🐘：そういえばそうね。財市場も貨幣市場も需給が一致しているので，もしも

失業があったとしても，その失業は解決しないですよね。

🐘：ボクも何となくわかりました。

🐘：この失業を放置しておくわけにはいかないので，政府が政策を実施して解決するわけです。具体的にはIS曲線をシフトさせる政策と，LM曲線をシフトさせる政策の2つがあるのですが，ここではIS曲線を動かす**財政政策（拡張的財政政策）**について解説しましょう。Stage 1のPart 3で学習したのですが，IS曲線はどのようなことをするとシフトしましたか？

🐘：はい。政府の支出を増やしたり，減税したりすると，IS曲線が右にシフトしました。

🐘：そうですね。その政策を行うと失業が解決するのですよ。

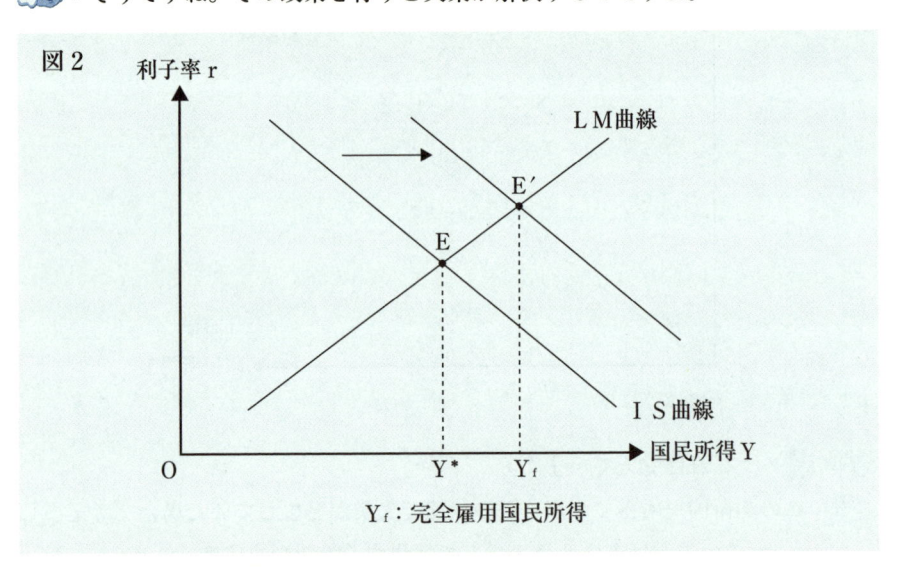

図2

利子率 r

LM曲線

IS曲線

国民所得 Y

Y_f：完全雇用国民所得

そのメカニズムを図で説明しますね。政府の支出を増やしたり，減税したりする財政政策（拡張的財政政策）を行うと，IS曲線が右にシフトして，点E´で完全雇用が実現しますね。つまり失業が解決するのですね。

🐘：なるほど。政府が財政政策をすれば失業が解決するのですね？　ただ，減税策はわかるのですが，政府の支出を増やすという財政政策とは，具体的にはどのような政策なのですか？

🐘：公共事業ですね。道路，橋，あるいは公民館を作ったりすることだね。

:減税もIS曲線を右にシフトさせるのですよね。

:そうです。政府が減税をすると，人々の可処分所得が増加するので，消費も増加しますね。だからIS曲線が右シフトするのですよ。それでは，これで終わりにしましょう。

:ありがとうございました！

Part 3 4-3-3 クラウディング・アウト

🐘：ここでは，クラウディング・アウトについて学習しましょう。

🐘：よろしくお願いします。

🐘：財政政策を行うと，IS曲線がIS′へと右シフトしてYが増加し，失業が解決して完全雇用が実現しましたね（図1）。

🐘：はい，公共事業を行ったり，減税を行ったりすると，解決しました。

🐘：この財政政策は失業を解決する手段としては，すばらしいものなのですが，マイナスの面もあります。

🐘：いいことばかりではないのですね。

🐘：そうです。下の図を見てください。

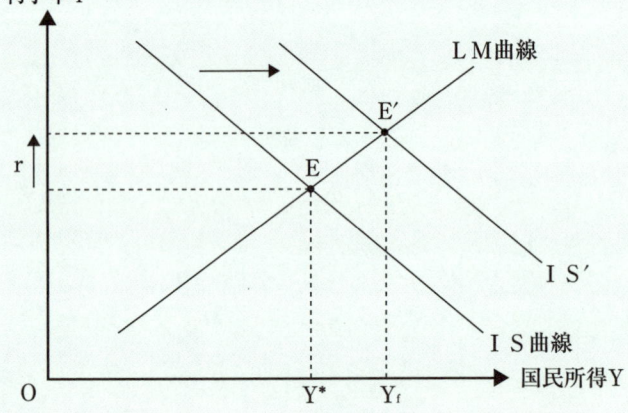

図1

利子率 r

LM曲線
E′
E
IS′
IS曲線
O　Y*　Yf　　国民所得Y

タテ軸の利子率ですが，財政政策の結果，均衡点が右上方シフトした結果，上昇していますね。

🐘：何か問題があるのですか？

🐘：そうです。利子率が上昇すると市場で何かが起こりますよね。財市場で何かが変化しますよね。

🐘：わかりました。投資は利子率の減少関数だったから，投資が減少するのですね。

🐘：そうですね。アキコさんはいいところに気付きましたね。利子率が上昇すると財市場で投資が減少しますね。そうすると

web ⑩

国民所得を減少させる方向に影響を与えてしまうのです。これをクラウディング・アウト効果といいます。

> **ことばの意味**
>
> クラウディング・アウト効果：財政政策による利子率が上昇し，投資を減少させること

🐘：せっかくの国民所得の増加を一部相殺してしまうことになるのですね。少し残念ですね。

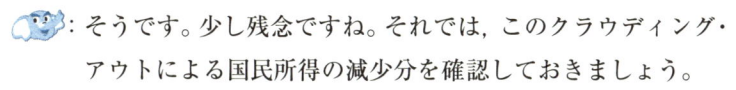

🐘：そうです。少し残念ですね。それでは，このクラウディング・アウトによる国民所得の減少分を確認しておきましょう。

図2

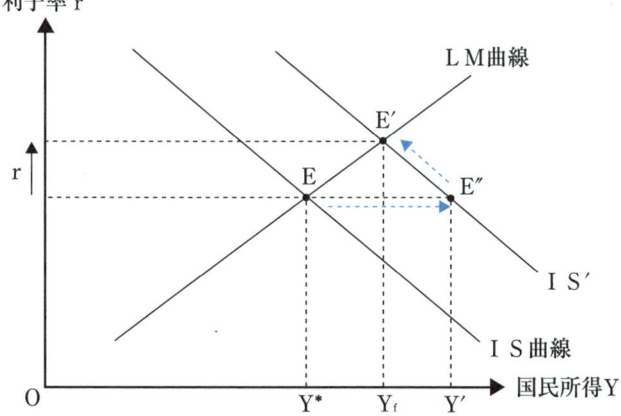

利子率 r／LM曲線／E′／r／E／E″／IS′／IS曲線／O　Y*　Y_f　Y′　国民所得Y

財政政策を行ったときに，利子率が変化しなければ，点E″になりますね。この点が，クラウディング・アウトが起こらなかった場合の国民所得です。ところが利子率が上昇すると，投資が減少しますね。そうすると，それが乗数効果を伴って，国民所得を減少させてしまいますね。国民所得の減少分はY′－Y_fの部分になるのです。それでは，終わりにしましょう。

🐘 🐘：どうもありがとうございました。

Part 4　4-3-4　金融政策の効果

🐘：ここでは，金融政策の効果について学習しましょう。

🐘🐘：よろしくお願いします。

🐘：失業が発生したとき，財政政策によって国民所得を増やすほかに，金融政策によっても解決することが可能になります。

🐘：先生，金融政策って何ですか。貨幣市場のときに行ったハイパワード・マネーを増やすことですか。

🐘：そうですよ。ハイパワード・マネーを変化させながら，マネーサプライを調節（増減）しましたね。その政策です。マネーサプライを増やす具体的方法は貨幣市場のところ（166～177ページ）で説明していますので，そこを見てください。これをＩＳ－ＬＭ分析で考えるとＬＭ曲線がＬＭ´へと右方にシフトしますね。

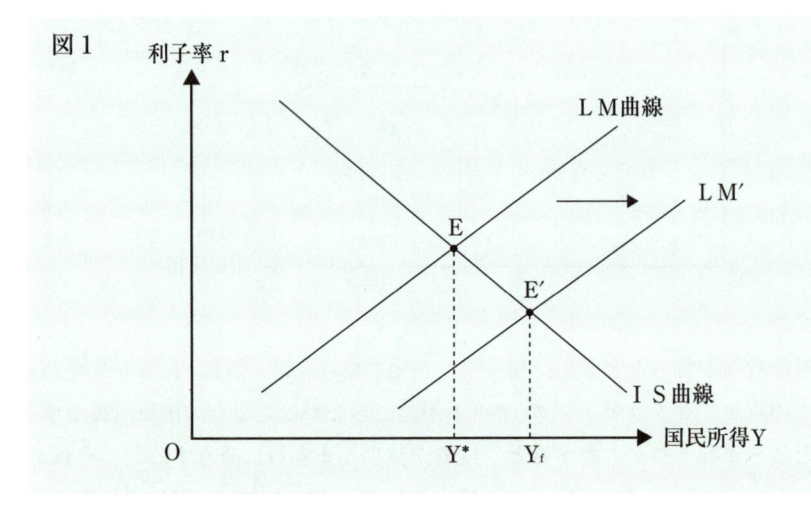

図1

利子率 r／ＬＭ曲線／ＬＭ´／Ｅ／Ｅ´／ＩＳ曲線／国民所得Ｙ／Y*／Y_f

マネーサプライを増やしてＬＭ曲線を右にシフトさせることを，金融政策または拡張的金融政策といいます。この結果，国民所得は増加することになりますね。

> **ポイント**
> 金融政策：政府がマネーサプライを増加させると，国民所得が増加する

この分析は，ケインズの理論がベースになっていますが，彼は，短期的な期間に注目した分析に焦点を当てていたので物価を一定である，として考えています。ですから，マネーサプライを増加させたとき，物価は一定で変化しないことから，実質マネーサプライが増加して，LM曲線が右シフトすると考えています。もしも物価が伸縮的で変化するのであれば，実質マネーサプライは変化しなくなってしまい，金融政策の効果はなくなってしまうことになりますね。

：国民所得決定の理論では，財市場しか考えていなかったけれど，貨幣市場についても考慮したIS－LM分析では，金融政策という新しい政策が生まれるのですね。日銀がマネーサプライを増やすことは，聞いたことのある話だけれど，その意味がようやくわかりました。

：それと，クラウディング・アウトのようなマイナスの効果はないですか。

：やや難しくなるかもしれませんが，貨幣市場がほんとに利子率を変化させるのかどうかという本質的な問題は存在しますね。さらに物価が一定という仮定もやや強引な仮定かもしれません。そのような部分が問題点として挙げられるでしょう。そもそも金融政策の本質は，マネーサプライを増やすことで，利子率を下げ，投資を活発にすることによって，国民所得を増やそうとするものなんですね。これがケインズの考えた金融政策なんですよ。

：なるほど，金融政策が何となくイメージできました。

：そうですか。それでは，これで終わりにしましょう。

：ありがとうございました。

MEMO

Stage 4
その他のIS-LM分析 〜特殊なケース〜

ここでは，通常の右下がりのIS曲線と右上がりのLM曲線を用いて財政政策や金融政策が有効になるケース以外の，政策が無効になるケースについて学習します。

Part 1　4-4-1　金融政策が無効になるケース1　〜流動性のわなのケース〜

🐘：ここでは、"流動性のわな"について確認し、政策の効果について学習しましょう。

🐘🐘：よろしくお願いします。

🐘：IS－LM分析で、現行の均衡国民所得において、失業が発生している場合には、財政政策や金融政策でもってその失業を解消することができましたね。

🐘：はい、財政政策を行うとIS曲線がシフトし、金融政策を行うとLM曲線がシフトして、国民所得が増加しました。

🐘：そうでしたね。国民所得が増加して、失業が解決しましたね。ところが、常にこれらの政策は有効であるとは限らないのですよ。IS曲線とLM曲線の形状によっては、政策が無効になってしまうことがあるんですね。

🐘：そんなことがあるのですか。常に効果があるのだと思っていました。

🐘：いいえ、IS曲線とLM曲線の形状で、政策の効果は異なってくるのですよ。実は貨幣市場のところで学習しましたが、流動性のわなという状態がありましたね。この状態がまずあてはまります。そこで流動性のわなのときの政策の効果について考えることにしましょう。まず、流動性のわなとはどんな状態でしたか？

🐘：はい、覚えています。利子率が下限になり、資産のすべてを貨幣で持とうとする状態でした。これは債券価格が上限になるために起こりました。

🐘：よく覚えていましたね。では流動性のわなの状態になると、LM曲線はどのような形になったかな。

🐘：はい、水平になったと思います。

🐘：そうですね。そのとおりです。

図1

利子率 r

LM曲線

流動性のわな（水平）

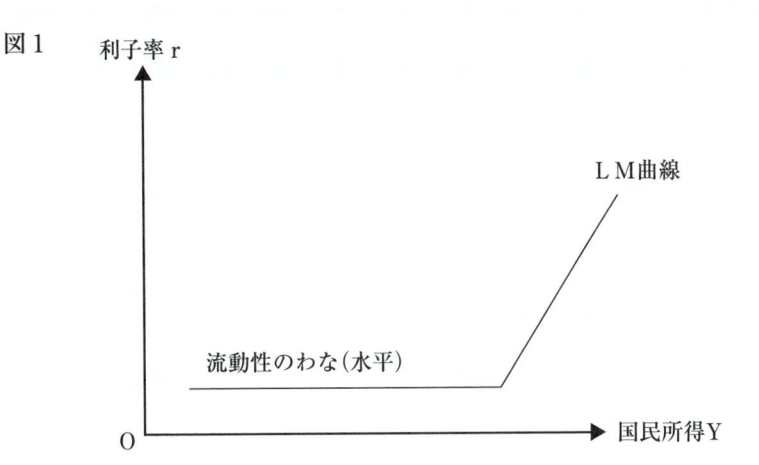

国民所得 Y

流動性のわなとは，利子率が下限になり，債券価格は上限に達して，資産のすべてを貨幣で持とうとする状態です。この状態では，利子率の変化なしに貨幣需要が発生するので，貨幣需要の利子弾力性が無限大と表現することもあります。それでは，この状態で金融政策を実施すると，どうなると思いますか？

：実際に図にIS曲線を書き込めば，わかると思います。
：そうですね。実際に書き込んで考えましょう。

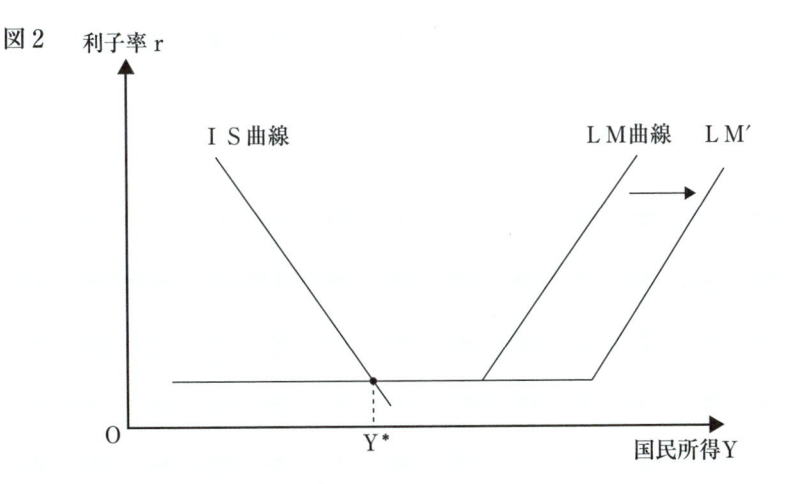

図2

利子率 r

IS曲線　　　　　LM曲線　　LM′

Y*

国民所得 Y

このとき金融政策を行って，LM曲線を右にシフトさせました。どうなっ

ていますか。

🐘：国民所得は増えていないですね。

🐘：そうですね。流動性のわなに陥ると、LM曲線が水平になるので、金融政策で右にシフトさせても、水平な部分は変化しないのですよ。だから国民所得は変化していないのです。したがって流動性のわなにあるときは、金融政策は無効になりますね。

🐘：先生！ なぜ水平な部分は右下にシフトしないのですか？ 右下にシフトすれば国民所得は増加するのではないですか。

🐘：右下にシフトするということはありません。なぜなら水平な部分では、利子率は下限になってしまっています。したがって金融政策で、日銀がマネーを増やしても、右下という下限の利子率よりも下がることはないのですよ。だから右下にはシフトせずに、右にシフトするのですよ。

🐘：なるほど、わかりました。

🐘：ちなみに財政政策を実施するどのようになるのですか？

🐘：これも図を描いて考えましょう。

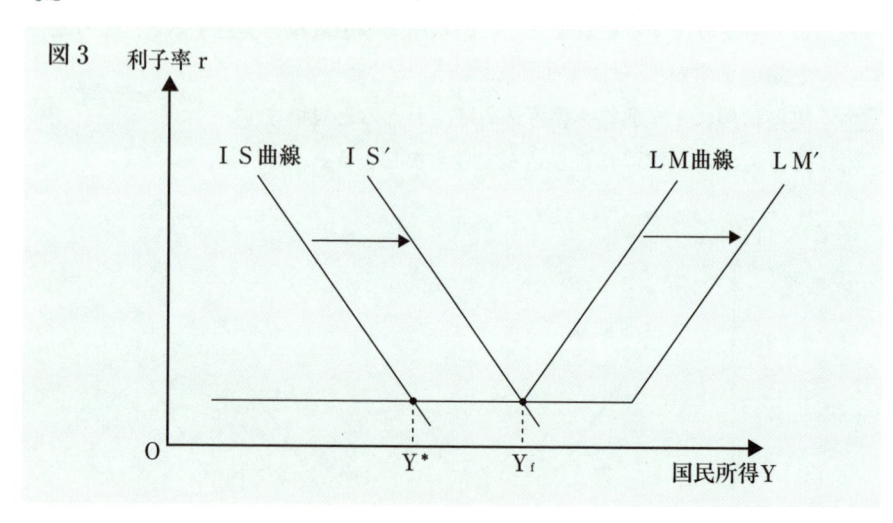

図3　利子率 r

財政政策の場合は、IS曲線が右にシフトして国民所得は増加していますね。したがって、有効になります。

> **ポイント**
>
> 流動性のわなにおける政策の効果
>
> 　　　財政政策：有効
>
> 　　　金融政策：無効

🐘：どちらの政策でも効果は同じだと思っていたのですが，異なるのですね。少し驚きました。

🐘：それでは終わりにしましょう。

🐘🐘：ありがとうございます。

Part 2　4-4-2　金融政策が無効になるケース2
　　　　　　　　～投資の利子弾力性がゼロのケース～

:ここでは，投資の利子弾力性がゼロの場合に政策を行うケースについて学習しましょう。

:よろしくお願いします。

:IS曲線を作る際に学習したのですが，投資はどういう特徴を持っていましたか？

:利子率の減少関数になっていました。

:そうですね。それでは，利子率の減少関数とはどういう意味でしたか？

:利子率が高くなれば投資は減少し，利子率が低くなれば投資は増加することだったと思います。

:そうですね。そのとおりですね。一般に投資はこのような特徴を持っています。それでは皆さんにここで1つ考えてもらいましょう。皆さんが投資家であったとします。ところが国内では，深刻な不況が長引いたとしましょう。この状態ではモノを作っても，それが売れないかもしれないし，売れそうもない雰囲気があります。さてこのとき，利子率が低くなったとしましょう。皆さんは投資を行いますか。

:投資をしてもモノが売れないような状況だと，企業経営に大きな損害を与えると思うので，あまり投資をしようとは思いません。

:利子率が低いのなら，投資をしてもいいと思うのですが，売れないのは少し怖いですね。

:確かに，ものが売れないようなムードが国内に浸透していると，利子率が低くても投資をしようと思いませんね。実際にも不況の際には，設備がすでに過剰になっていることが多いので，利子率を低く設定しても，投資が変化しないことがあります。そうすると投資は利子率の減少関数にはならなくなってしまいますね。

:投資が利子率の減少関数にならないとしたら，どのようになるのですか。

:投資は利子率に依存しなくなるので，利子率から見ると，一定になります。

:投資は一定になるということですか。

:そうですね。IS-LMの枠組みで考えるときは，投資は一定として考え

ることになります。

🐘:そうするとIS曲線はどのようになるのですか。
🐘:IS曲線は利子率に依存しないので、垂直になりますね。

図1　投資の利子弾力性がゼロのケース
IS曲線(垂直)

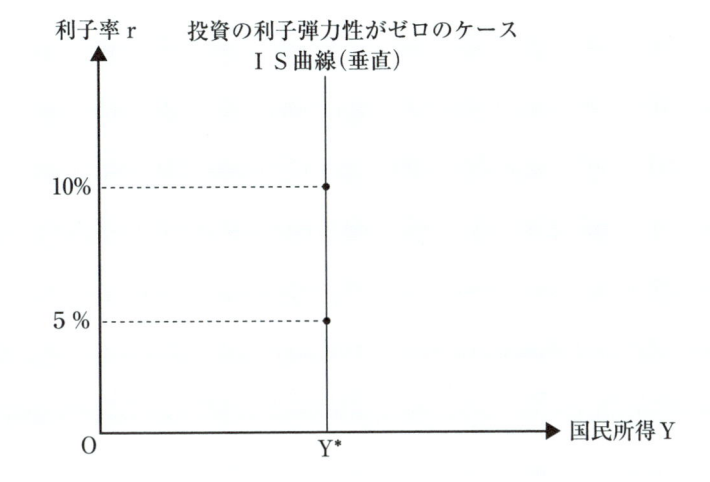

利子率が10%であろうと、5％であろうと、投資の額は変化しませんから、そのため国民所得もY*で一定になってしまいますね。だから垂直になるのです。ところでこの投資が利子率に依存しなくなる状態を投資の利子弾力性がゼロの状態といいます。これは、利子率が1％変化したときに、投資はゼロ％変化することを意味しています。つまり、利子率が変化しても投資が変化しないことを表していますね。

> **ポイント**
>
> 投資の利子弾力性がゼロの状態：利子率が変化しても投資が変化しない状態のこと。ＩＳ曲線は垂直になる。
>
> 投資の利子弾力性：$E = \dfrac{\frac{\Delta I}{I}}{\frac{\Delta r}{r}}$
>
> $\dfrac{\Delta I}{I}$：投資の変化率，$\dfrac{\Delta r}{r}$：利子率の変化率
>
> 利子率が１％変化したときに，投資が何％変化するかを表すもの

🐘：なるほど，ＩＳ曲線が垂直になるのですね。わかりました。

🐘：それではこの状態での政策の有効性について考えてみましょう。

🐘🐘：はい，お願いします。

🐘：ＬＭ曲線は通常の右上がりとして考えますね。まず，財政政策を行いましょう。するとＩＳ曲線が右にシフトしますね。このとき国民所得はどうなりますか？

図2　投資の利子弾力性がゼロ（ＩＳ垂直）

（利子率 r を縦軸，国民所得 Y を横軸にとり，垂直なＩＳ曲線が右にシフトし，均衡点が10％、Y^* から Y_f へ移動する様子を示す図。右上がりのＬＭ曲線。）

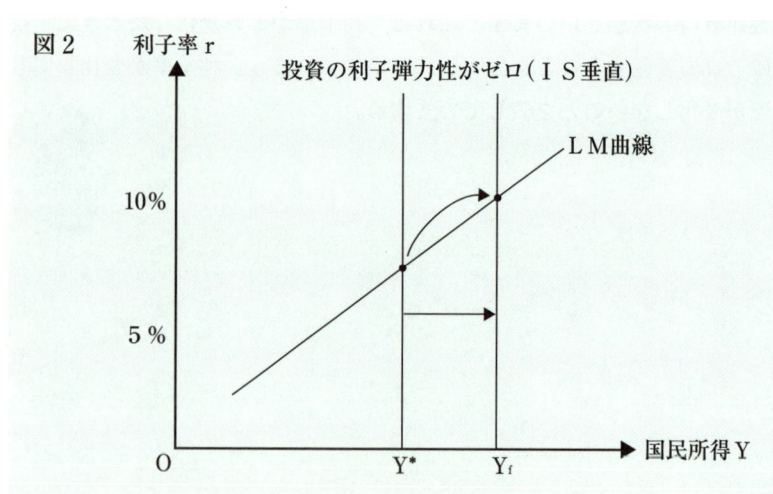

🐘：ＩＳが右シフトして，国民所得は増加しています。

🐘：そうですね。つまり財政政策は有効になります。それでは，

金融政策の場合はどうなるか考えましょう。

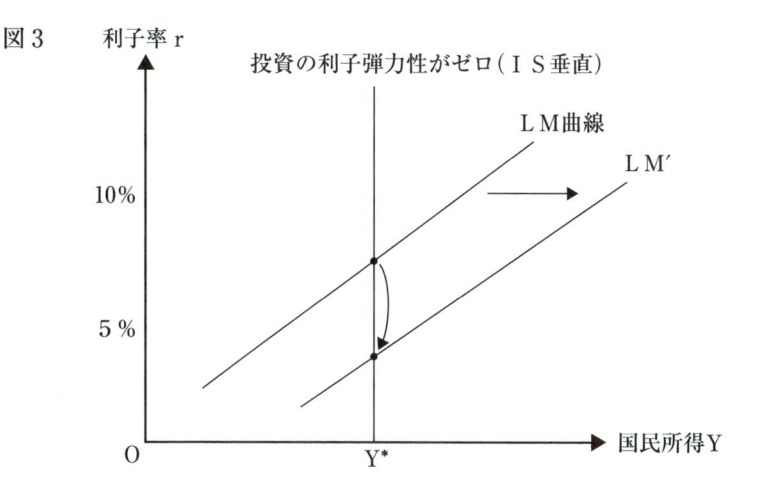

図3　利子率 r

投資の利子弾力性がゼロ（ＩＳ垂直）
ＬＭ曲線
ＬＭ′
10%
5 %
O　　　　Y*　　　　　　　国民所得Y

国民所得はどうなりますか。

🐘：ＬＭ曲線がシフトしているのに，国民所得は増加していません。

🐘：そうですね。ＬＭ曲線はシフトして，利子率が減少しましたが，国民所得は変化していませんね。つまり金融政策は無効になりますね。

🐘：なるほど。せっかくマネーサプライを増やして金融政策を行っても，投資が利子率に反応しなくなると，その政策の効果はなくなるのですね。

🐘：そうですね。つまり投資の利子弾力性がゼロのときは，財政政策は有効ですが，金融政策は無効になりますね。

ポイント

投資の利子弾力性がゼロのときの政策の効果
　　財政政策：有効
　　金融政策：無効

それでは，これで終わりにしましょう。

🐘🐘：ありがとうございました。

Part 3　4-4-3　財政政策が無効になるケース1
～貨幣数量説のケース～

: IS－LM分析は，ケインズの考えに基づくものですが，古典派の考え方を，このIS－LM分析の枠組みにあてはめて考えてみましょう。

: よろしくお願いします。

: 古典派の貨幣数量説は覚えているかな？

: はい，覚えています。

: 言葉だけですが，覚えています。

: 貨幣数量説とは，以下のようなものでしたね。要点を整理しましょう。

ポイント

M・V＝P・T　　V：貨幣の流通速度，M：マネーサプライ，
T：財の取引量（国民所得を数量表示したもの），
P：物価

マネーサプライMを増加させると同じ比率で（比例的に）物価Pも上昇する

: 思い出しました！

: この貨幣数量説の右辺にあるTに国民所得を代入して，さらに物価Pを左辺に移項し，左辺のVを右辺に移項するとどうなりますか。

: $\frac{M}{P} = \frac{1}{V} \cdot Y$ となります。

: この $\frac{1}{V}$ をkとおくと，この式は何を意味することになるのかな。

: $\frac{M}{P} = kY$ となります。これは左辺がマネーサプライの形になっています。

: 右辺は国民所得の増加関数になっています。

: そうですね。この右辺が貨幣需要になりますね。そうするとこの式には利子率が出てきませんね。つまり古典派の考える世界では，貨幣は利子率には依存しないのです。

: 貨幣需要は利子率に依存しないと，LM曲線はどのような形になるのです

か。

🐘：それでは、LM曲線を求めてみましょう。この貨幣数量説から言えるポイントは2つあります。

　　①貨幣市場は利子率に依存しない
　　②マネーサプライが増加すると物価が同じ比率で増加する

これらのポイントを押さえてLM曲線を作ると垂直になりますね。

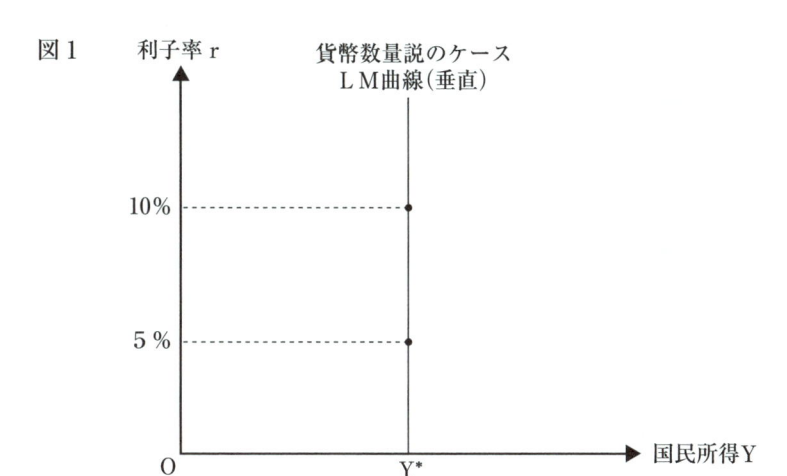

図1　利子率 r　　　　貨幣数量説のケース
　　　　　　　　　　　LM曲線（垂直）

　　　　10%　-----------------●

　　　　 5%　-----------------●

　　　　O　　　　　　　　　Y*　　　　　　国民所得 Y

貨幣数量説には利子率がないので、貨幣市場が利子率に依存しなくなりますね。これは利子率が10％であろうと5％であろうと、Yが一定になることを意味しますね。だから垂直になります。

アドバイス

貨幣数量説のケース：LM曲線が垂直になる

🐘：このときの政策の効果はどうなるのですか。

🐘：それでは、図を用いて確認しましょう。財政政策を行うとIS曲線が動きますね。

図2

貨幣数量説のケース(LM垂直)

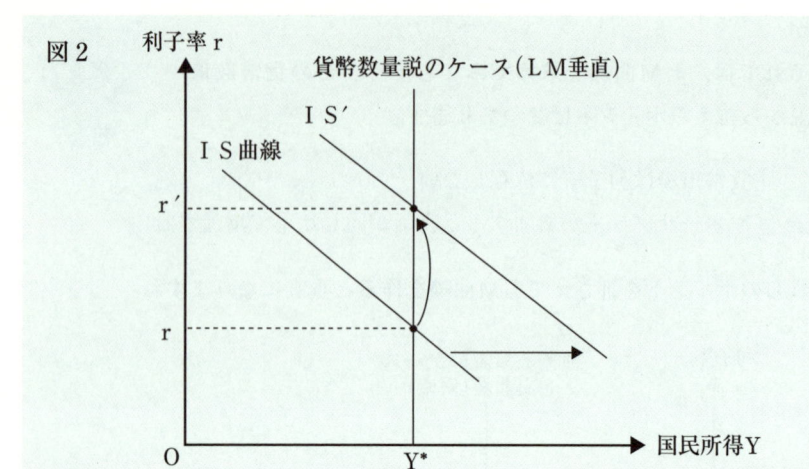

このとき国民所得は変化しないですね。つまり財政政策は無効になりますね。

:金融政策の場合はどうなるのですか。LMが右に動いて有効になるのですか。

:金融政策はあまり重要ではないので，気にしなくていいのですが，貨幣数量説では，マネーサプライを増加させると同じ比率で物価も上がるので，実質マネーサプライ $\frac{M}{P}$ が変化しなくなります。つまり金融政策は無効になりますね。

> **ポイント**
>
> 貨幣数量説のケースの政策の効果
>   財政政策：無効
>   金融政策：無効

それでは，これで終わりにしましょう。

:ありがとうございました。

Part 4 4-4-4 金融政策が無効になるケース2
～実物利子論のケース～

🐘：ここでは，古典派が想定している実物利子論のケースでの政策の効果について学習しましょう。

🐘🐘：よろしくお願いします。

🐘：古典派の貨幣数量説を以前学習しましたが，そこからいえたこととして，貨幣市場は利子率に依存しないということがありました。

🐘🐘：はい，覚えています。

🐘：それでは古典派の考えでは，利子率は何によって決まると思いますか？

🐘：そういえばそうね。何によって決まるのかしら…。

🐘：実は古典派の考えの中に，実物利子論というものがあるんです。古典派はこの実物利子論によって利子率が決まると考えているのですよ。

🐘：実物利子論という言葉は初めて聞くのですが，どのようなものなのですか。難しそうですね…

🐘：それでは説明しましょう。そんなに難しくはないですよ。実物利子論では，投資は利子率の減少関数，貯蓄は利子率の増加関数として投資と貯蓄の一致するところでその国の利子率が決まるとしています。

> **ポイント**
> 投資：利子率の減少関数（ケインズの考えと同じ）
> 貯蓄：利子率の増加関数（利子率が高くなれば貯蓄も多くなる）

ケインズとの違いは，貯蓄にありますね。ケインズの場合は，貯蓄は国民所得の増加関数でしたね。ところが，古典派では利子率の増加関数として考えます。その結果，次のような図が描けますね。

図1

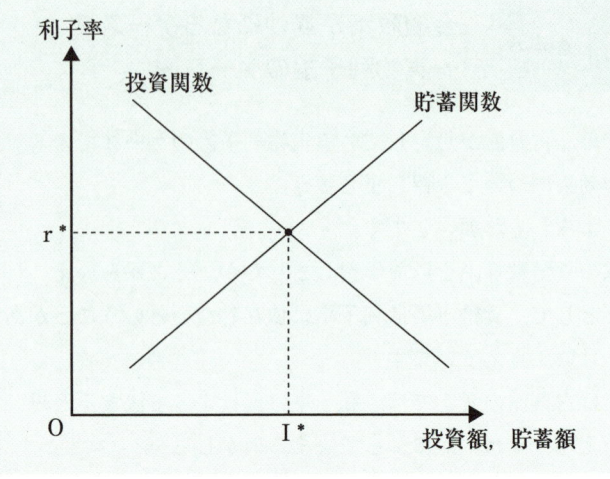

（グラフ：縦軸「利子率」、横軸「投資額，貯蓄額」。右下がりの「投資関数」と右上がりの「貯蓄関数」が交点r^*、I^*で交わる）

　古典派の実物利子論では，投資関数と貯蓄関数の交点で，その国の利子率と投資額（貯蓄額）が決まると考えられているのですよ。だから利子率は国民所得から見ると一定になってしまいますね。

🐘：先生！　貯蓄はケインズと古典派で考え方が異なるのを学習しましたが，どちらが正しいのですか。

🐘：どちらが正しいかは一概には言えませんね。経済は現実のマクロ的なダイナミズムの中で，投資や貯蓄をはじめとしたさまざまな変数が変化していますが，どの部分に依存しながら変化しているのかをはっきりと示すのは難しいですね。そのような現実のなかで，ケインズは貯蓄は国民所得に依存して動くと考えたのですが，古典派では利子率に依存して動くと考えたわけです。現実にはさまざまな要素が絡んでいることも考えられますので，どちらが正しくて，どちらが間違いと決めるのではなくて，彼らの主張を素直に受け止めるような形で学習してください。

🐘：はい，わかりました。ところで実物利子論の場合は，ＩＳ－ＬＭ分析はどのようになるのですか。

🐘：それでは図で示しましょう。利子率が，たとえば利子率$r＝5$（％）と国民所得から見ると一定になってしまうので，ＩＳ曲線が水平になってしまいますね。

図2　利子率 r

実物利子論のケース（IS水平）

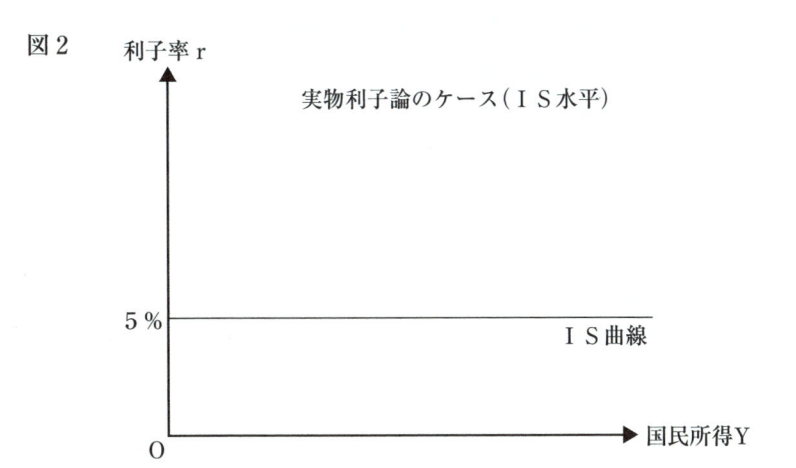

5%　　　　　　　　　　　　IS曲線

O　　　　　　　　　　　　　　国民所得 Y

アドバイス

実物利子論：IS曲線が水平になる

🐘：このときの政策の効果はどのようになりますか。

🐘：考えてみましょう。財政政策を行うとIS曲線が右にシフトしますね。しかし水平の場合は右にシフトしても外見上は何の変化もないですね。

図3　利子率 r

実物利子論のケース（IS水平）

LM曲線

IS曲線が右シフトする

5%　　　　　　　　　　　　IS曲線

O　　Y*　　　　　　　　　国民所得 Y

したがって，財政政策は無効になりますね。
: 金融政策はどのようになりますか。
: 金融政策については，利子率がIS-LMの枠組みの中で決まるものではないので，議論する意味がありません。したがって，ここでは考えなくていいでしょう。

ポイント

実物利子論における政策の効果
　　財政政策：無効

それでは，これで終わりにしましょう。
: ありがとうございました。

●●● Exercise ●●●

中小企業診断士　2005年

次の文章を読んで，下記の設問に答えよ。ただし，ここでは閉鎖経済を前提としている。

政府支出の拡大は，GDPを押し上げる効果を発揮するが，①クラウディング・アウトを引き起こし，利子率の上昇を通じて民間投資支出を減少させてしまう。したがって，クラウディング・アウトの程度が大きいほど，政府支出の拡大に伴うGDPの押し上げ効果は小さくなる。

他方で，貨幣供給の増加は，利子率の低下を通じて民間投資支出を刺激し，GDPを押し上げる。このように，金融政策は，貨幣供給の増加→利子率の低下→民間投資支出の増加という②伝達メカニズムが作用する場合に有効な景気調整の手段になり得る。

文中の下線部①について，クラウディング・アウトが発生せず，政府支出の拡大に伴うGDP押し上げ効果が発揮される場合はどれか。最も適切なものの組み合わせを下記の解答群から選べ。

　　a　投資の利子弾力性がゼロの場合
　　b　投資の利子弾力性が無限大の場合

c 貨幣需要の利子弾力性がゼロの場合
d 貨幣需要の利子弾力性が無限大の場合

〔解答群〕
ア　aとc　　イ　aとd　　ウ　bとc　　エ　bとd

解説　　正解　イ

クラウディング・アウトが起こらないのは，次の2つのケースである。

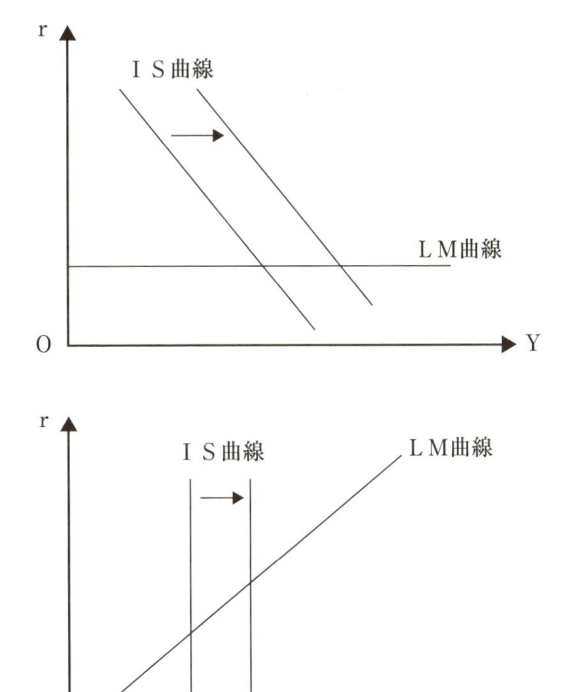

上の図が貨幣需要の利子弾力性が無限大のケース（流動性のわな）で，下の図が投資の利子弾力性がゼロのケースになる。

したがって，正解はイになる。

MEMO

第5部
労働市場の分析

マクロ経済学には，財市場，貨幣市場のほかに，労働についての市場があります。労働にも需要と供給があり，需給の一致するところで市場が均衡すると考えます。この労働市場の均衡に関しては，古典派の考えとケインズの考えがあるので，それぞれについて学習していきます。

Stage 1
古典派による労働市場の分析

ここでは，古典派の労働市場について学習します。古典派の場合は，物価や名目賃金の伸縮性を仮定するため，労働市場においては常に完全雇用が成り立つとしています。

Part 1　5-1-1　労働需要

🐘：ここでは，古典派の労働需要について学習しましょう。

🐘🐘：よろしくお願いします。

🐘：第4部までに，財市場や貨幣市場について学習してきましたね。

🐘：はい，ミクロ経済学と違って抽象的だったから，かなりわかりにくかったです。

🐘：そうですね。財市場や貨幣市場は，ミクロ経済学での特定の財のように具体的に見えるものではないのでわかりにくいと思います。でももう少しで，マクロ経済学のゴールも見えてきますので，がんばってついて来てください。

🐘🐘：はい，がんばります。

🐘：それでは，今から労働市場について学習します。実は財市場や貨幣市場のように，労働にも市場があります。もちろん市場がある以上，需要と供給があり，需給の一致するところで均衡します。今までの学習と基本は同じです。

🐘：需要と供給があるということは，今までの市場と同じように考えればいいのですね。少しほっとしました。

🐘：あまり心配しないで聞いてね。最初に，何が労働市場での需要にあたり，何が労働市場での供給かを確認しましょう。労働の需要とは，企業が労働者を雇用すること（しようとすること）であり，労働の供給とは，我々が働くこと（働こうと意思表示すること）になります。

> **ポイント**
> 労働需要：企業（生産者）が，労働者を雇うこと。または雇おうとすること。
> 労働供給：労働者（家計）が，働くこと。または働こうとすること。

🐘：先生！　労働の需要とは，たとえば企業が労働者を必要として新聞広告などに求人広告を出したりしているときの，その求人のことだと思えばいいのですか？

🐘：そうですね。新聞などの求人をイメージすればわかりやすいと思いますよ。

:それでは，労働の供給とは，私たちが働いたりすることをイメージすればいいのですか？

:そうですね。それでいいです。それでは，企業の求人数にあたる労働の需要量がどのように決まるのかを学習しましょう。

:はい。がんばります。

:古典派の場合は，労働の需要量は古典派の第1公準に基づいて決まると考えています。

:古典派の第1公準とは何ですか。

:具体的に考えましょう。あるお菓子を作る企業があり，その企業が工場設備を持っているとしましょう。その工場設備に対して，労働者を1人雇ったとしましょう。その1人がその工場で生産を行うと，1日あたり120個（12000円相当）のお菓子が作れたとします。今度はその工場にもう1人の労働者を追加したとしましょう。今度は2人で生産するので，生産量が増加しますね。そこで1日あたり200個（20000円相当）のお菓子ができるとします。同様に労働者を3人にしたとしましょう。3人で生産するので，さらに生産量が増加しますね。その結果，1日あたり260個（26000円相当）のお菓子ができるとします。以下，労働者を増やすことによって同様に生産量は増えていったとします。

表1

雇用された労働者	生産量	増加した生産量
1人	120個（12000円）	120個（12000円）
2人	200個（20000円）	80個（8000円）
3人	260個（26000円）	60個（6000円）
4人	310個（31000円）	50個（5000円）
5人	350個（35000円）	40個（4000円）

このお菓子工場は，労働者を増やすことで生産量も増加しています。増加した生産量とは，労働者を一人追加させることで増えた生産量を指します。さてこのときですが，もし労働者の賃金（日給）が8000円だったら，この工場は，何人の労働者を雇うと思いますか。

:えーと，日給が8000円だから，1人目は雇うのかな。

🐘：しっかりと考えましょうね。この工場では1人目の労働者は120個，つまり12000円分の生産を行っています。これは1人目の労働者を雇うことで日給として8000円を払うことになるのですが，一方，この労働者は12000円分の生産を行っています。そうすると皆さんがこの工場の経営者だったならば，この1人目の労働者を雇いますか？

🐘：なるほど。8000円の給料に対して，12000円の生産を行うので，この労働者を雇うことで，4000円分の利益を上げることができるのですね。だから雇いますね。

🐘：そうです。そのとおりです。それでは，2人目の労働者は雇いますか？

🐘：今度はボクが答えるね。えーと，2人目の労働者にも8000円の賃金を払うのに対して，80個，つまり8000円分の生産を行うのですね。そうすると，あれ！ ちょうど同じになってしまいますね。

🐘：そうですね。ちょうどライン上になってしまって，この工場の利益はゼロになりますね。この場合は，少なくとも損失は出ていないので，雇うとしましょう。それでは3人目はどうですか？

🐘：3人目は8000円の賃金に対して60個，つまり6000円分しか生産しないので，雇うと工場にとっては2000円の赤字になります。だから雇わないのではないですか？

🐘：そうですね。3人目は雇わないですね。つまり賃金（日給）が8000円のときは，この工場は2人まで雇うことになりますね。それでは賃金（日給）が6000円になると，この工場は何人雇いますか？

🐘：だんだんわかってきました。6000円のときは3人目まで雇うと思います。

🐘：そうですね。賃金が6000円のときは，1人目，2人目は利益を出してくれますし，3人目も損失は出しませんね。それでは賃金（日給）が5000円になると，何人雇いますか？

🐘：えーと，4人目まで雇うと思います。

🐘：そうですね。それでは，以上の関係を表でまとめて見ましょう。

表2

賃金（日給）	雇われる人数（最後の人の生産量）
8000円	2人（80個，8000円）
6000円	3人（60個，6000円）
5000円	4人（50個，5000円）

　このようにしてみると，賃金と雇われた人の生産量には，ある関係があると思いませんか？

🐘：わかりました。賃金と最後の人の生産額が一致しているのですね。

🐘：ボクもそのように思います。

🐘：そうですね。よく気付きました。そのとおりです。これは，労働者を雇うときには，その労働者に払う賃金と，その労働者が生産する生産額が等しくなるところまで雇われていることがわかると思います。実はこれが古典派の第1公準というものになるのです。

🐘：先生！　結局，古典派の第1公準とはどのような意味のものなのですか？

🐘：その労働者が生産する生産額と，賃金が等しくなることですね。この労働者が生産する生産額のことを，労働の限界生産力といい，賃金は実質賃金で表します。

ポイント

古典派の第1公準：労働の限界生産力が，実質賃金に等しくなるまで企業は労働者を雇用すること

労働の限界生産力：労働者一人を追加したときに得られる生産量（生産額）の増加分のこと

🐘：古典派の第1公準とは，企業にとっての雇用人数にあたる労働需要量の決定方法を表したものなのですね。よくわかりました。

🐘：そうですね。企業の雇用の様子を一般的に表したものと思ってください。

🐘：なるほど。ボクもわかりました。

🐘：それでは，次に考えてほしいことがあります。今，この古典派の第1公準から，賃金と労働者の関係を求めましたが，賃金が低下すると，企業の労働需要量にあたる人数はどう

🐘：なっていますか？
🐘：8000円で2人，6000円で3人，5000円で4人だから，増えていますね。
🐘：そうですね。増えていますね。つまり企業の労働需要量は，賃金が低下すると増えることになるのですね。これが古典派の第1公準からいえる重要なことなんです。そこで，この関係を次に示してみましょう。

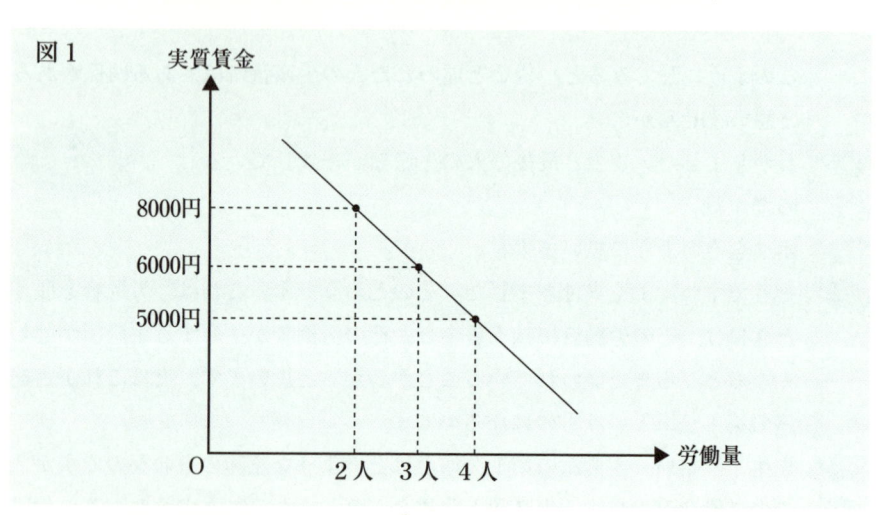

図1

（縦軸：実質賃金，横軸：労働量のグラフ。8000円-2人，6000円-3人，5000円-4人を通る右下がりの直線）

タテ軸に実質賃金，ヨコ軸に労働量をとると，労働の需要量は右下がりの曲線になることがわかりますね。

ポイント

労働需要曲線：古典派の第1公準から求めることで，右下がりの曲線になる

🐘：あのー…この需要曲線は，ミクロ経済学で学習した，財の需要曲線と同じ形なのですが…
🐘：アキコさんはいいところに気付きましたね。そのとおりです。実は古典派の第1公準から求めると，労働の需要曲線は右下がりになるのですが，これは，労働もミクロ経済学の財と同じ結果になり，同じように扱うことができる，ということなのです。
🐘：なーんだ，かなり必死に考えたのに，結果はミクロ経済学と同じなんですね。
🐘：確かに結果は，ミクロ経済学の需要曲線と同じ形になりま

すが，ここで重要なことはその結果以上に，どのような過程でこの結果が得られたのかと，ということなのです。ですから，古典派の第1公準から求めたために右下がりの関係になった，ということをしっかり覚えておいてください。

🐘🐘：はい，わかりました。

🐘：それと，確認ですが，一国全体のマクロ経済として労働需要曲線を作ったとしても，同じように右下がりになるので確認してくださいね。それでは，これで終わりにしましょう。

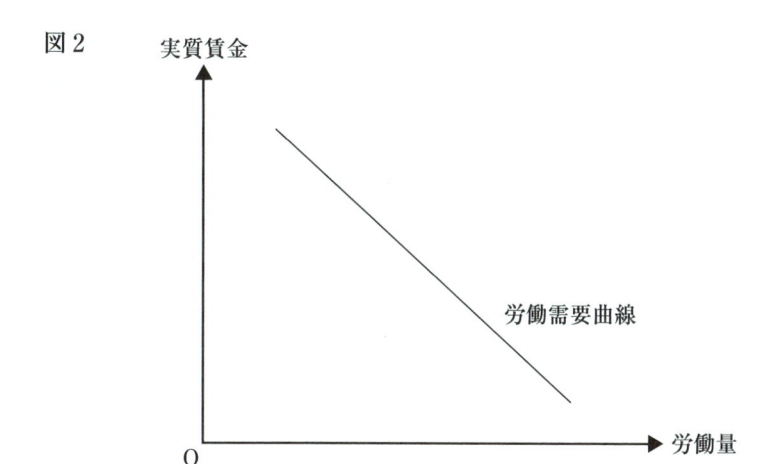

図2

（実質賃金を縦軸，労働量を横軸とし，右下がりの労働需要曲線を示すグラフ）

🐘🐘：どうもありがとうございました。

Part 2 5-1-2 労働供給

🐘：ここでは,古典派による労働供給について学習しましょう。

🐘🐘：よろしくお願いします。

🐘：前のPart 1で古典派の労働需要について学習しましたが,ここでは労働の供給について考えることにします。実は労働供給量については,古典派によれば古典派の第2公準という考え方があって,それに基づいて供給量が決定されると考えられています。

🐘：古典派の第2公準って,また難しそうな言葉だな。

🐘：あまり難しくないですから,しっかりついてきてくださいね。

🐘🐘：はい。がんばります。

🐘：もしも皆さんが明日,「お菓子工場で働いてください」と頼まれるとすると,どんな気持ちになりますか?

🐘：面倒くさいな…。

🐘：私ならば,給料次第で働きますよ。

🐘：それでは,日給が5000円だったとしましょう。皆さんはその工場で働きますか。

🐘：ボクは勉強が忙しいから,きっと5000円では働きません。

🐘：私も5000円では少ないな。だから働きません。

🐘：それでは,8000円ならどうするかな?

🐘：8000円か。微妙だけど働くかも知れないな…。

🐘：私は勉強の方が大事だから,きっとこの額でも働きません。

🐘：それでは,10000円ならどうするかな?

🐘：絶対に働きます。

🐘：私も10000円なら,働こうかしら…。

🐘：皆さんはいま,賃金の額で働くか,働かないかを考えましたね。実はこれが古典派の第2公準というものなんですね。

🐘：ふだんから考えていることを述べただけなのですが…。

🐘：古典派の第2公準とは,我々が働くか,働かないかを決定する,その決定に関するものなんですね。今,マナブ君もアキコさんも,賃金が上がれば働くようになりましたね。これが第2公準なんですよ。実は我々は,働く

と，疲れたりストレスが溜まったりして不愉快な気分になりますよね。できれば，働くよりものんびりと余暇を楽しむほうがいいですよね。これは誰でも思うものなのですが，この不愉快な気分と実質賃金を考えて，実質賃金のほうが上回れば，働くことになるのです。いま，皆さんも，働くということによって失われてしまう勉強時間がありますよね。これがここでいう不愉快な気分で，これと賃金との比較で働くかどうかを考えたと思います。

：まったくそのとおりです。
：私も勉強時間がとても気になりました。
：この不愉快な気分のことを，経済学では，労働の限界不効用といいます。

ことばの意味

古典派の第2公準：労働の限界不効用が実質賃金に等しくなるまで，労働を供給すること

：限界不効用って，よくわからないので，もう少し詳しく説明していただきたいのですが…。
：えーと，限界とは，追加的に1単位増加させる，と言う意味ですね。不効用とは効用の逆ですね。つまりマイナスの効用です。だから正確には，労働1単位の追加的な増加によって得られる不愉快な気分の増加分と思えばいいでしょう。

ことばの意味

労働の限界不効用：労働を1単位追加的に増やしたときに追加的に発生する不効用の増加分のこと

それでは，先ほどの皆さんの行動を図示しましょう。

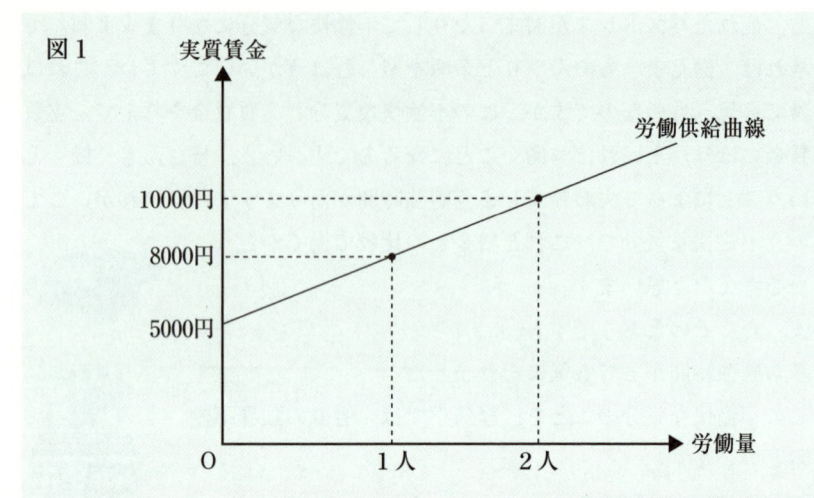

図1

実質賃金／労働供給曲線

10000円 — 2人
8000円 — 1人
5000円

労働量

　　この図のように、労働の供給は古典派の第2公準で行われることがわかりました。それではその労働供給量は、賃金が上がるとどうなっていますか？
🐘：賃金が上がると、より多く働くようになっていると思います。
🐘：私もそう思います。
🐘：それでは、国全体では賃金が上がると労働供給はどうなると思うかな？
🐘：国全体で考えても同じだと思います。
🐘：そうですね。国全体で考えても同じになります。つまり賃金が高いと多く働き、賃金が少ないとあまり働かなくなりますね。それではこれを図示してみましょう。

図2

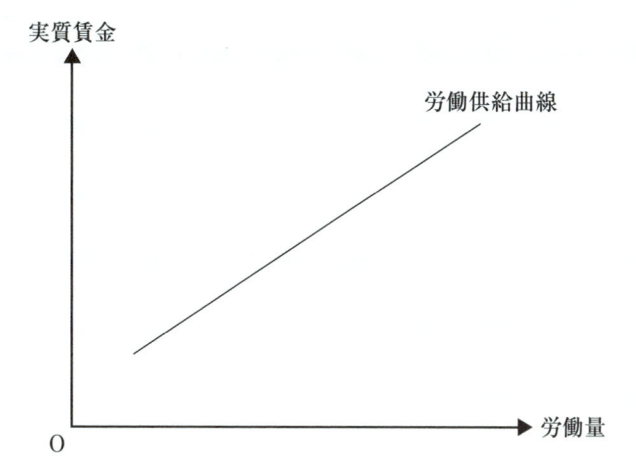

実質賃金／労働供給曲線／労働量

労働供給曲線は右上がりの曲線になりますね。
- 🐘：先生！　これはミクロ経済学の供給曲線と同じ形なのですが…
- 🐘：そうですね。労働も1つの財と考えると，ミクロ経済学の1つの財のケースと同じ形になりますね。

ポイント

労働供給曲線：古典派の第2公準から求めると，右上がりの曲線になる

- 🐘：でも，労働の供給量ってこんなにスムーズに右上がりになるのかしら？賃金が上がれば労働供給が増えることは何となくわかるけれど，上がりすぎると，かえって働かなくなるし，賃金が下がるときは，このようにスムーズに供給が減るように動くのかしら？　生活のために働かざるを得ない場合もあると思うのですが…。
- 🐘：確かに賃金が下がるのはいやだよね。ボクだったら抵抗するかも…。
- 🐘：マナブ君の言うことはある意味正しいかもしれませんね。しかし古典派は，長期的に見るとこのように賃金は伸縮的になり，右上がりの労働供給曲線が得られると考えているんですね。賃金が上がりすぎて働かなくなるとか，賃金が下がるような局面でそれに抵抗する，というのは短期的なものと考えてください。それでは，これで終わりにしましょう。

> **補足**
> 古典派の労働市場の性質：賃金Wや物価Pが十分に伸縮的な長期の状態を仮定した分析である

：どうもありがとうございました。

Part 3　5-1-3　労働市場の均衡

🐘：ここでは，古典派の場合の労働市場の均衡について学習しましょう。

🐘🐘：よろしくお願いします。

🐘：先ほどまでに，労働の需要と供給について学習しました。まずは復習しましょう。労働の需要は何を基準にして求めましたか。

🐘：古典派の第1公準に基づいて作りました。その結果，右下がりの曲線になりました。

🐘：そうですね。そして，労働の供給曲線は何を基準にして求めましたか。

🐘：えーと，古典派の第2公準に基づいて作りました。その結果，右上がりの曲線になりました。

🐘：そうですね。皆さんよく覚えていました。それでは，労働の需要曲線と労働の供給曲線を1つの図に表してみましょう。

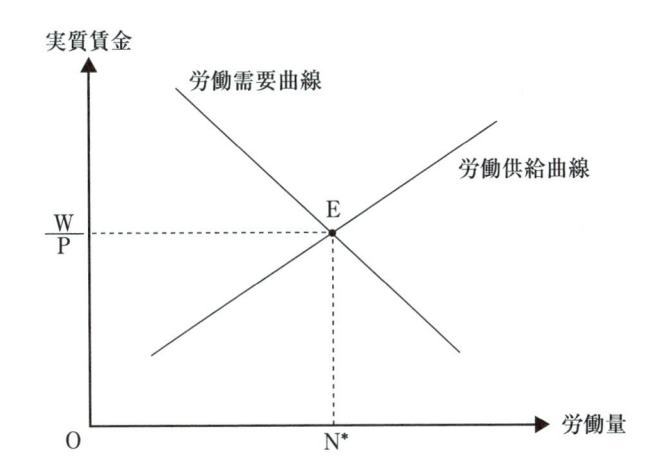

図1

両方の線を1つの図にすると，1点で交わりますね。この点が均衡点になり，その国の労働量と実質賃金が求められます。

🐘：これが労働市場の均衡点なんですね。そんなに難しくないな。

🐘：そうですね。右上がりの供給曲線と右下がりの需要曲線という経済学ではおなじみとなっている図になっていますね。ところで，このおなじみの図が意味することは，労働にも需要と供給があって，交点で均衡するという

ことで，経済学のメカニズムが機能することなんですね。

> **ポイント**
> 古典派の労働市場の均衡：マーケットのメカニズムが機能して，労働需要曲線と労働供給曲線の交点で均衡する

ここで皆さんに考えてもらいましょう。いま均衡における実質賃金が，$\dfrac{W}{P}$ になっています。これはマーケットメカニズムによって需給のバランスが均衡して得られた賃金ですね。この賃金のとき，市場の労働需要はどれだけになりますか？

🐘：えーと，労働需要は労働需要曲線で決まるでしょ。だから賃金が $\dfrac{W}{P}$ のときは，労働需要は点 E で N^* になるのかしら。

図2

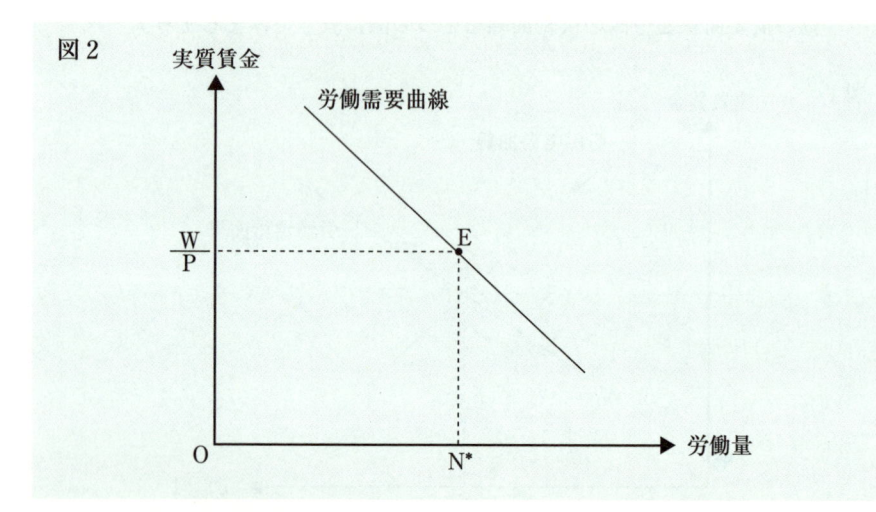

（労働需要曲線のグラフ：縦軸 実質賃金，横軸 労働量，点 E において実質賃金 $\dfrac{W}{P}$ ，労働量 N^*）

🐘：アキコさんは優秀ですね。そのとおりです。労働需要曲線の $\dfrac{W}{P}$ における数量を求めればいいですね。だから N^* になりますね。それでは，賃金が $\dfrac{W}{P}$ のときの，労働供給はどれだけになりますか？

🐘：えーと，労働供給曲線で考えればいいので，点 E の N^* になるのかな。

図3

実質賃金

労働供給曲線

$\frac{W}{P}$ ・・・・・・・E

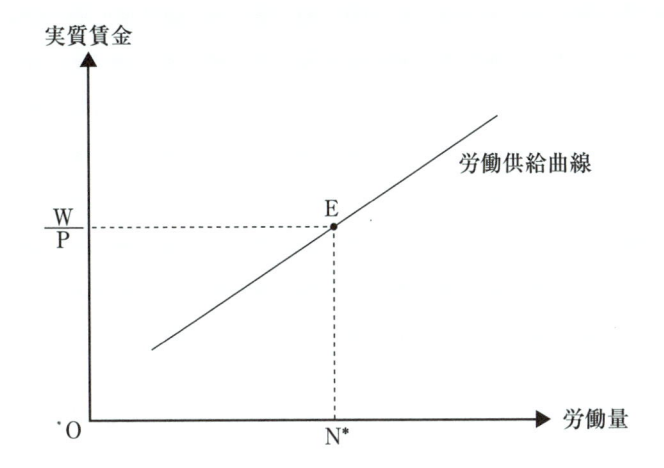

O　　　　　N*　　　　労働量

🐘：そうですね。そのとおりです。そうすると，この均衡の賃金では，労働の需給はどのようになっていますか。

🐘：労働需要が N* で労働供給も N* になっています。

🐘：そうですね。これは何を意味しますか。

🐘：えーと，どちらも同じであることを意味しています。

🐘：もう少しですね。同じであるから，国内の失業はどうなるの。

🐘：わかったわ！　国内の失業はゼロということですね。

🐘：そうです。つまり均衡点では，国内の失業は発生していない，ということなのです。これはマーケットメカニズムが機能して均衡点の賃金が決まれば，その点では失業は発生しないことを意味します。

🐘：失業が発生しないということは，完全雇用ということですか。

🐘：そうです。古典派によれば，均衡点では完全雇用が成り立つのです。

補足

労働市場の均衡点：失業が解消して，完全雇用が成り立つ

図4

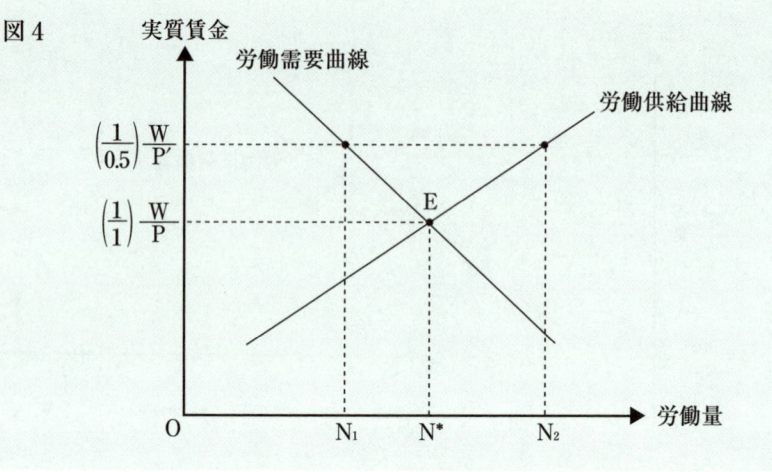

実質賃金・労働需要曲線・労働供給曲線のグラフ。縦軸は実質賃金で、$\left(\dfrac{1}{0.5}\right)\dfrac{W}{P'}$ と $\left(\dfrac{1}{1}\right)\dfrac{W}{P}$ の水準が示され、横軸は労働量で N_1, N^*, N_2 が示されている。均衡点はE。

さて、この図を見てください。古典派の場合は、物価Pや賃金Wの伸縮性を仮定していましたね。

🐘：先生、**伸縮性**って何でしたっけ？

🐘："スムーズに上下動して変化する"、ということですよ。この反対は硬直性という言葉で、動かない、あるいは動きにくいという意味になります。ケインズのところで出てくるので、今のうちに確認しておいてください。

🐘：はい。

🐘：図4に戻りましょう。仮に物価Pが1から0.5に下落して、実質賃金が $\dfrac{W}{P'}\left(\dfrac{1}{0.5}\right)$ になったとしましょう。このとき、労働需要はN_1になりますね。そして労働供給はN_2になりますね。労働市場の需給のバランスがずれました。しかし古典派の場合は、物価Pや賃金Wの伸縮性を仮定するので、賃金Wが下落して元の均衡点に戻るのです。したがって、一時的に需給のバランスは崩れますが、やがて（長期的には）、均衡します。つまり常に完全雇用が成り立つことになるのです。

🐘：なるほど。マーケットメカニズムが機能して、常に $\dfrac{W}{P}$ で均衡する、ということなのですね。

:そうですね。だから古典派では，常に完全雇用が成り立つのですよ。

> **アドバイス**
> 古典派の労働市場から言えること：マーケットメカニズムが機能して，常に完全雇用が成り立つ

:でも，日本に限らずどこの国でも失業が発生しているのに，常に完全雇用だなんて，何だかなじめないですね。

:確かに，そのように感じるかもしれませんね。しかし，古典派の想定している状況は，短期的なものではなくて，長期的なものなのです。つまり長い時間をかけて，労働市場が均衡して，その均衡点の水準で賃金が決まれば，やがて失業はなくなり，完全雇用になる，としているのです。長い時間をかけて得られる長期の均衡点だと理解してくださいね。

:はい，わかりました。

:それでは，終わりにしましょう。

:はい，ありがとうございました。

MEMO

Stage 2
ケインズ派による労働市場の分析

ここでは，ケインズ派による労働市場についての考え方を学習しましょう。ケインズ派の場合は，古典派と異なり短期の状態を考えています。短期の状態を前提とすると，価格や賃金に硬直性が生じるため，市場メカニズムに任せても失業が解消しなくなってしまいます。これらを前提として分析を行います。

Part 1　5-2-1　労働需要

🐘：それでは，ケインズ派の考え方に基づいて，労働需要についての学習をしましょう。

🐘🐘：よろしくお願いします。

🐘：ケインズは，古典派の第1公準は認めていましたが，何と第2公準は否定していたのでした。ところで，古典派の第1公準と第2公準は覚えていますか？

🐘：はい，覚えています。古典派の第1公準は，労働の限界生産力が実質賃金に等しくなるまで労働を需要するというものでした。

🐘：ボクも覚えています。古典派の第2公準は，労働の限界不効用が実質賃金に等しくなるまで労働を供給するというものでした。

🐘：皆さん優秀ですね。実はこの古典派の第1公準，第2公準という言葉は，そもそもケインズが名付けたものなんですよ。そしてケインズは，この古典派の第1公準については賛同したので，古典派と考え方は同じものになるのでした。古典派の第1公準は労働需要に関するものでしたから，これを使ってケインズ派にとっての労働需要量の決定方法をまとめておきましょう。

> **ことばの意味**
> 古典派の第1公準：労働の限界生産力が実質賃金に等しくなるまで企業は労働者を雇用すること

古典派の第1公準を使って求めるので，ケインズ派の労働需要についての考え方は古典派と同じになるということを忘れずにいてください。それでは，古典派の労働需要曲線はどんなものでしたか？

🐘：普通の需要曲線と同じで，右下がりになりました。

🐘：そうですね。図示しておきましょう。

図1　実質賃金

労働需要曲線

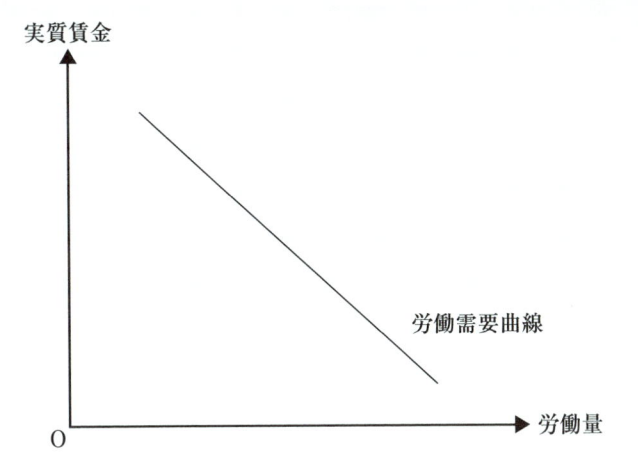

0　　　　　　　　　　　労働量

> **ポイント**
> ケインズ派の労働需要曲線：古典派と同じで，右下がりの曲線になる

　ケインズの考える労働需要曲線は，古典派のものと同じ形になるので，しっかりと覚えておいてください。それでは，これで終わりにしましょう。
：ありがとうございました。

Part 2 5-2-2 労働供給

🐘：ここでは，ケインズ派の考え方に基づいた労働供給についての考え方を学習しましょう。

🐘🐘：よろしくお願いします。

🐘：ケインズは，労働の供給に関しては，古典派の考え方を否定しました。古典派の労働供給については覚えているかな？

🐘：古典派の第2公準で労働を供給するとしていました。労働の限界不効用が実質賃金に等しくなるまで労働を供給するとしていました。

🐘：そうですね。もう少し補足しておくと，古典派は，労働の限界不効用が実質賃金に等しくなるところで労働供給量を決定することと，物価Pや名目賃金Wの伸縮性を仮定しています。ところでケインズ派の場合は，この古典派の労働供給に対する考え方を否定しています。そして物価の硬直性と，名目賃金の下方硬直性を主張しています。

🐘：名目賃金の下方硬直性とは何ですか。きっと初めて聞きます。

🐘：言葉から推測すればわかるわよ。名目賃金Wが下方に，つまり下落する方向には硬直化する，ということよ。下方に対しては動かない，ということですよね？

🐘：わかりました。

🐘：でも，なぜ名目賃金の下方硬直性がいえるのかしら…？

🐘：はい。ケインズは，労働者は実質賃金$\frac{W}{P}$以上に名目賃金Wに関心を持っており，その名目賃金は上昇については特に問題ないが，下落に関しては労働者が強く抵抗するため，下落に対して硬直的になると考えているのです。だから名目賃金の下方硬直性を主張しているのです。

ポイント

ケインズの労働市場の特徴：
- 労働者は名目賃金に関心がある
- 名目賃金の下方硬直性

🐘：なるほど。ところで物価の硬直性を考慮していたのはなぜですか？

🐘：これは先進国の経済を考えてみればすぐに想像できますが，短期的に考えたときには，国全体の物価は通常は，どちらかと言えば動きにくい，あるいは動かないもの，と考えているからなんですね。だから物価の硬直性を主張しているのです。

🐘：なるほど。わかりました。

🐘：それでは，ケインズ派による労働供給について求めましょう。ケインズは労働供給を次のように考えていたんですね。

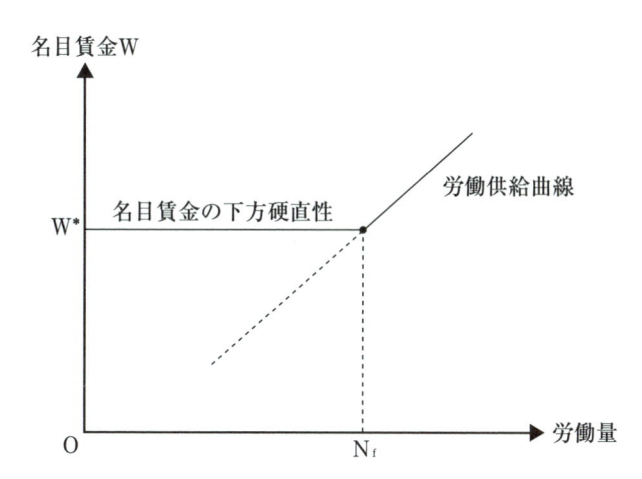

図1

名目賃金W

名目賃金の下方硬直性

労働供給曲線

W^*

O　　　N_f　　　労働量

ケインズは，名目賃金には下方硬直性の性質があり，いったん労働市場でW^*が決定すると，下方に向かうことに関しては硬直的になってしまうため，水平な部分ができる，と考えたのでした。だからこのような労働供給曲線になるのですね。

ポイント

ケインズ派の労働供給：名目賃金の下方硬直性と物価の硬直性を仮定するため，労働供給曲線に水平な部分が生じる

🐘：先生！　質問なのですが，N_fの部分は何を意味しているのですか。

図2

名目賃金W

労働供給曲線

水平な部分では不完全雇用になる

右上がりの部分では完全雇用になる

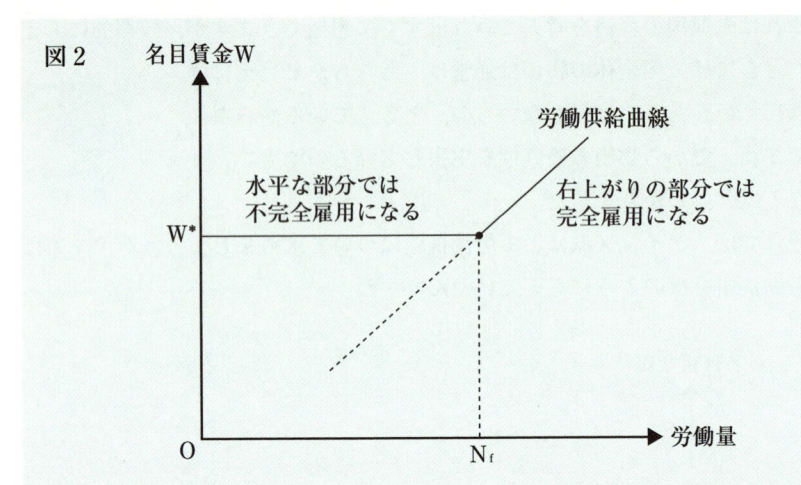

W*

O　　　　　　　Nf　　労働量

🐘：これは、賃金水準がW*であるときの、完全雇用水準を表していますね。賃金がW*のとき、NfまでÂ雇用があれば、完全雇用になるのですが、雇用量がNfよりも少ない場合は、不完全雇用になりますね。ここで古典派と比較しておきましょう。

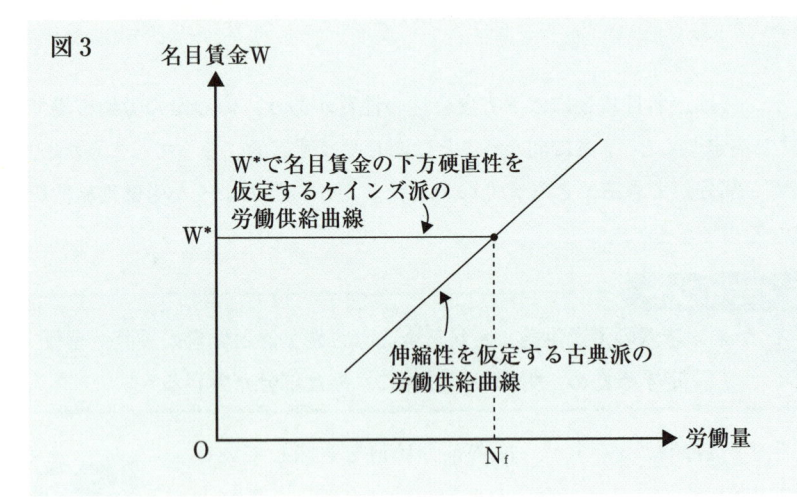

図3

名目賃金W

W*で名目賃金の下方硬直性を仮定するケインズ派の労働供給曲線

W*

伸縮性を仮定する古典派の労働供給曲線

O　　　　　　　Nf　　労働量

> **アドバイス**
>
> ケインズ派の労働供給：名目賃金の下方硬直性と物価の硬直性が成り立つとするため，いったん名目賃金が決まると，その値から低下しなくなる
>
> 古典派の労働供給：名目賃金や物価の伸縮性を仮定するため，右上がりの労働供給曲線になる

物価や名目賃金の伸縮性を仮定するか，硬直性を仮定するかで労働供給曲線が異なるので，彼らの想定する仮定と労働供給曲線の形をしっかりと確認しておいてください。

🐘🐘：はい，わかりました。

🐘：それでは，終わりにしましょう。

🐘🐘：ありがとうございました。

Part 3　5-2-3　労働市場の均衡

🐘:ここでは、ケインズ派による労働市場の均衡について学習しましょう。

🐘🐘:よろしくお願いします。

🐘:それでは、ケインズ派による労働需要と労働供給を1つの図に表しましょう。

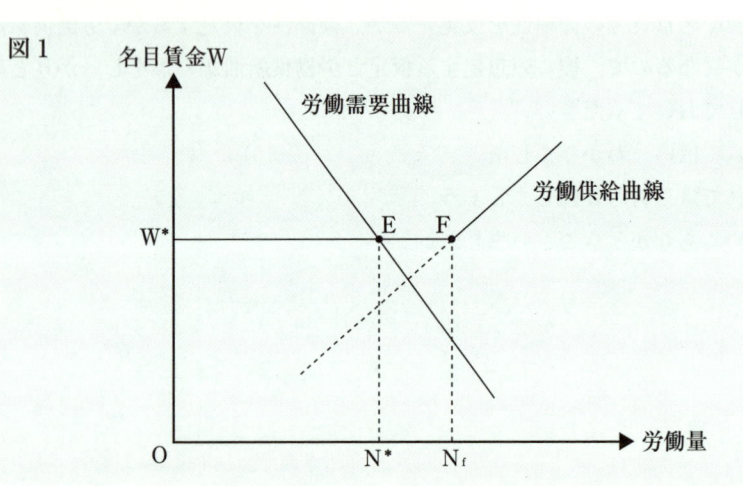

図1

（縦軸：名目賃金W、横軸：労働量。労働需要曲線と労働供給曲線が交わる点E、賃金W*、労働量N*。点FはN_fに対応）

ケインズ派の場合は、労働市場は点Eで均衡します。その結果、賃金がW^*、均衡労働量（雇用量とも言う）がN^*になりますね。

🐘:何だか、いままでとは違う変なところで均衡していますね。

🐘:そうですね。それではここで、W^*における労働需要と供給について考えましょう。賃金がW^*になったとき、労働の需要と供給はどのようになりますか。

🐘:えーと、労働需要はN^*で労働供給は、どうなるのかしら…。

🐘:点Fじゃないですか？

🐘:アキコさんのいうとおりですね。賃金がW^*のときには、労働者は点FであるN_fまで労働を供給しますね。

> **アドバイス**
>
> 労働市場の均衡：労働需要量はN^*，労働供給量はN_f

🐘：そうすると，均衡点の点Eでは，労働の需要と供給は一致していない，ということですか？

🐘：そうですね。いいところに気付きました。労働の需要曲線と，労働の供給曲線の交わる点Eでは，均衡はしていますが，労働の需給は一致していないのです。どちらがどれだけ多くなっていますか？

🐘：えーと，労働供給のほうが，$N_f - N^*$だけ多くなっています。

🐘：労働供給の方が$N_f - N^*$だけ多いということは，この国ではどのようなことが起こっているのですか？

🐘：働きたいのに，働けない人が存在しているっていうことですよね！

🐘：そうですね。つまり失業が存在していることになるのです。この働きたいのに働けない失業のことを，非自発的失業といいます。

> **ことばの意味**
>
> 非自発的失業：現行の賃金水準において，就業したいと考えているが，就業できずに発生している失業のこと

図2

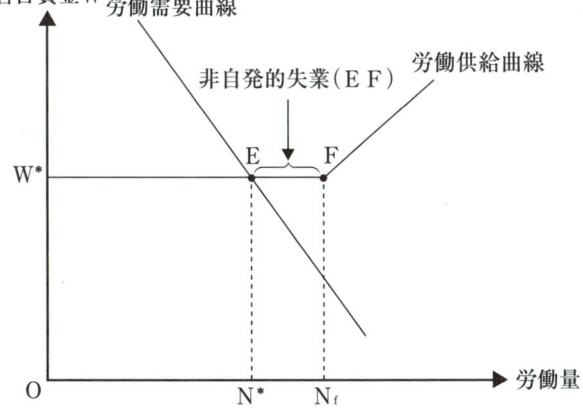

名目賃金W／労働需要曲線／非自発的失業（EF）／労働供給曲線／E／F／W^*／O／N^*／N_f／労働量

🐘：先生！　この図では点Eで均衡していますが，もし点Fで均衡したらどうなるのですか。

🐘：いい質問ですね。点Fで均衡すれば，この賃金で働きたいと思う人が全員働けていますから，完全雇用になりますね（図3）。

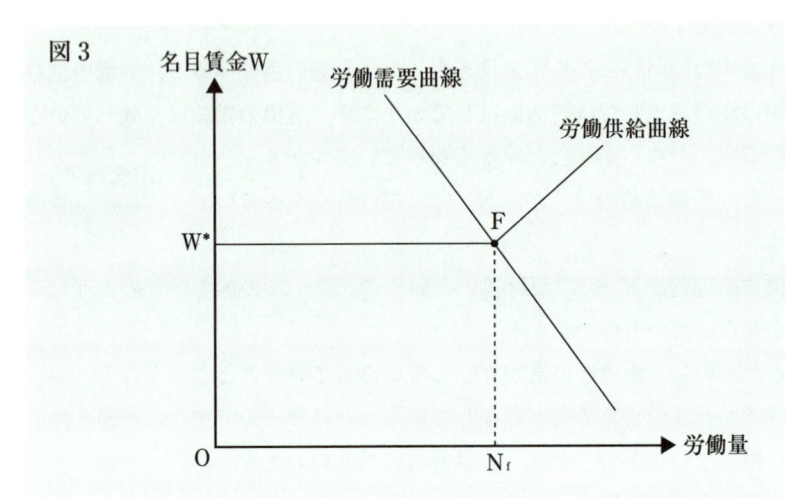

図3

```
名目賃金W
   ↑
   |    労働需要曲線        労働供給曲線
   |
W* |————————————————F
   |                :
   |                :
   O————————————————N_f————→ 労働量
```

🐘：なるほど。つまりW^*の賃金では労働の需要量が少なすぎるので，このように失業が発生するのですね。よくわかりました。

> **ポイント**
> ケインズ派による労働市場の均衡：労働需要に合わせて労働供給がなされて均衡するが，その点では非自発的失業が存在する

🐘：ケインズ派による労働市場では，一般に労働の需要が少ないので，失業（非自発的失業）が発生することになりますね。それでは，これで終わりにしましょう。

🐘🐘：ありがとうございました。

Part 4　5-2-4　【補論】失業の分類

🐘：ここでは，失業の分類について学習しておきましょう。

🐘🐘：よろしくお願いします。

🐘：この前のPart 3で，ケインズ派の場合は非自発的失業が発生する，ということを学習しましたね。

🐘🐘：はい，学習しました。覚えています。

🐘：ここでもまとめておきますね。

> **ことばの意味**
>
> 非自発的失業：現行の賃金水準でも働く意思はあるが，就業できずに失業者として存在している失業発生分のこと

🐘：実は失業には非自発的失業以外にもいくつかあるのです。どのような失業があると思いますか？

🐘：いきなりなので，よくわからないです…

🐘：具体的に考えてみましょう。たとえば，求人情報を見ても"給料が安いから，働くことをやめてしまう"ということもあると思いませんか？

🐘：確かにあるように思います。多額の資産があったりして，特に働かなくてもよいという人や，家庭の事情で，安い給料では働けないなど，さまざまな理由から，働かなくなる人はいると思います。

🐘：アキコさんの言うとおりで，現行の賃金水準では働かない，という人は存在しますね。けれども彼らも失業者ですよね。そこで彼らのような失業のことを自発的失業といいます。

> **ことばの意味**
>
> 自発的失業：現行の賃金が低いので，自発的に働かない方を選好してしまうことから生じる失業のこと

🐘：この他にもありますよ。たとえば，今の仕事が気に入らないとか，スキルアップしたいとかで，仕事をやめてしまう人もいますね。

🐘：そう言えば，そのような人もいると思います。

🐘：今の仕事が気に入らないから新しい仕事を探すとか，スキルアップのため

に新しい職場を求める，などの場合があると思いますが，この期間には，一時的に失業してしまいますよね。このような失業を，**摩擦的失業**といいます。

> **ことばの意味**
> **摩擦的失業**：労働市場の需給における情報の対称性から発生する失業のこと。具体的には，前の職から次の職に移行するまでの間における失業のこと

：まだ他にもう1つありますね。国内の経済構造，産業構造が変化して起こる失業もあります。

："国内の産業構造が変化する"とはどういうことですか。よくわからないのですが…

：たとえば戦後すぐの頃は，石炭産業はエネルギー産業としてとても重要なものの1つで，その産業に従事する人はたくさんいました。ところが戦後は石油が普及してきたため，石炭産業は衰退しました。

：それは高校の社会科で学習しました。

：石炭産業が衰退して，石油産業が発展するということは，国内の産業構造が変化する，ということなんですね。このようなことが起こると，石炭産業の労働者は失業を余儀なくされるわけです。このように産業の構造の変化が原因で失業してしまうことを，**構造的失業**といいます。

> **ことばの意味**
> **構造的失業**：国内の経済構造の変化によって発生する失業のこと

：失業には，ここまでに示したように4つの種類があります。このなかで，需要の不足が原因で起こると考えられるものは，**非自発的失業**だけなんですね。それ以外の失業は，ケインズの総需要管理政策では解消が不可能な失業なんですね。

> **ポイント**
> 失業の種類と特徴：非自発的失業はケインズの総需要管理政策で解消することができるが，自発的失業，摩擦的失業，構造的失業はケインズ派の想定する総需要管理政策では解消できない

🐘：先生に質問なのですが，非自発的失業以外は好景気になっても減少することはないのですか。

🐘：いい質問ですね。そうです。好景気になったから減少する，ということはありません。摩擦的失業のような失業は，社会の構造が変わるか，人々の考え方が変わるかなどの，社会の変化がなければ増減させることができない失業率になりますね。

🐘：なるほど。失業って働きたくても働けない人のことだけを指すんだと思っていたのですが，いろいろなタイプの失業があるんですね。

🐘：それでは最後に，1つ質問しましょう。今までに完全雇用というのを学習しましたが，この完全雇用とは，これらの失業のうち，どれが解消されることだと思いますか？

🐘：はい，わかります！　非自発的失業が解消されることですよね？

🐘：そうですね。ここまで，完全雇用という言葉を何度も使ってきましたが，非自発的失業が存在しない状態を完全雇用と言うのです。言い換えれば，完全雇用であっても，自発的失業，摩擦的失業，構造的失業は存在するので，この点はしっかりと確認しておいてください。

> **アドバイス**
> 完全雇用における失業：完全雇用であっても，自発的失業，摩擦的失業および構造的失業は存在する

🐘：それでは，これで終わりにしましょう。
🐘🐘：はい，ありがとうございました。

MEMO

第6部
財市場, 貨幣市場, 労働市場の同時分析
〜AD−AS分析

IS−LM分析においては, 財市場と貨幣市場の同時均衡分析について確認しましたが, ここではさらに労働市場の分析を組み込んで, 3つの市場の同時均衡に基づく一国の国民所得水準を確認します。

Stage 1
財市場, 貨幣市場の同時均衡 〜AD曲線〜

このStageでは, 物価を変化させたときに, IS−LM分析での財市場と貨幣市場の同時均衡を満たした均衡点が, どのように変わるかを調べることによって総需要曲線であるAD曲線を求めます。

Part 1　6-1-1　ＡＤ曲線の定義と導出

🐘：ここでは，総需要曲線と呼ばれるＡＤ曲線の定義や導出について学習しましょう。

🐘🐘：よろしくお願いします。

🐘：まず，ＡＤ曲線の意味から確認しましょう。ＡＤ曲線とは，財市場と貨幣市場の同時均衡を満たした上での物価水準ＰとＧ国民所得Ｙの組合せの軌跡を示した線になります。これはＩＳ－ＬＭ分析から作られます。

> **ことばの意味**
>
> ＡＤ曲線：財市場と貨幣市場の同時均衡を満たした上での物価水準ＰとＧ国民所得Ｙの組合せの軌跡を示した線のこと

🐘：何だか難しそうな定義ですね。これから先が不安です。

🐘：ゆっくり進むので，そんなに恐れないでね。

🐘：はい，頑張ります。

🐘：ＡＤ曲線は，物価水準ＰとＧ国民所得Ｙとの関係を表すので，そのＰをタテ軸にもってくるんですよ。そしてＩＳ－ＬＭ分析から，Ｐを変化させてＹがどう変化するかに注目してＡＤ曲線を求めます。

🐘：先生！　もうすでにわかりません！　ＩＳ－ＬＭ分析から物価Ｐを動かす，とはどういう意味ですか？

🐘：ゆっくりと考えることにしましょう。ＩＳ－ＬＭ分析を思い出してくださいね。

図1

利子率 r

　　　　　　　　　　　　　　LM曲線

　　　　　　　　E

　　　　　　　　　　　　　IS曲線

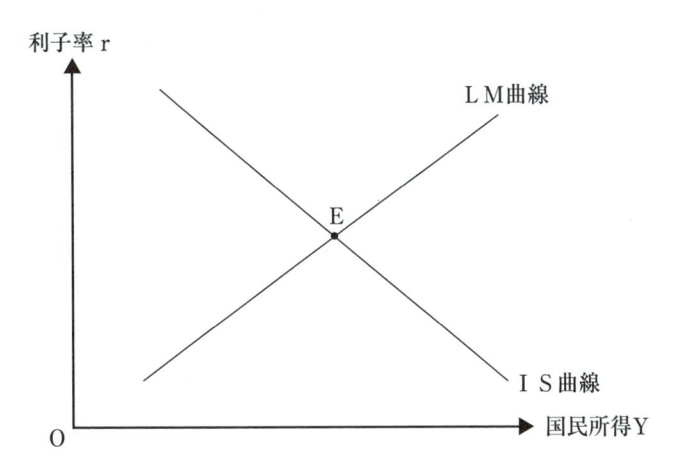

O　　　　　　　　　　　　　　　　　国民所得Y

　　IS曲線：$Y_s = Y_d$
　　　　　　$C + S = C + I$　　C：消費
　　　　　　$S = I$　　　　　　S：貯蓄，I：投資

　　LM曲線：$\dfrac{M}{P} = L_1 + L_2$　　M：マネーサプライ，P：物価水準，

　　　　　　　　　　　　　　L_1：取引的需要，L_2：投機的需要

🐘：IS曲線は財市場の均衡，LM曲線は貨幣市場の均衡で，式で表すと上のようになりました。

🐘：そうですね。この図と式から考えて行くのだけれど，IS−LM分析では物価は一定でした。しかし，物価水準Pを変化させると，この図のIS曲線とLM曲線のうちどちらかが動きますね。

🐘：えー，どちらが動くかなんてわかりません。

🐘：よく考えてね。IS曲線とLM曲線の式のうち，物価Pが入っているのはどちらかな？

🐘：あっ！　LM曲線です。

🐘：私もわかったわ！　物価Pを変化させるとLM曲線の方が動くのね。

🐘：そうです。LM曲線が動きますね。それでは物価Pを下落させてみるね。

　　物価PはLM曲線上の左辺にありますね。左辺$\dfrac{M}{P}$は貨幣供

給量でした。そうするとＬＭ曲線はどのように変化するかな？

：えー！　まったくわかりません。

：よく考えてね。ＬＭ曲線の物価Ｐは左辺にあって，左辺の$\frac{M}{P}$は貨幣供給量でしたね。その貨幣供給量の中の物価Ｐが下落しました。すると左辺の値は増えるかな，減るかな？

：わかりました。物価Ｐが下落したので$\frac{M}{P}$は増加すると思います。

：そうですね。ところでこの$\frac{M}{P}$は何でしたか。

：貨幣供給量です。

：もう少し正確にいうと…？

：実質貨幣供給量じゃないですか？

：そうですね。この実質貨幣供給量が増加すると，ＬＭ曲線はどうなるかな。

：物価が一定でマネーサプライを増加させた場合と同じになるんじゃないですか。だからＬＭ曲線が右にシフトすると思います。

：アキコさんは優秀ですね。そのとおりです。つまり物価Ｐが下落すると，実質マネーサプライ$\frac{M}{P}$が増加してＬＭ曲線が右にシフトします。そしてこのとき，ＩＳ曲線とＬＭ曲線の交点である均衡国民所得水準はどうなりますか？

：増加します。

：そうですね。これを図で確認しましょう。

：そうしてください。ボクの頭は限界です。

アドバイス

物価Ｐが下落すると，ＬＭ曲線が右シフトして国民所得が増加する

図2

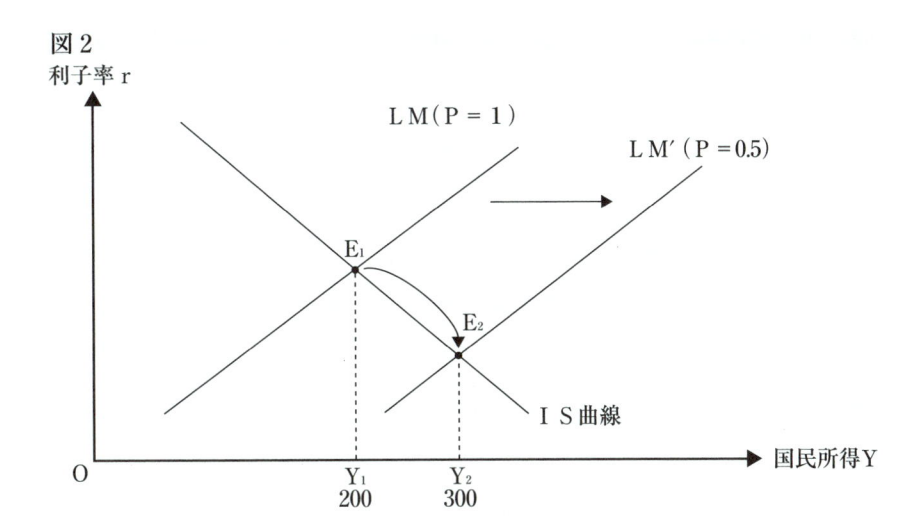

利子率 r のグラフ。LM(P=1) と LM′(P=0.5) の曲線、および IS 曲線が描かれ、E_1（Y_1=200）から E_2（Y_2=300）へ移動している。横軸は国民所得 Y。

🐘：ゆっくり考えてくださいね。いま M = 500 としましょう。このとき物価を P = 1 から P = 0.5 に下落させたとしましょう。このとき実質マネーサプライ $\frac{M}{P}$ が $\frac{500}{1}=500$ から $\frac{500}{0.5}=1000$ に増加しますね。その結果，金融緩和政策を行った場合と同じになり，国民所得 Y も増加します。

🐘：ゆっくり聞けば，なんとかわかります。

🐘：ゆっくり話しますね。最初の状態では，物価 P = 1，国民所得 Y = Y_1(200) でしたが，物価 P = 0.5 になると，国民所得 Y = Y_2(300) になりましたね。そうすると，ヨコ軸に国民所得 Y，タテ軸に物価 P をとって，この関係を図にするとどうなるか，描いてみましょう。

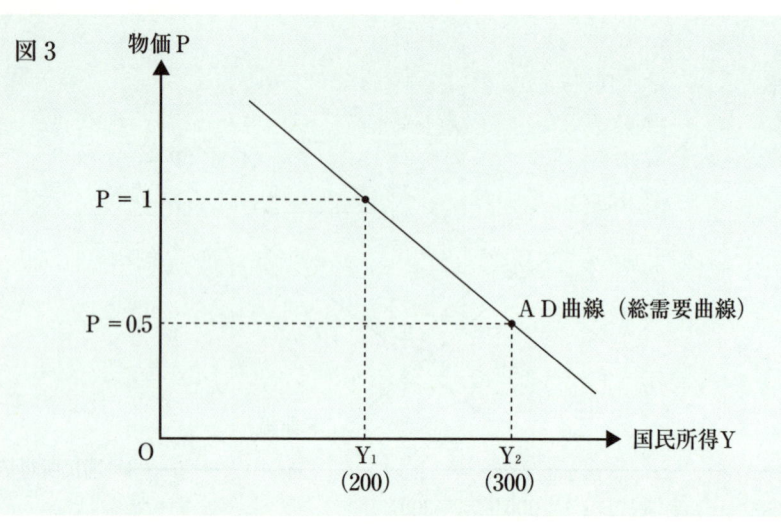

図3

物価P、P=1、P=0.5、国民所得Y、Y_1（200）、Y_2（300）、AD曲線（総需要曲線）

🐘：アキコさんの言うとおりで，右下がりの曲線が出来上がりますね。この線のことをAD曲線，または総需要曲線といいます。この線は物価が変化したときの，IS曲線とLM曲線の交点の国民所得を求めているので，この線上では財市場と貨幣市場が均衡しています。

> **ポイント**
>
> AD曲線の性質：AD（Aggregated Demand）曲線上では財市場と貨幣市場が均衡する

🐘：なぜこの線上では，財市場と貨幣市場が均衡するのですか？ もうボクの頭ではわかりません。詳しく説明してください。

🐘：ゆっくり考えればわかるわよ。IS曲線は財市場の均衡で，LM曲線は貨幣市場の均衡で，物価Pが変化した時に，その2つの線の交点の国民所得を求めたから，だから財市場と貨幣市場が均衡するんじゃないの。

🐘：何だかわかったような，わからないような… 時間をかけてゆっくり考えます。

🐘：最後にAD曲線の性質をまとめておきましょう。

> **ポイント**
>
> ＡＤ曲線（総需要曲線）の性質：ヨコ軸に国民所得Ｙ，タテ軸に物価水準Ｐをとると，通常は右下がりの曲線になる。また，曲線上では財市場と貨幣市場が均衡する

🐘：それでは，これで終わりにしましょう。しっかり復習しておいてくださいね。

🐘🐘：はい，わかりました。どうもありがとうございました。

●●● Exercise ●●●

労働基準監督官　1997年

次のようなＩＳ曲線，ＬＭ曲線が与えられている。

ＩＳ曲線：$I(r) = S(Y)$
ＬＭ曲線：$M / P = L(Y, r)$

$\begin{pmatrix} \text{Ｉ：投資，Ｓ：貯蓄，} \\ \text{ｒ：利子率，Ｙ：国民所得} \\ \text{Ｍ：名目貨幣供給，} \\ \text{Ｐ：物価水準，Ｌ：実質貨幣需要} \end{pmatrix}$

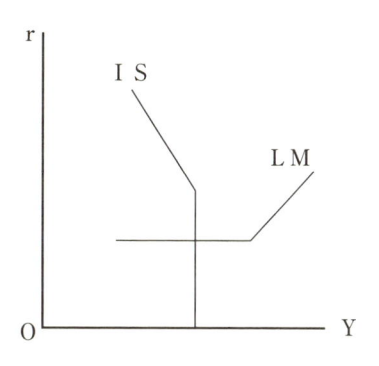

このときの総需要曲線ＡＤの形状として妥当なのは次のうちどれか。

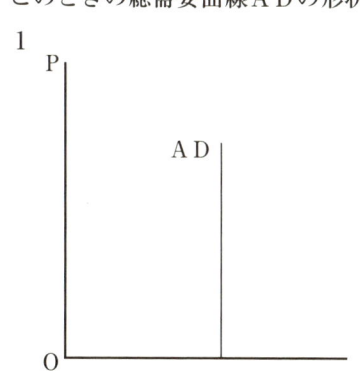

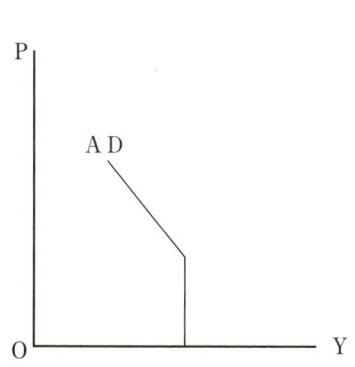

3.
P
AD
O — Y

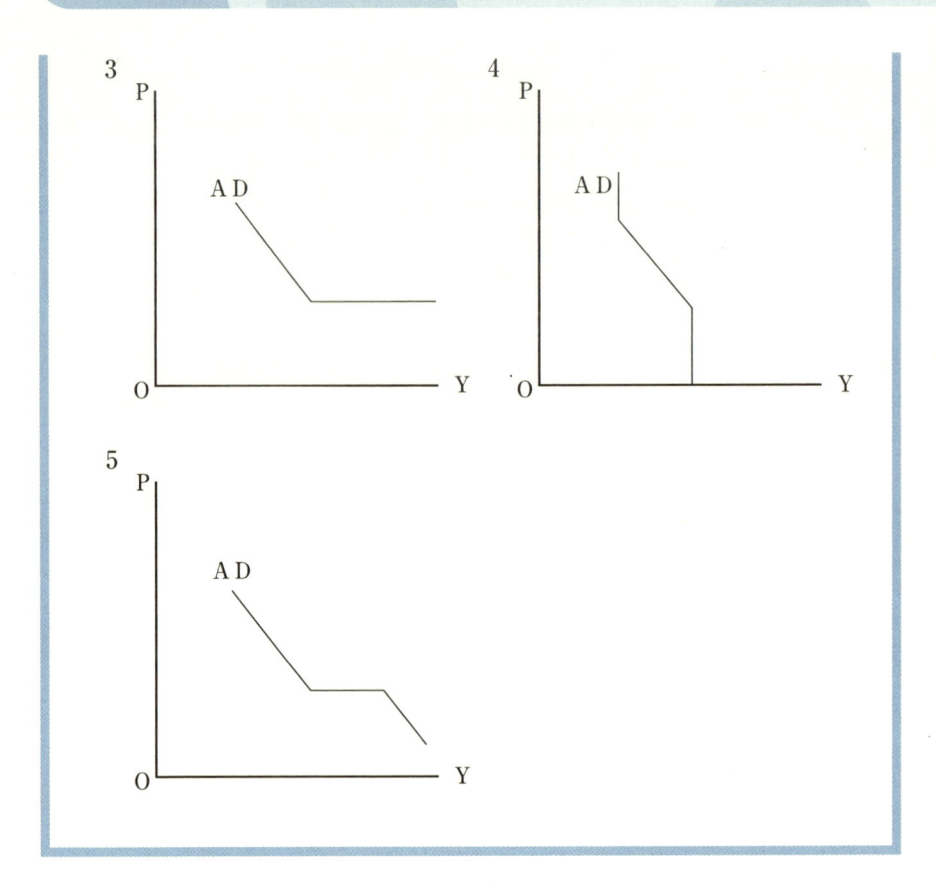

4.
P
AD
O — Y

5.
P
AD
O — Y

解説 　正解　2

　AD曲線は，IS-LM分析におけるLM曲線のシフトから求められる。これは，このPartで学習したように，LM曲線がシフトしたときのIS曲線との交点を追跡してPとYの関係を確認したものになる。

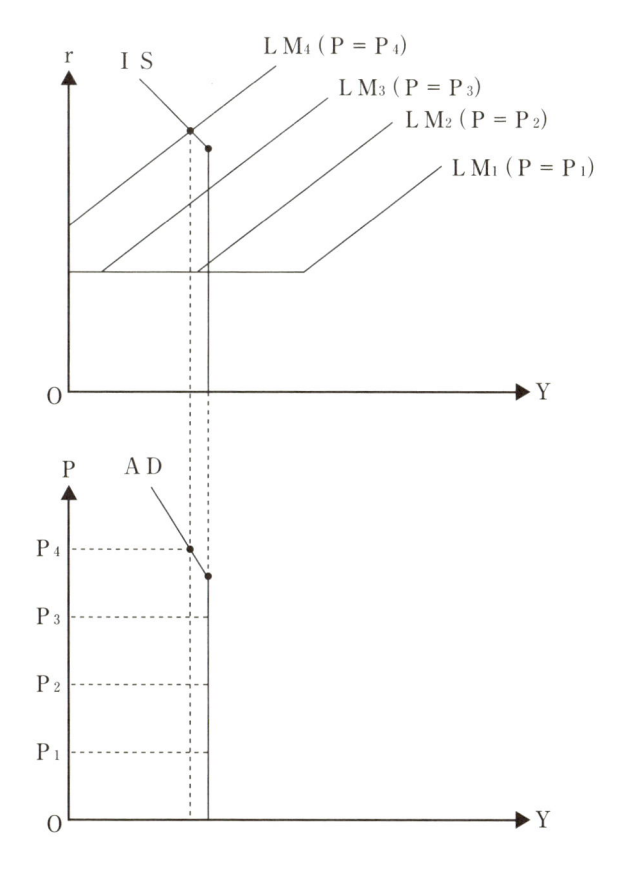

よって，正解は2になる。

Part 2　6-1-2　ＡＤ曲線のシフト

🐘：ここでは，ＡＤ曲線のシフトについて学習しましょう。
🐘：よろしくお願いします。
🐘：この前のPart 1で学習したＡＤ曲線を確認しましょう。

図1

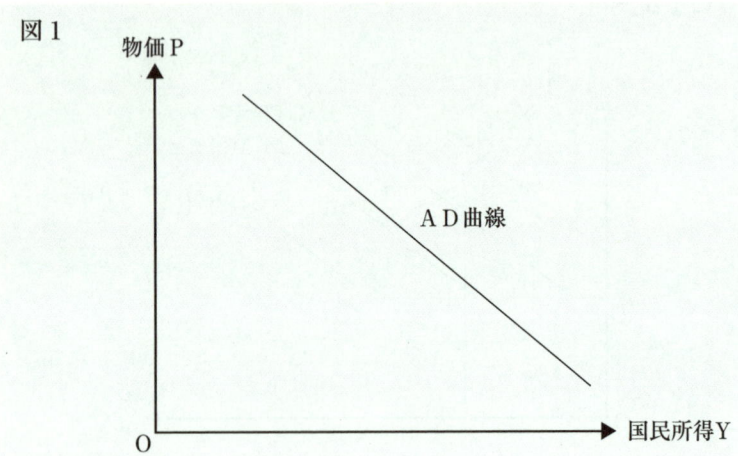

[AD曲線の図：縦軸が物価P、横軸が国民所得Y、右下がりの曲線]

　ＡＤ曲線は，物価Pをタテ軸，国民所得をヨコ軸にとったときの，財市場と貨幣市場の同時均衡を表す右下がりの関係を表す曲線でした。

🐘：ＩＳ－ＬＭ分析の図から作ったものですよね。それは覚えています。
🐘：そうですね。このＡＤ曲線ですが，政府が政策を実施するとシフトします。この線は，物価が変化した時のＩＳ曲線とＬＭ曲線の交点の国民所得を確認したものでしたね。だからＩＳ曲線とＬＭ曲線の交点を右に動かすような政策をすれば，同様にＡＤ曲線も右にシフトするのです。
🐘：交点を右に動かすのだから，ＩＳ曲線を右に動かす財政政策や，ＬＭを右に動かす金融政策を行えば，ＡＤ曲線も右にシフトするということなのですか？ 
🐘：そのとおりです。財政拡大政策や金融緩和政策を行えば，ＩＳ－ＬＭ分析の交点が右にシフトしますから，ＡＤ曲線も右にシフトするのです。

図2

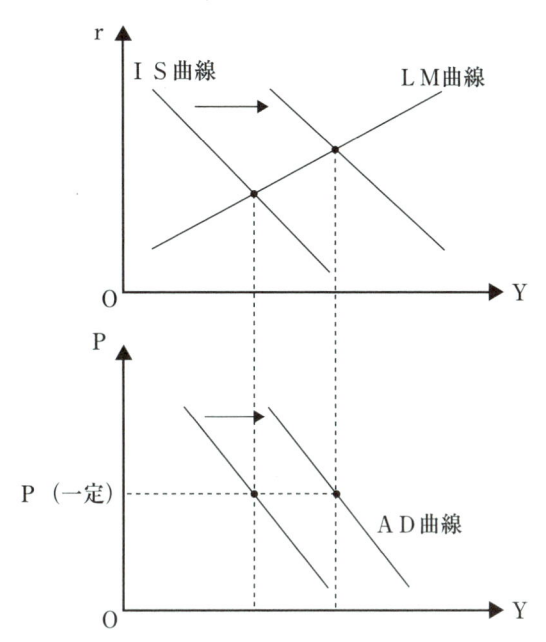

〔財政政策のケース〕

(グラフ: 上段はIS曲線が右シフトしLM曲線と交わる図、下段はAD曲線が右シフトし物価P(一定)の水準で均衡する図)

ポイント

財政政策を行うと，IS曲線が右にシフトして，国民所得が増加するが，このとき，物価Pは変化しないので，AD曲線は右にシフトする

図3　　　　　　　　〔金融政策のケース〕

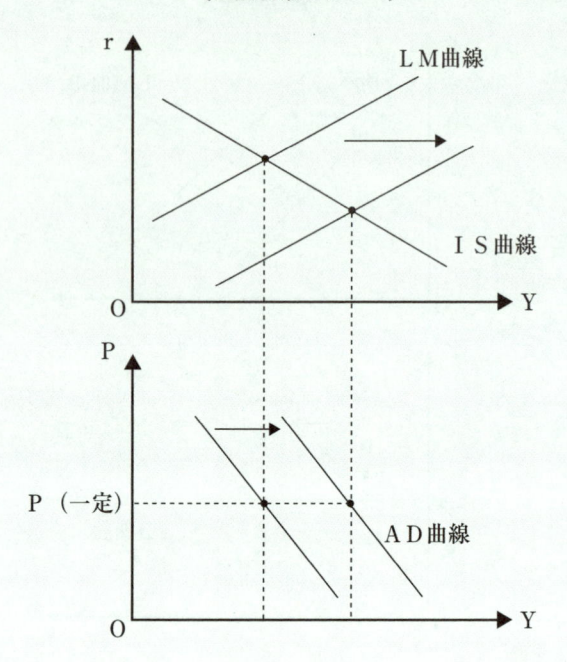

ポイント

金融政策を行うと、LM曲線が右にシフトして、国民所得が増加するが、このとき、物価Pは一定とするので、AD曲線は右にシフトする

🐘：財政拡大政策とは財政支出を増やすことですよね。金融緩和政策とはマネーサプライを増加させることですよね。

🐘：財政拡大政策とは、政府支出を増加させたり、減税したりすることよ。金融緩和政策はマネーサプライを増加させることよ。正確に覚えておいた方がいいですよ。

🐘：そうですね。いろいろな言葉が出てきましたから、混乱しないようにその都度、正確に確認してくださいね。それでは、AD曲線のシフトをまとめておきましょう。

図4　物価P

AD曲線

国民所得Y

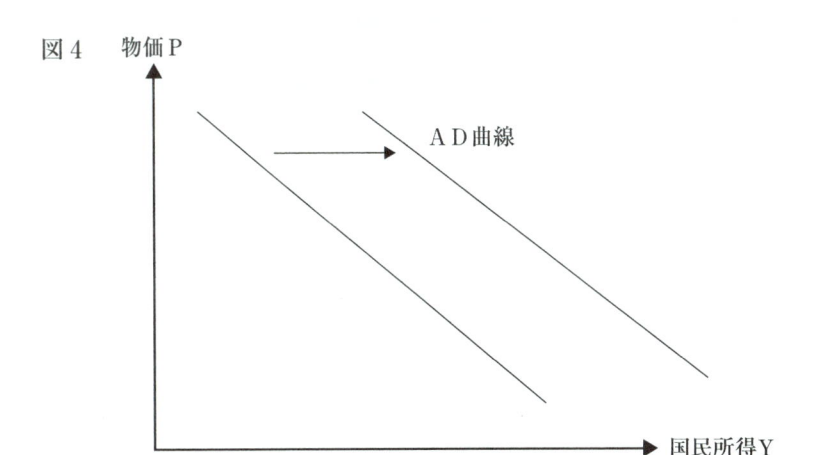

> **アドバイス**
>
> AD曲線の右シフト：
> ①財政拡大政策を行う（IS曲線を右にシフトさせる）
> 　→AD右シフト
> ②金融拡大政策を行う（LM曲線を右にシフトさせる）
> 　→AD右シフト

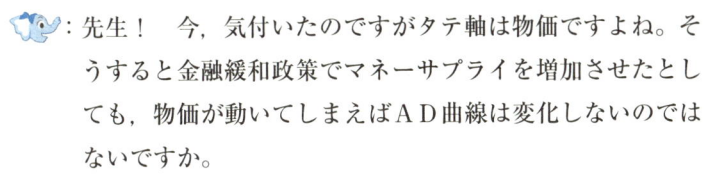

🐘：先生！　今，気付いたのですがタテ軸は物価ですよね。そうすると金融緩和政策でマネーサプライを増加させたとしても，物価が動いてしまえばAD曲線は変化しないのではないですか。

🐘：鋭い質問ですね。そのとおりです。マネーサプライを増加させても物価が同じ割合で増加すれば，実質マネーサプライは変化しなくなりますね。そうするとAD曲線は変化しません。したがってここでは物価Pはとりあえず一定であるか，またはほとんど変化しないと考えてください。物価が一定か，ほとんど変化しないのであれば，マネーサプライを増加させると，実質マネーサプライが増加するので，LM曲線が右シフトし，AD曲線も右にシフトすると考えてください。現実には一定ではなく，ある程度物価は動くと考えられます。そうすると金融政策の効果が減少しますね。

: あのー… まったく意味がわからないのですが…
: この部分については，意味がわからない場合は，無理に理解しようとしなくてもいいですよ。
: はい。無理はしないようにします。（笑）
: ところで，財政政策と金融政策を合わせて総需要管理政策といいます。ケインズの考えた政策だから，このようにいうと思ってください。

> **アドバイス**
>
> ケインズ的政策（総需要管理政策）：財政政策と金融政策と合わせた表現のこと

: それでは，これで終わりにしましょう。
: ありがとうございました。

Stage 2
労働市場の均衡 〜AS曲線〜

労働市場の均衡を満たした上での，物価水準PとミミY民所得Yの組合せの軌跡を表した曲線を総供給曲線，AS曲線といいます。このAS曲線は，古典派とケインズ派で形が異なるので，それぞれのケースに分けて求めていきましょう。

Part 1　6-2-1　ＡＳ曲線の定義

🐘：ここでは，総供給曲線とも呼ばれるＡＳ（Aggregated Supply）曲線の定義について学習しましょう。

🐘🐘：よろしくお願いします。

🐘：まず，ＡＳ曲線は労働市場の均衡から作ります。

> **ポイント**
> ＡＳ曲線の導出：労働市場の均衡から作る

🐘：このＡＳ曲線は，労働市場が均衡した状況での，物価水準Ｐと国民所得Ｙの組合せを表す線になります。

> **ことばの意味**
> ＡＳ曲線：労働市場の均衡を満たした上での物価水準Ｐと国民所得Ｙの組合せを表す軌跡のこと

🐘：労働市場の均衡から作る，というのがポイントですから，それをしっかりと覚えておいてください。

🐘：はい。でも，またまた何だか難しそうですね。

🐘：ところで，ＡＤ曲線は財市場と貨幣市場の均衡であるＩＳ－ＬＭ分析の図から生み出したように，ＡＳ曲線も労働市場の均衡の図を使って生み出すのですか？

🐘：そのとおりです。ただし今回は，注意すべき点が１つあります。古典派とケインズ派で労働市場に対する考え方が異なるので，それを考慮して求める必要があるのです。

> **アドバイス**
> 古典派とケインズ派では，労働市場の均衡についての考え方が異なる

🐘：古典派は賃金や物価の伸縮性を仮定していて，右下がりの労働需要曲線と，右上がりの労働供給曲線になりました。一方ケインズ派は，労働供給曲線に水平な部分が生じていました。これらを考慮して求めるということです

か？

🐘：そうです。ＡＳ曲線もＡＤ曲線と同様に，物価Ｐを変化させて国民所得Ｙの変化を確認して求めます。しかし名目賃金が伸縮的になる古典派と硬直的になるケインズ派では，出来上がるＡＳ曲線の形は異なります。したがって，次のPart以降では，古典派とケインズ派に分けて求めていくことにしましょう。

ポイント

ＡＳ曲線の導出：労働市場の均衡から，物価を変化させて国民所得の変化に注目してＡＳ曲線を求める

🐘：でも先生，質問が１つあります。

🐘：何ですか？

🐘：ケインズ派は名目賃金の下方硬直性や，ＩＳ－ＬＭ分析のケースのように，物価の硬直性を仮定していました。それなのに物価を変化させてＡＳ曲線を求めるとは，どういうことなのですか。意味がわかりません。

🐘：なかなか鋭い質問ですね。古典派の場合は物価の伸縮性をおくので，特に問題はないのですが，ケインズ派の場合は，確かに物価の硬直性を仮定しています。しかし，ここではその物価の硬直性の仮定については，とりあえず取り払っておいて，たとえば，原油価格の大幅な変化のような短期的な物価水準の変動に大きな影響を与えるようなケースを考えておいてください。

🐘：名目賃金の下方硬直性についてはどう考えておくのですか？

🐘：名目賃金の下方硬直性の仮定はそのまま成り立つとして求めていきます。少しややこしいのですが，一般的にはそのようにして求めるので，ケインズ派の場合は物価の硬直性の仮定は取り払われたものとして考えてください。それでは，これで終わりにしましょう。

🐘🐘：ありがとうございました。

Part 2　6-2-2　古典派のAS曲線

🐘：ここでは，古典派の労働市場からAS曲線を求めていきましょう。

🐘🐘：よろしくお願いします。

🐘：古典派の労働市場では，物価水準の伸縮性を仮定していました。

🐘：物価の伸縮性とは，物価が自由に動くということですよね。これはまだ覚えています。

🐘：はい。ところで，労働市場の均衡は労働需要曲線N_dと労働供給曲線N_sの交点で決まりましたね。

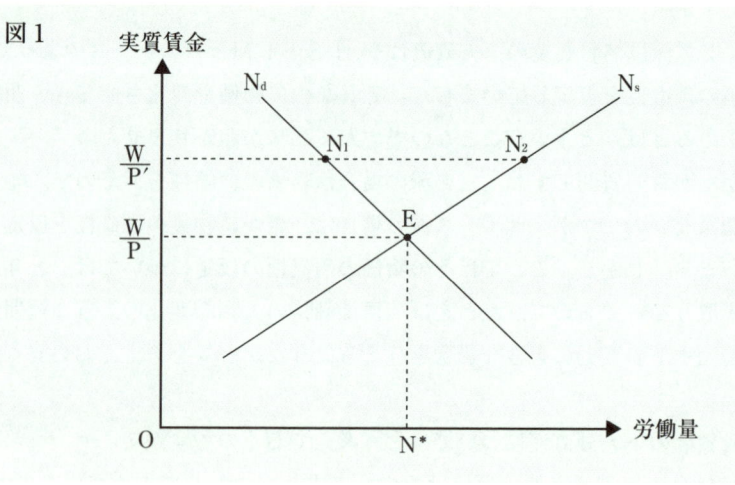

図1

[図：実質賃金を縦軸，労働量を横軸とし，N_d曲線（右下がり）とN_s曲線（右上がり）の交点Eで均衡。均衡点Eでの実質賃金は$\frac{W}{P}$，労働量はN^*。物価下落時には実質賃金が$\frac{W}{P'}$に上昇し，N_d曲線上の点N_1とN_s曲線上の点N_2となる。]

この交点についてですが，賃金や物価が伸縮的に動くので，長期的には常に点Eで均衡したのですよね。たとえば物価が下落したとしましょう。P＝1からP＝0.5になったと思ってください。Wが変化しなければ，$\frac{W}{P}$は上昇しますね。だから$\frac{W}{P'}$になったとします。このときは，需給のバランスがずれてしまっていますが，古典派の場合は名目賃金Wも伸縮的であると考えるので，この場合は，Wが下落していずれは需給のバランスが一致する点Eところで均衡しま

す。

🐘：まったくわからなかったので，もう一度お願いします。

🐘：ゆっくりと説明しますね。W = 1万円としましょう。いまP = 1とすると貨幣賃金率$\frac{W}{P}$はいくらになりますか。

🐘：えーと，$\frac{1}{1}$ = 1万円になります。

🐘：ここでPが下落して，P = 0.5になりました。実質賃金率$\frac{W}{P}$はどうなりますか。

🐘：$\frac{1}{0.5}$ = 2万円になります。

🐘：このとき，労働の需給はどうなりますか。

🐘：えーと，わかりません。

🐘：しっかり考えれば，わかるじゃない。実質賃金率が2万円に上昇したから，労働需要は減少して，労働供給は増加するんじゃないの。

🐘：そのとおりです。図で考えればわかりやすいかもしれませんね。

🐘：はい。図でしっかりと確認します。

図2

実質賃金

$\frac{W}{P'}\left(\frac{1}{0.5}\right) = 2$ ······ N_1 ············ N_2

$\frac{W}{P}\left(\frac{1}{1}\right) = 1$ ············ E

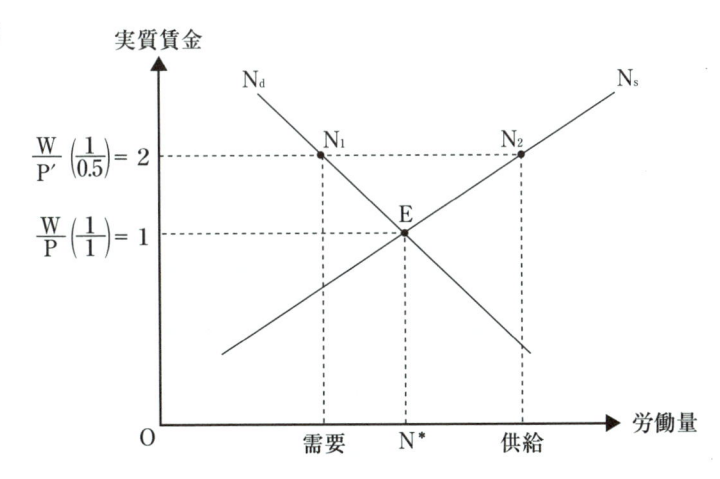

N_d　　　　　　　　　N_s

O　　需要　　N*　　供給　　労働量

🐘：ところで，図のように需給のバランスが異なると，市場ではどのようなこ

：とが起こるのですか？

：市場メカニズムが働いて，需給が均衡すると思います。

：そうですね。つまり，市場はやがて点Eに戻ります。点Eに戻るので，労働量はどうなりますか？

：これならボクにもわかります。元に戻るのだから，労働量ははじめの値と同じになると思います。図でいうとN^*になります。

：そのとおりです。需要量も供給量もN^*になりますね。そうすると，最終的には，変化前も変化後もN^*になっています。このN^*はどんな値だったかな？

：均衡点です。

：もう少しだね。どの学説の均衡点かな？

：古典派の均衡点じゃないですか。

：そのとおりですね。この古典派の均衡点にはどのような特徴があったかな？

：古典派の均衡点では常に完全雇用が成り立ちました。

：そうですね。よく覚えていましたね。つまりこの点Eは，古典派の均衡点ですから完全雇用が成り立ちますね。したがってこの点での国民所得は完全雇用国民所得ということになりますね。これをY_fと表現しましょう。すると物価PがP＝1のときもP＝0.5のときもN^*で最終的には均衡するのですから，国民所得はY_fということになりますね。

：はい，そうなります。

補足

P＝1 → 労働量N^* → 国民所得Y_f
P＝0.5 → 労働量N^* → 国民所得Y_f
（物価が変化しても，国民所得は変化しない）

：それでは，物価水準Pと国民所得Yの関係を表すAS曲線を導出しましょう。

図3

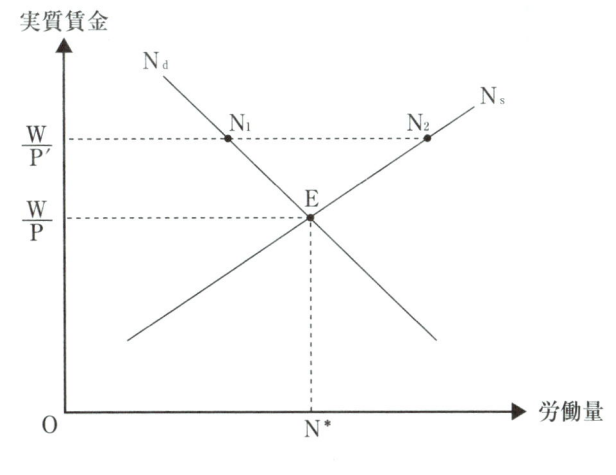

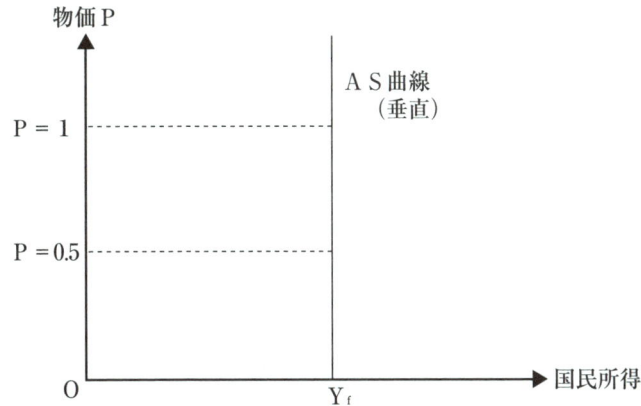

実質賃金のグラフ：縦軸が実質賃金、横軸が労働量。N_d（右下がり）とN_s（右上がり）が点Eで交わり、均衡労働量N^*で実質賃金$\frac{W}{P}$。実質賃金$\frac{W}{P'}$のときN_1とN_2。

物価Pのグラフ：縦軸が物価P、横軸が国民所得。$P=1$、$P=0.5$の水平線があり、Y_fで垂直なAS曲線（垂直）。

物価がどの値になろうとも，賃金率Wが変化して完全雇用が成り立ち，点Eで均衡するのです。だから垂直になるのですよ。

:なるほどね。賃金Wが変化して，完全雇用国民所得のところで垂直になるのですね。よくわかりました。

ポイント

古典派のAS曲線：垂直なAS曲線になる

:それでは，これで終わりにしましょう。

:ありがとうございました。

Part 3　6-2-3　ケインズ派のAS曲線

🐘：ここではケインズ派のAS曲線について学習しましょう。

🐘🐘：よろしくお願いします。

🐘：前のPart2で古典派のAS曲線を学習しましたが、古典派のAS曲線は垂直になりましたね。これは名目賃金や物価の伸縮性を仮定するから、垂直になりました。

🐘：ケインズ派は名目賃金の硬直性を仮定するのですよね。

🐘：そうです。ケインズの場合は名目賃金の硬直性を仮定してAS曲線を導出します。では実際にやってみましょう。

🐘🐘：はい、お願いします。

🐘：まず、労働需要曲線について考えていきます。ケインズ派の労働需要曲線は古典派と同じで右下がりでした。

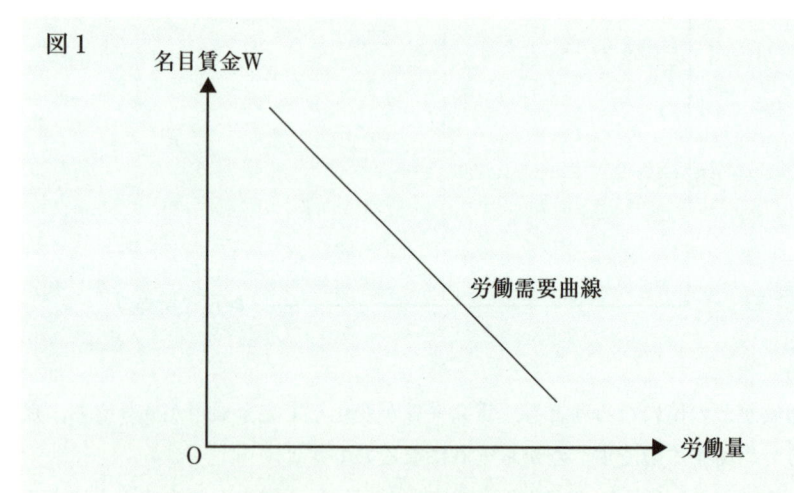

図1

この労働需要曲線ですが、タテ軸を名目賃金に置き換えました。タテ軸を名目賃金に置き換えても、日本の場合だと円で変わらないし、アメリカの場合はドルで変化ないですよね。だから置き換えました。

🐘：でもほんとに何も変わらないのかしら。なんか気になります。

🐘：鋭いかもしれませんね。実はタテ軸が名目賃金Wになるということは、物価Pがタテ軸からなくなることなのですよね。そうすると、物価が変化したとき、労働需要曲線がシフトすることになる

のですね。

🐘：何のことかよくわからないので，もう少し詳しく話していただけませんか。

🐘：わかりました。たとえば名目賃金Wが1で，物価Pが1だったとしましょう。この物価が2になると，実質賃金$\frac{W}{P}$が下がりますね。そこで古典派の第1公準に基づいて企業は雇用を増加させます。だから，労働需要量が増加するわけです。これをタテ軸が実質賃金の場合で考えましょう。

　　物価1，賃金率1　→　雇用量100
　　物価2，賃金率1　→　雇用量200

図2

実質賃金 $\frac{W}{P}$

労働需要曲線

$\frac{W}{P}\left(\frac{1}{1}\right)$

$\frac{W}{P}\left(\frac{1}{2}\right)$

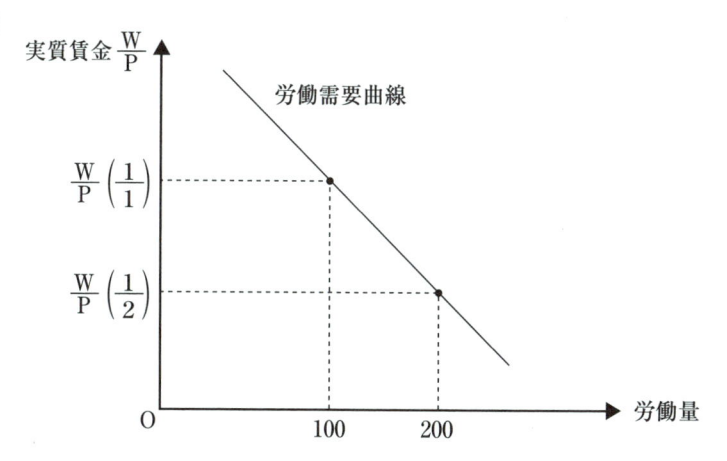

O　　100　　200　　労働量

🐘：この図のタテ軸が名目賃金になると，労働需要曲線がシフトするのですか。

🐘：そうです。それでは，実際に確認しましょう。

図3

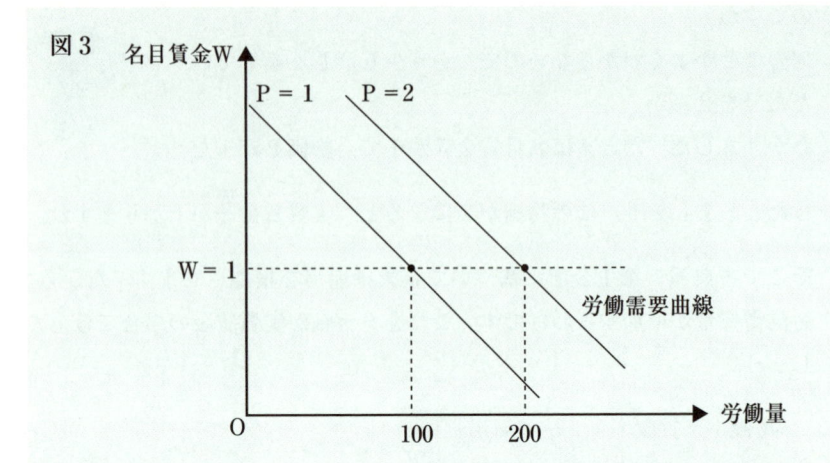

縦軸が名目賃金になりますから，物価が1のときの労働需要曲線と，物価が2のときの労働需要曲線ができますね。だから物価が上昇すると労働需要曲線が右にシフトすることになります。

$W = 1 (P = 1) \rightarrow N = 100$
$W = 1 (P = 2) \rightarrow N = 200$

🐘：なるほど，確かにタテ軸が名目賃金になるとシフトしますね。よくわかりました。

🐘：ボクも何となくわかりました。ところでこれを使ってAS曲線を作るのですか。

🐘：そのとおりです。労働市場の需要と供給の均衡点から求めます。労働供給曲線を思い出しましょう。ケインズの労働供給曲線は下方硬直性を前提としましたね。だから水平な部分が存在しました。

🐘：はい，今までにない形だったので覚えています。

図4　名目賃金W

　　　　　　名目賃金の下方硬直性　　　労働供給曲線
　　W*

　　O　　　　　　　　　　N_f　　　　　労働量

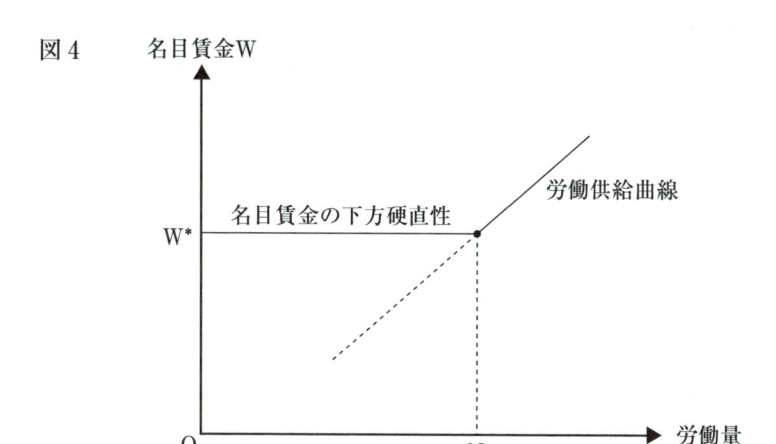

🐘: ケインズの場合は不完全雇用の状態で均衡しているとして考えていきます。それでは，この図に労働需要曲線を書き込みましょう。

図5　名目賃金

　　　　　　労働需要曲線
　　　　　　　　　　　　　労働供給曲線
　　W*　　　　　　　E₁
　　　　　　　　　　　　E₂

　　O　　　　　　100　　　　　　　　労働量

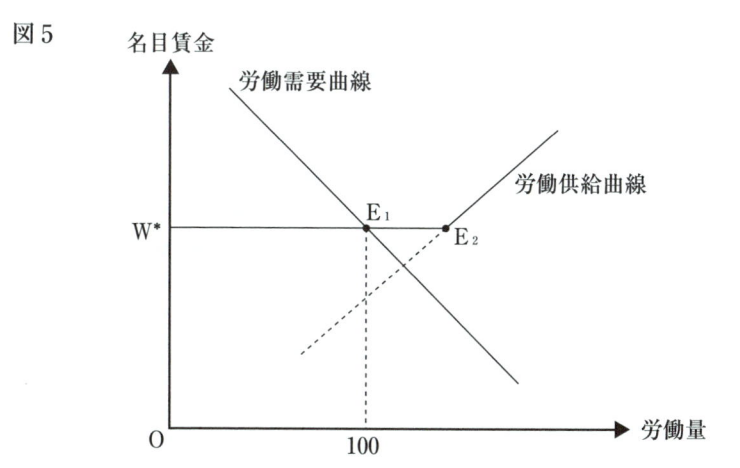

今，不完全雇用の状態である点E_1で均衡しているとします。ここから物価Pを変化させて考えていきます。物価Pを上昇させましょう。物価Pが上昇すると，労働需要曲線が右にシフトしましたね。

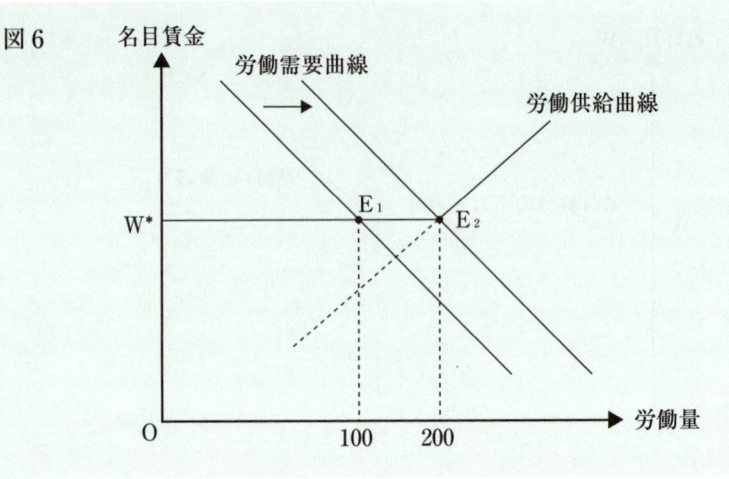

図6

名目賃金軸、労働量軸のグラフ。労働需要曲線が右シフトし、均衡点がE_1（労働量100、賃金W^*）からE_2（労働量200、賃金W^*）に移動している。

🐘：さっきと同じ考え方でいいのですよね。点E_1から点E_2に均衡点が動くことは何となくわかります。

🐘：私も今やったところなので大丈夫です。

🐘：確認できたら次に進みましょう。

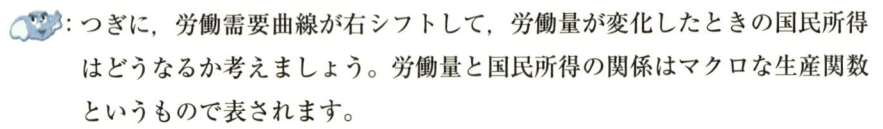

🐘🐘：はい。

🐘：つぎに，労働需要曲線が右シフトして，労働量が変化したときの国民所得はどうなるか考えましょう。労働量と国民所得の関係はマクロな生産関数というもので表されます。

🐘：先生！　ちょっと待ってください。マクロな生産関数って何ですか？　まったくわからないです。

🐘：慌てないでください。きちんと説明しますよ。マクロ生産関数とは国民所得（総供給）Yと労働量Nおよび資本量Kとの関係を表した関数ですね。一般的には次のように書きます。

アドバイス

$Y = f(N, K)$　　Y：国民所得（総供給），N：労働量，
　　　　　　　　　K：資本量

"$f(\ )$"の"f"はfunctionの略で括弧の中の文字を用いた関数になるということでしたね。その国の国民所得を，資本と労働で表した式と考えてください。

:何でこんな関数が書けるのですか？

:資本と労働で企業はモノ作りをするから，国民所得は資本と労働で表すことができるということじゃないのですか？

:そうですね。資本と労働が多ければ，それだけモノがたくさんできて，国民所得も多くなりますよね。この傾向を定式化したものと理解してください。そして次にこの式ですが，今は資本が一定として考えておいてください。すると変数は労働と国民所得になりますね。一般に労働量が増えると国民所得は増加しますよね。したがって，国民所得は労働の増加関数として考えます。労働が増えれば国民所得も増えると思ってください。この関係を図示しますから，わかりにくい場合は図を考えてみてください。

補足

$Y = f(N, \overline{K})$　　$\overline{K}$：資本一定

国民所得は労働Lの増加関数になる。

図7

国民所得Y

$Y_2 = 350$

$Y_1 = 250$

マクロ生産関数

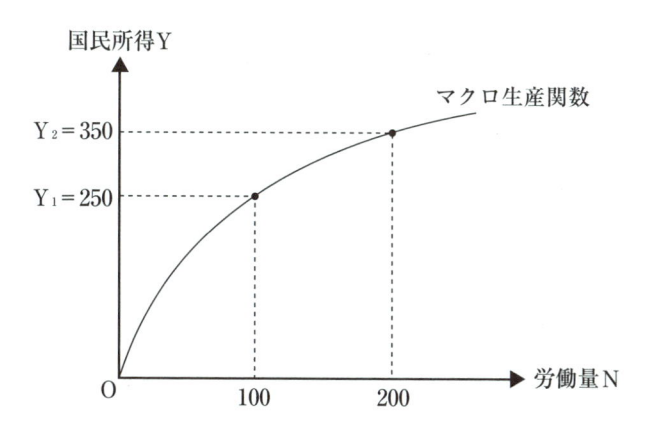

O　　100　　200　　労働量N

:先生！　この図は理解すべきですか？

:できれば理解してほしいのですが，特に気にする必要はありません。

:はい。ありがとうございます。

:それでは，物価が変化したときの国民所得の動きを確認しましょう。

:はい，がんばります。

🐘：ケインズ派の労働市場の図に戻りましょう。

図8

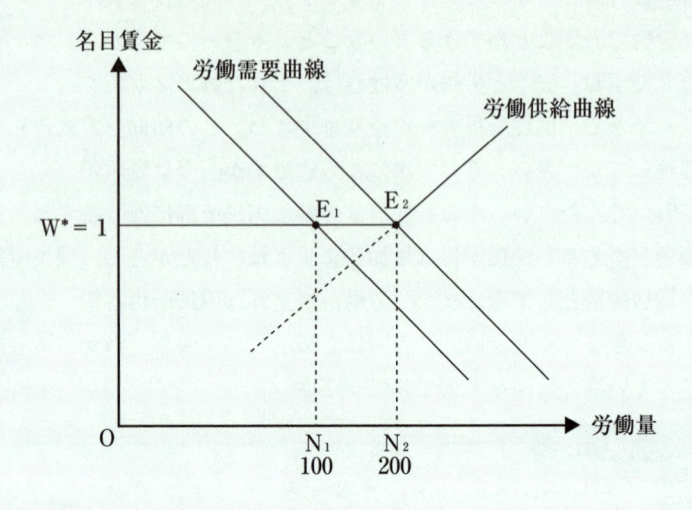

```
名目賃金
 ↑
 |     労働需要曲線    労働供給曲線
 |
 |              E₁  E₂
W*=1 |─────────────●──●
 |            ／ ／
 |           ／ ／
 |          ／ ／
 0 └──────┴──┴─────────→ 労働量
         N₁  N₂
        100 200
```

今，物価水準が P = 1 だったとしましょう。この時の労働需要曲線と労働供給曲線が交わって，点 E_1 で均衡していたとしましょう。点 E_1 のとき，労働量は N_1 で，国民所得は Y_1 であったとします。つぎに，物価水準が P = 2 になったとしましょう。この時，先ほど確認したように，労働需要曲線が右にシフトするので，均衡点は E_2 になります。そして労働量が N_2 になりますね。労働量が N_2 のときの国民所得は Y_2 になったとしましょう。さて Y_1 と Y_2，どちらが大きいですか？

🐘：マクロ生産関数を学習したけど，それに基づくと，Y_2 の方が大きくなります。

🐘：そうですね。Y_2 のほうが，Y_1 より大きくなりますね。それでは，物価と国民所得の関係を考えましょう。

表1

物価		国民所得
P = 1	→	$Y_1 = 250$
P = 2	→	$Y_2 = 350$（$Y_2 > Y_1$）

この関係を図示しましょう。

図9

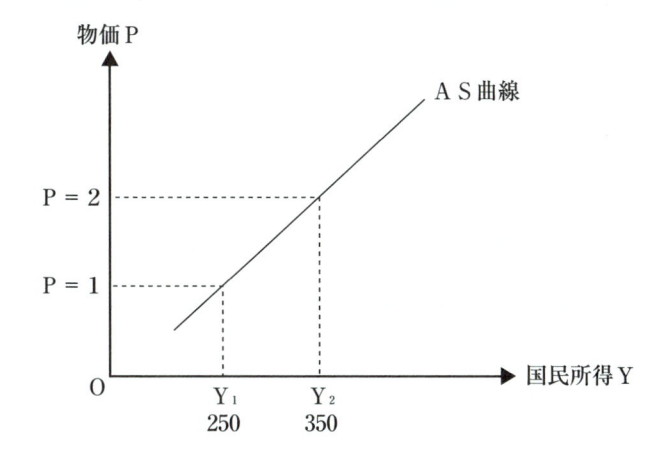

物価P、AS曲線、P=2、P=1、O、Y₁ 250、Y₂ 350、国民所得Y

このように物価と国民所得の関係をとると，右上がりの曲線になります。この曲線のことをAS曲線，または総供給曲線といいます。

> **ことばの意味**
>
> AS曲線（総供給曲線）：労働市場から求めた物価と国民所得の関係を表す軌跡のこと

:少しだけ気になったことがあるので，先生に質問したいのですが，ケインズの労働市場の図で，もしも右上がりのところで労働需要と労働供給が交われば，それは完全雇用の状態であり，古典派の均衡のケースと同じであると考えてよいのでしょうか？

図10

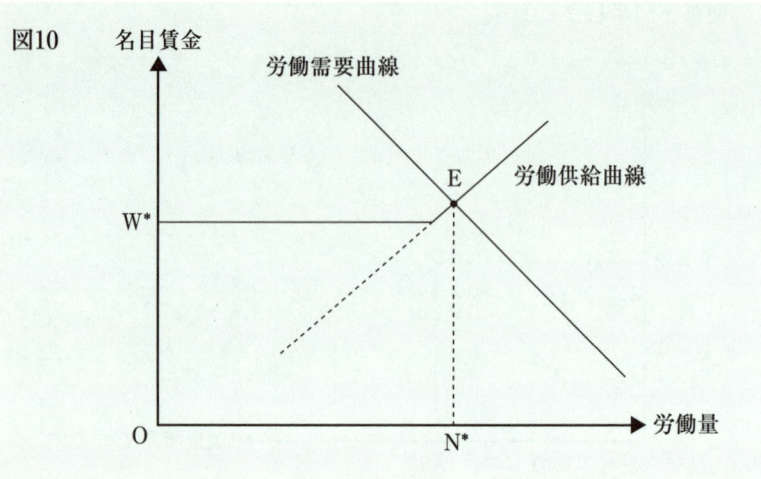

名目賃金・労働需要曲線・労働供給曲線・E・W*・O・N*・労働量

🐘：アキコさんはよく理解していますね。ケインズの市場において，このようにもしも右上がりの部分で交われば，これは古典派の均衡の図と同じになります。ただ，これはケインズ派の市場ではあまり考えませんね。なぜならケインズは，特に不況期におけるマクロ的な状況の打開に注目していて，名目賃金の下方硬直性がある状態で均衡してしまうことを想定して理論を作っていますので，このように古典派と同じになった状態でケインズ市場を議論することには意味がないからです。だから，不完全雇用の状態で均衡する水平な部分をしっかりと理解してほしいのです。

🐘：はい，わかりました。

🐘：先生！　これで終わりにしませんか。もうボクの頭は限界です。

🐘：そうですか。それでは，ケインズ派の労働市場から求めると，ＡＳ曲線は右上がりになると覚えておいてくださいね。

🐘🐘：はい，わかりました。

ポイント

ケインズ派のＡＳ曲線：右上がりになる

🐘：それでは，これで終わりにしましょう。

🐘🐘：ありがとうございました。

●●● Exercise ●●●

中小企業診断士　2004年

次の文章を読んで，下記の設問に答えよ．

　古典派のマクロ経済理論とケインズ派のマクロ経済理論を対比したとき，大きな相違点は，貨幣市場と労働市場のとらえ方に求められる。貨幣市場の分析に関して，古典派のケースでは，貨幣数量説を前提とする。貨幣数量説では，貨幣需要は所得に依存するという考え方を採用している。完全雇用を仮定すれば，貨幣の中立性が成り立ち，名目貨幣供給が増加すると， A する。他方，ケインズ派の流動性選好理論によれば，貨幣需要は，所得のみならず利子率の水準にも依存する。貨幣需要は， B とともに増加する。

　労働市場に関して，古典派のケースでは，物価と名目賃金の伸縮性を仮定する。このケースでは，完全雇用が実現するように，実質賃金の水準が決まる。また，縦軸に物価，横軸に生産量（総供給）をとると，総供給曲線が垂直になる。他方，物価は伸縮的であるが，名目賃金は硬直的であるというケインズ派のケースでは，物価の上昇は実質賃金の下落と雇用量の拡大を引き起こし，生産量を増加させる。したがって，<u>このようなケースでは，総供給曲線は右上がりに描かれる</u>。

（設問1）

　文中の空欄Aに入る最も適切なものはどれか．

　ア　雇用量が同率で増加
　イ　実質貨幣供給が同率で増加
　ウ　実質投資支出が同率で増加
　エ　実質利子率が同率で上昇
　オ　物価水準が同率で上昇

（設問2）

　文中の空欄Bに入る最も適切なものはどれか．

　ア　所得の減少ならびに利子率の上昇

イ　所得の減少ならびに利子率の低下
ウ　所得の増加ならびに利子率の上昇
エ　所得の増加ならびに利子率の低下

（設問3）
文中の下線部に関し，総供給曲線の右方へのシフトを引き起こす要因として，最も適切なものの組み合わせを下記の解答群から選べ。

a　技術進歩
b　資本ストックの減少
c　中間投入される天然資源の価格上昇
d　名目賃金の下落

〔解答群〕
ア　aとc　　イ　aとd　　ウ　bとc　　エ　bとd

解説

正解　設問1　オ，設問2　エ，設問3　イ

古典派とケインズ派の学説の違いに関する問題である。古典派の貨幣数量説に基づくと（3－3－2参照），

　　　$M \cdot V = P \cdot T$　　M：マネーサプライ，V：流通速度，
　　　　　　　　　　　　P：物価，T：財の取引量（国民所得）

となり，マネーサプライMが増加すると，同じ比率で物価Pが上昇することから，設問1はオになる。

つぎに，ケインズの流動性選好説に基づくと，貨幣需要は，国民所得の増加関数，かつ利子率の減少関数になるため，所得の増加，もしくは利子率の低下が貨幣需要を増加させる（6－2－4参照）。

したがって，設問2はエになる。

また，総供給曲線（AS曲線）を右にシフトさせるのは，技術進歩と労働賃金の低下である。

したがって，設問3はイになる。

Part 4　6-2-4　ＡＳ曲線のシフト　～サプライサイド学派～

🐘：ここでは，ＡＳ曲線のシフトについて学習しましょう。

🐘🐘：よろしくお願いします。

🐘：このStageでは，ＡＳ曲線について学習してきました。このＡＳ曲線ですが，ＩＳ曲線やＬＭ曲線，さらにはＡＤ曲線のようにシフトします。どのようなことを行えばシフトするのかについて考えてみましょう。ところでＡＳ曲線は何の均衡でしたか。

🐘：労働市場の均衡でした。

🐘：そうですね。重要なポイントです。

🐘：ボクもこれくらいは大丈夫です。

🐘：労働市場の均衡から物価水準Ｐと国民所得Ｙの関係を求めたのがＡＳ曲線でした。ですから労働市場を活性化させればシフトします。それでは，ケインズ派のＡＳ曲線を描きましょう。

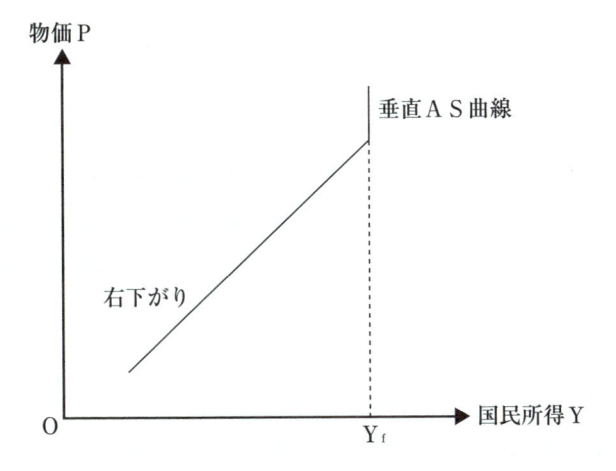

図1

（物価P－国民所得Y のグラフ：右下がりの右上がり曲線と Y_f での垂直ＡＳ曲線）

この図がケインズのＡＳ曲線になりますね。

🐘：先生！　先ほどのPartではＡＳ曲線は右上がりでしたが，このＡＳ曲線では垂直な部分ができていますね。これは何ですか？

🐘：いいところに気付きました。ケインズ派のＡＳ曲線は右上がりが原則です。しかし，どこまでも右上がりとは考えていないのです。国民所得がY_f未

満の不完全雇用のところでは右上がりですが，完全雇用の状態になると，それ以上は，国民所得は大きくできませんね。だから垂直になります。これは完全雇用になると，古典派と同じになると思えばいいのです。なぜなら，ケインズ派の労働供給曲線についても完全雇用になると右上がりの形になるからです。労働供給曲線が右上がりになれば，これはもう古典派の労働供給の考え方と同じになりますよね。だからAS曲線は垂直になるのです。先ほどのPart 3では，基本的な右上がりのAS曲線の形状の導出に重点をおいて説明していたので，垂直の部分は無視していました。

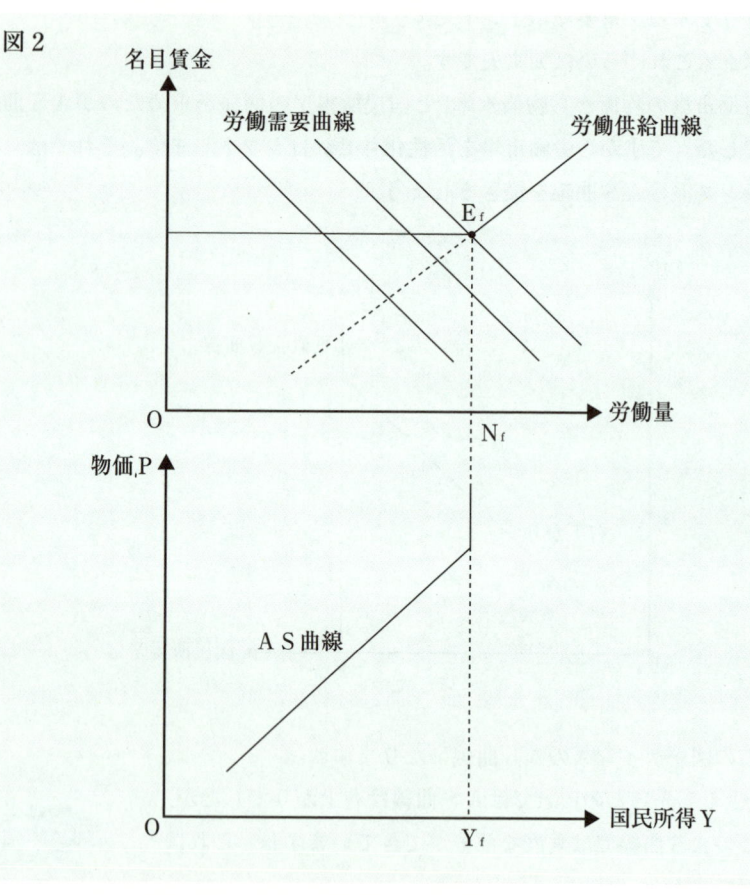

図2

🐘：なるほど。何とか理解できたような気がします。

🐘：このAS曲線ですが，政府からの何らかの政策によって右にシフトするこ

とが可能になりそうですよね。

🐘：労働市場を活性化させればシフトするはずです。

🐘：そうですね。それでは，労働市場を活性化させるにはどのようなことをすればいいと思いますか？

🐘：いきなり労働市場を活性化させる，といわれてもピンと来ないですね。

🐘：そうですね。いきなりだと，少し難しいですね。これは企業の投資を増やすような政策，あるいは企業の新たなビジネスへの参入を増やすような政策だと思えばいいのですよ。企業の投資が増えると雇用量も増えますね。その結果，労働市場が活性化しますよね。そんな政策を考えればいいんですよ。

🐘：そうすると，たとえば規制緩和，なんていう方法もAS曲線をシフトさせるのですか？

🐘：基本的にはシフトさせますね。規制を緩和すると，その業界への企業の参入が起こりますからね。これが雇用の増加に繋がりますから，AS曲線が右にシフトして景気が拡大しますね。

アドバイス

規制緩和 → 企業の参入 → 雇用の増加 → AS右シフト

🐘：他にはありますか？

🐘：ボクは，企業に対する減税が挙げられると思います。減税によって企業の投資が増加すれば雇用量が増えるからです。

🐘：いいですね。企業への減税とは，主に法人税の減税ですね。企業の利益にかけられる法人税の減税政策が企業の設備投資を増やすことになり，雇用の増加へと結びつきますね。

アドバイス

法人税の減税 → 企業の投資の増加 → 雇用の増加 → ASが右シフト

🐘：他には考えられますか？

🐘：新しい技術が開発されると，これも雇用が増えると思います。

🐘：そうですね。新しい技術を開発すればその分野で雇用が増えますね。それ

がAS曲線をシフトさせます。

🐘：近年のIT産業の発展は、これに該当するのですか。

🐘：そうですね。該当すると思いますよ。IT産業のような新しい産業の発展のために政府が補助金を出したり減税措置をとったりするような政策は、景気拡大につながりAS曲線を右にシフトさせますね。

アドバイス

新しい産業への補助金　→　新しい産業の発展　→　雇用の増加　→　AS右シフト

🐘：ところで、ここまでに出てこなかったけれど、賃金率を下げてしまうのも雇用を増やす1つの方法ですね。このように労働市場を活性化させる政策を行うことで、AS曲線が右にシフトするということを覚えておいてください。

🐘🐘：はい、わかりました。

ポイント

AS曲線を右シフトさせる政策：規制緩和、法人税の減税、新しい産業への補助金、賃金率の低下、所得税減税（貯蓄を増やして投資を促す）など

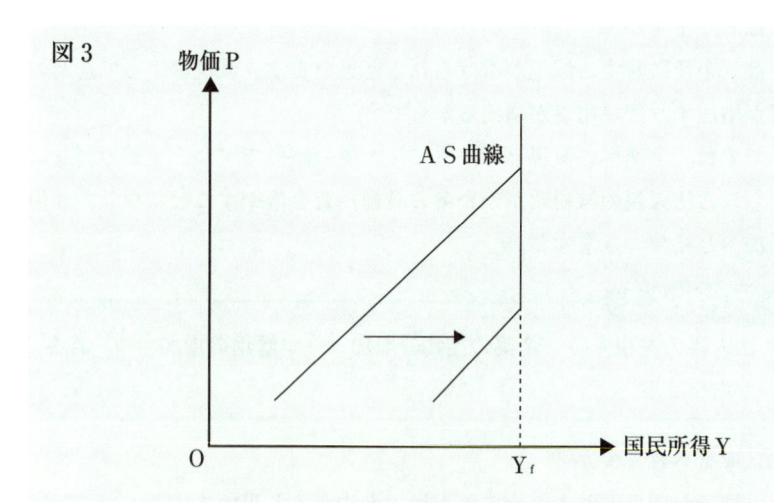

図3

（AS曲線のグラフ：縦軸 物価P、横軸 国民所得Y、AS曲線が右にシフト、Y_f）

なお、このような政策を唱えた学者たちの考えを、「サプライサイドの経

済学」といいます。フェルドシュタイン，ラッファーらがいます。

ことばの意味

サプライサイド経済学：労働市場を活性化させることでAS曲線を右にシフトさせ，国民所得を増加させようとする経済学のこと。古典派から派生してきた学派である。

それでは，これで終わりにしましょう。

　　：ありがとうございました。

MEMO

Stage 3
財市場，貨幣市場，労働市場の同時均衡
〜AD-AS分析〜

ここでは，ついに財，貨幣，労働の3つの市場の同時均衡について分析します。マクロ経済学の総まとめのような気持ちで読み進めてください。

Part 1　6-3-1　ＡＤ－ＡＳ分析１　〜ケインズ派〜

🐘：ここでは，ケインズ派のＡＤ－ＡＳ分析の効果について学習しましょう。

🐘：よろしくお願いします。

🐘：ＡＤ曲線とケインズ派の想定するＡＳ曲線を使って，政策の有効性について考えます。まずは下の図を見ましょう。

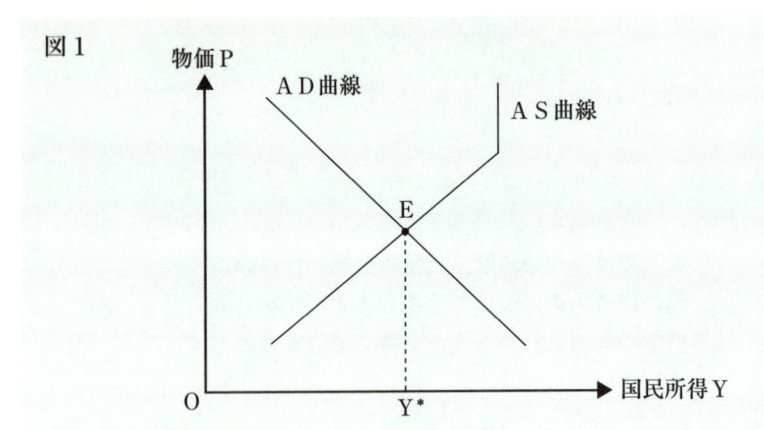

図１

（図：縦軸に物価Ｐ，横軸に国民所得Ｙ。右下がりのＡＤ曲線と右上がりのＡＳ曲線が点Ｅで交わり，そこから垂線を下ろした点がY^*）

今，点Ｅで均衡して均衡国民所得水準がY^*になっていたとしましょう。このとき，失業が発生しているとすると，この失業は市場メカニズムでは解決しませんね。

🐘：なぜ解決しないのでしたっけ？　まったくわかりません。

🐘：ＡＤ曲線は財市場と貨幣市場が均衡する点の集まりだったですね。そしてＡＳ曲線は労働市場の均衡を表す点の集まりだったですね。そうすると点Ｅでは，３つの市場のすべてが均衡していると思いませんか？

🐘：そう言われればそうですね。

🐘：すると，この点Ｅは安定的な点になるのですよね。

🐘：今までのＩＳ－ＬＭ分析などと同じように考えればいいのですね。３つの市場が同時に均衡しているので，国民所得Y^*も安定しているわけですね。だからこの状態で失業している人は，その失業状態が継続してしまうと考えればいいのですね。

🐘:アキコさんは鋭いですね。そのとおりです。
🐘:僕も何となくわかりました。
🐘:そうすると,政府の政策なくしては,失業の解消はありえないと思いませんか?
🐘:確かに,そう言えそうですね。
🐘:そこで,政府がケインズ的政策を行うわけです。そうすると,どのようになりますか?
🐘:ケインズ的政策とは,財政政策や金融政策のことでしたよね。そうするとAD曲線が右にシフトするのではないですか。
🐘:そのとおりです。図で確認しましょう。

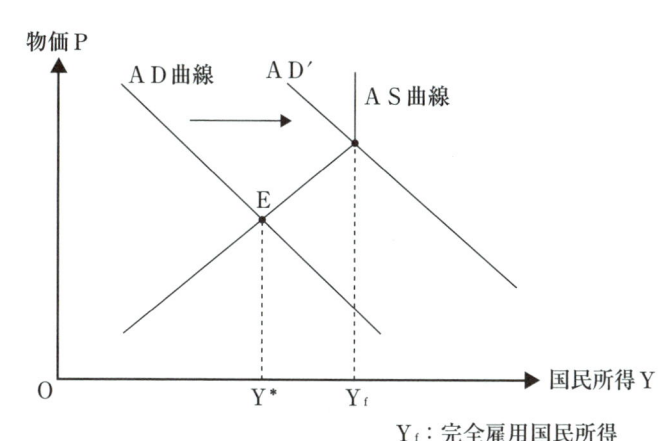

図2

物価P、AD曲線、AD′、AS曲線、E、Y^*、Y_f、国民所得Y

Y_f:完全雇用国民所得

AD曲線が右にシフトすると国民所得はY_fになります。その結果,完全雇用が実現しますね。

ポイント

ケインズ的政策を行うと,AD曲線が右にシフトして国民所得が増加する

🐘:なるほど。そんなに難しくないですね。よくわかりました。
🐘:IS-LM分析の時と同じような分析ですね。
🐘:そうですね。それでは終わりにしましょう。
🐘🐘:どうもありがとうございました。

●●● Exercise ●●●

国家Ⅱ種　2005年

政府と海外部門を捨象したマクロ経済モデルが次のように与えられている。

$$C = 30 + 0.6Y$$
$$I = 20 - 2i$$
$$L = 0.2Y - 4i$$
$$\frac{M}{P} = \frac{400}{P}$$

（Y：国民所得，C：消費，I：投資，i：利子率，L：貨幣需要，$\frac{M}{P}$：実質貨幣供給量，P：物価）

この経済の総供給関数が，$P = \frac{1}{6}Y$ で与えられるとすると，総需要曲線と総供給曲線の均衡点における国民所得と物価水準はいくらになるか。

	国民所得	物価水準
1	60	10
2	120	20
3	180	30
4	240	40
5	300	50

解説　　正解　2

総需要関数を求めて，総供給関数との交点の国民所得と物価水準を求めればよい。総需要関数はLMとISより利子率を消去すれば求められる。

ＩＳを求める。

$$Y = C + I$$
$$Y = 30 + 0.6Y + 20 - 2i$$
$$0.4Y = 50 - 2i$$
$$i = 25 - 0.2Y \quad \cdots\cdots（ＩＳ曲線）$$

ＬＭを求める。

$$\frac{M}{P} = L$$

$$\frac{400}{P} = 0.2Y - 4i \quad \cdots\cdots (\text{LM曲線})$$

利子率 i を消去する。

$$\frac{M}{P} = 0.2Y - 4(25 - 0.2Y)$$

$$\frac{400}{P} = 0.2Y - 100 + 0.8Y$$

$$\frac{400}{P} = Y - 100$$

$$Y = \frac{400}{P} + 100 \quad \cdots\cdots (\text{総需要関数})$$

総需要関数と総供給関数の交点YとPを求める。

$$P = \frac{1}{6}\left(\frac{400}{P} + 100\right)$$

$$6P = \frac{400}{P} + 100$$

$$6P^2 = 400 + 100P$$
$$3P^2 - 50P - 200 = 0$$
$$(3P + 10)(P - 20) = 0$$

$$P = 20, \quad -\frac{10}{3} (\text{不適})$$

したがって, P = 20, Y = 120になり, 正解は 2 になる。

Part 2　6-3-2　AD−AS分析2　〜古典派〜

🐘：ここでは，古典派のAD−AS分析について学習しましょう。

🐘🐘：よろしくお願いします。

🐘：古典派のAS曲線について覚えていますか？

🐘：はい，垂直な形状のAS曲線でした。

🐘：そうですね。その垂直なAS曲線を使ってケインズ的政策の有効性について考えてみましょう。

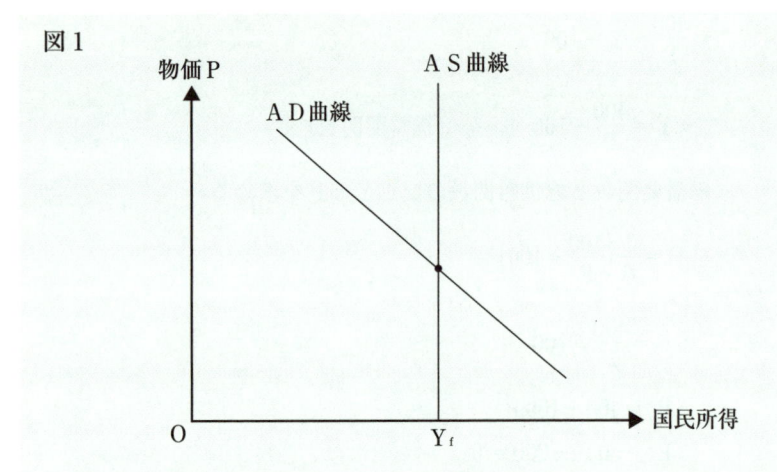

図1

物価P，AS曲線，AD曲線，国民所得，Y_f

🐘：右下がりのAD曲線と垂直なAS曲線があります。この状態からケインズ的政策を行うと，AD曲線が右にシフトしますね。このとき国民所得はどのようになると思いますか。

🐘：AS曲線が垂直だから，AD曲線を動かしても効果がないと思います。

🐘：そうですね。国民所得は増加しませんね。

図2

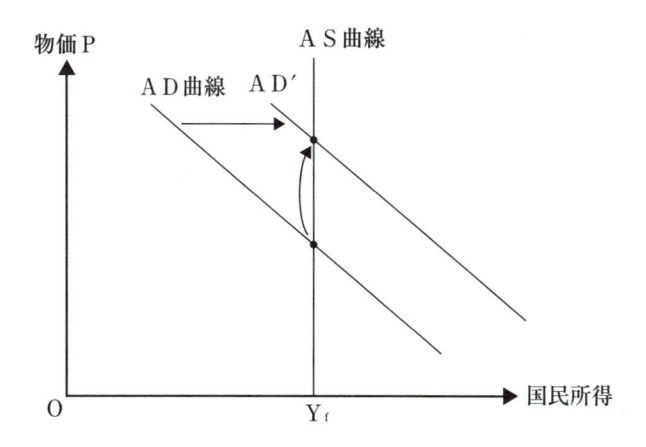

（グラフ：縦軸 物価P、横軸 国民所得。AS曲線が Y_f で垂直。AD曲線がAD'へ右シフトし、均衡点が Y_f 上で上方へ移動）

ケインズ政策はタテ軸の物価を上昇させるだけに終わってしまいますね。

ポイント

古典派にとってのケインズ的政策の効果：物価を上昇させるだけで国民所得は増加させない

- ：そんなに難しくなくて、ほっとしました。
- ：ところで先生！　AS曲線のほうは考えなくていいのですか。
- ：特に考えなくていいです。なぜならAS曲線はすでに完全雇用のところで垂直になっていますから、右にシフトさせることに意味はないからです。
- ：そうすると、AD曲線を動かすことにも意味はないのではないですか。
- ：鋭い質問ですね。AS曲線が完全雇用のところで垂直になっていますから、政策前の状態ですでに完全雇用になっています。だから本当は必要ないですね。しかしここで重要なのは、古典派の場合に、ケインズ的な政策が国民所得を増加させることができるかどうかですから、単純に図を見て国民所得が増えているか、増えていないかの確認だけをしておいてください。
- ：はい、わかりました。
- ：それでは、これで終わりにしましょう。
- ：ありがとうございました。

Part 3　6-3-3　AD－AS分析3　～サプライサイド学派～

🐘：ここでは，サプライサイド学派によるAD－AS分析の効果について学習しましょう。

🐘：よろしくお願いします。

🐘：サプライサイド学派とは，フェルドシュタインやラッファーらによって提唱された学派で，労働市場を活性化させて，AS曲線を右シフトさせることを主張している学派です。念のため確認しておきましょう。

ことばの意味

サプライサイド学派：フェルドシュタインやラッファーらによって提唱された理論を主張する学派で，労働市場を活性化させることで国民所得を増やそうとする考え方を採用する学派のこと

🐘：それでは，このAS曲線をシフトさせたときの効果について確認しましょう。

🐘：難しそうなので，ゆっくりとお願いします。

🐘：はい，大丈夫ですよ。ゆっくりとやりますよ。

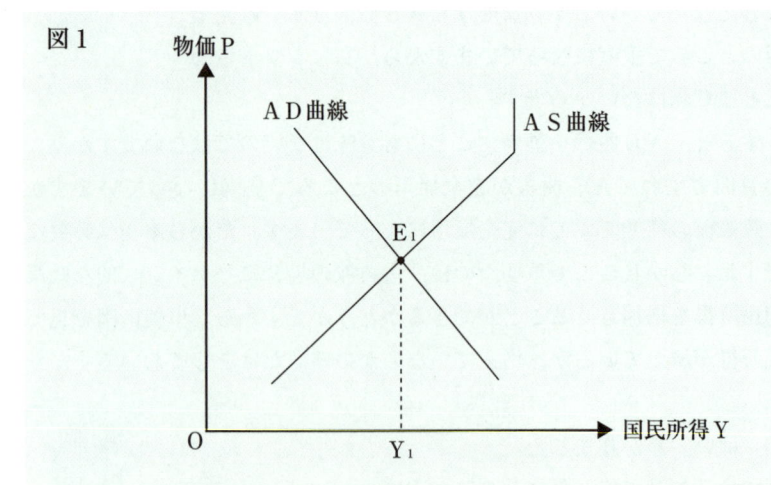

図1

ケインズ派の想定する右上がりのAS曲線と，右下がりのAD曲線があり

ます。ここで政府が，企業が労働供給を増やすような政策を行ったとしましょう。

🐘：労働供給を増やす政策は，規制緩和とか，法人税の減税とか，賃金率Wの下落などの政策を行うということで，いいのですか？

🐘：そうです。そのような政策を行ったとしましょう。するとAS曲線が右にシフトしますね。

🐘🐘：はい，右シフトしました。

🐘：このときの効果ですが，国民所得Yは増加し，物価水準Pは下落します。Y_fは完全雇用を意味しますね。

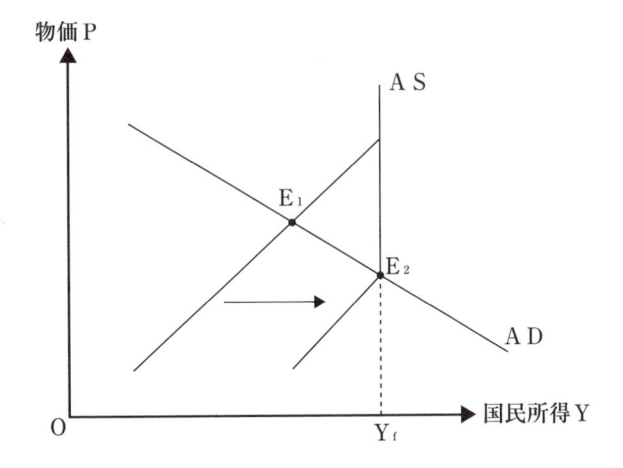

図2

🐘：完全雇用のところにくると，垂直になってしまうのはなぜでしたっけ？　忘れてしまいました…

🐘：完全雇用以上に労働者はいないと考えて，完全雇用になると垂直になり，これ以上は国民所得が増加しないのでこれ以上は財の供給がなされず，物価のみが上がるということでしょ。前も先生に説明してもらったような気がするわ！

🐘：ごめんなさい。忘れていました。

🐘：そうですね。アキコさんの言うとおりです。まあ，難しいところなのであまり深く気にしないでください。ただし，このAS曲線を右にシフトさせる政策は，均衡点がE_1からE_2へとシフトするので，国民所得の増加とイ

ンフレの解消という長所と，実は均衡に到達するまでに時間がかかる，という短所を持ち備えています。

> **アドバイス**
>
> サプライサイド学派の政策の効果：ＡＳ曲線が右にシフトして，国民所得が増加する。またインフレの解消という長所がある反面，効果が現れるまでに時間がかかる。

：先生！　なぜ効果が現れるまでに時間がかかるのですか？

：よく考えてみればわかりますよ。たとえば，規制を緩和した場合で説明しましょう。航空産業で規制が緩和されました。そうするとその航空産業に参入する企業が出てきますよね。ところが航空産業に参入するには，航空機材や空港でのチケット販売のブースや安全点検のための設備など，参入にあたって必要になる設備がありますね。これらをそろえてから参入するわけですから，時間がかかるわけです。したがって，ＡＳ曲線がシフトするためには時間がかかるのですね。

：なるほど，確かに時間がかかりますね。わかりました。

：それでは，これで終わりにしましょう。

：どうも，ありがとうございました。

第7部 インフレについて

インフレとは，インフレーションの略であり，物価の持続的な上昇のことをいいます。また，インフレは発生原因や進行速度によっていくつかの種類に分けられます。なお，インフレについての理論としては，フィリップス曲線というものがあり，ここでは，そのフィリップス曲線についての学習を通じてケインズ的政策の有効性について学習します

Stage 1 インフレの分類

ここでは，インフレの種類について学習します。発生原因に基づく分類と，進行速度に基づく分類があるので，それらについてみていきましょう。

Part 1　7-1-1　インフレの発生原因に基づく分類

🐘：ここでは、インフレの発生原因に基づく分類について学習しましょう。

🐘🐘：よろしくお願いします。

🐘：まず、インフレとは何だか知っていますか？

🐘🐘：物価が上がることですよね。

🐘：そうですね。もう少し正確に言うと、インフレーションと呼ばれ、物価の持続的な上昇のことですね。ちなみにその逆はデフレ、またはデフレーションといって、物価の持続的な下落のことですね。

> **ことばの意味**
> インフレーション（インフレ）：物価の持続的な上昇のこと
> デフレーション（デフレ）：物価の持続的な下落のこと

🐘：ところで、このインフレはなぜ起こると思いますか？

🐘：財の価格が上がったりすると起こるのではないですか？

🐘：確かにいろいろな財の価格が持続的に上昇することをインフレといいますが、問題は、なぜいろいろな財の価格が上がるのでしょうか？

🐘：供給に比べて需要が多すぎるからではないですか？

🐘：そうですね。1つの原因として、供給に対して需要が多すぎることからインフレが起こりますね。この、需要側の要因によって起こるインフレのことをディマンド・プル・インフレーションといいます。このディマンド・プル・インフレーションは、総需要の増加によるものですから、AD曲線の右シフトによって理解されることもありますね。

> **ことばの意味**
> ディマンド・プル・インフレーション：需要側の要因によって起こるインフレのこと

図1

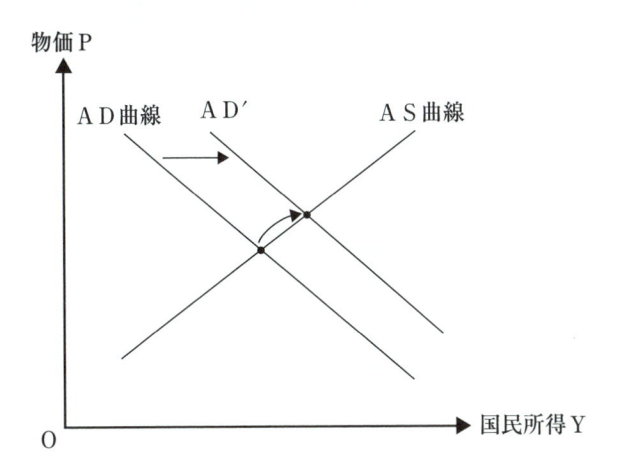

（グラフ：物価Pを縦軸、国民所得Yを横軸とし、AD曲線、AD′、AS曲線を示す）

🐘：ところで，インフレは需要側の要因だけで起こるのではありません。供給側の要因で起こることもあります。どんな場合でしょうか？

🐘：原油価格の上昇とかが原因で，さまざまな製品の原価が上がるような場合があると思います。

🐘：そうですね。原油の価格が上昇したり，賃金が上昇したりして，資本Kや労働Lに直結するさまざまな生産要素の価格が上昇し，それが原因で物価が上がることがありますね。そのような原因で発生するインフレをコスト・プッシュ・インフレーションといいます。そして，コスト・プッシュ・インフレーションは，供給曲線の左シフトで表現されることもありますね。

ことばの意味

コスト・プッシュ・インフレーション：供給側の要因によって起こるインフレのこと

図2

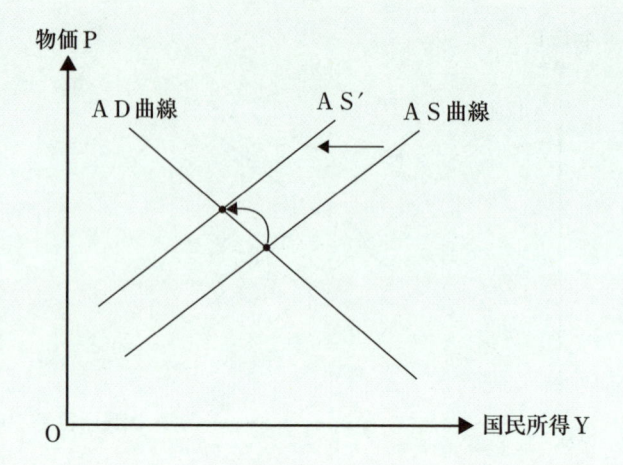

物価P / AD曲線 / AS′ / AS曲線 / 国民所得Y

🐘：なるほど。AD曲線やAS曲線のシフトからインフレを説明することができるのですね。うまく工夫しましたね，という感じがします。

🐘：この2つ以外にも，輸入品が原因で起こる輸入インフレ，生産性の上昇格差が縮小する過程で起こる，生産性上昇格差インフレ，そして需要構成の変化によって起こる需要シフト・インフレなどがありますね。それでは，これで終わりにしましょう。

🐘🐘：ありがとうございました。

Part 2　7-1-2　インフレの進行速度に基づく分類

🐘：ここでは，インフレの進行速度に基づく分類について学習しましょう。

🐘🐘：よろしくお願いします。

🐘：先ほどのPart 1で，インフレの発生原因に基づいて分類をしましたが，今度はインフレの進行速度に基づく分類について学習したいと思います。

🐘：先ほどはそれほど難しくなかったのですが，今回は難しいですか？

🐘：全然難しくないですよ。だから，しっかりとついてきてください。

🐘：ホッとしました。

🐘：インフレには進行速度があります。たとえば，1年に1％とか2％といった勢いの物価上昇，インフレがありますね。

🐘：この1％，2％という上昇率がインフレの速度になるのですか。

🐘：そうです。1年に1％，2％という上昇率は，緩やかなインフレで，このようなインフレのことをクリーピング・インフレーションといいます。

ことばの意味

クリーピング・インフレーション（Creeping inflation）：物価上昇が緩やかなインフレのこと

🐘：クリーピングとは，"ゆっくり"とかいう意味があったと思います。

🐘：そうですね。直訳は，"動物などがのっそりと歩く"という意味ですね。だから，緩やかに物価上昇が起こるインフレと覚えておいてください。それではつぎに，急激にインフレが起こることが現実にはありますね。近年の日本では見られないですが，南米やアフリカの国々では急激にインフレが起こっているところもあります。このようなインフレをギャロッピング・インフレーションといいます。

ことばの意味

ギャロッピング・インフレーション（Galloping inflation）：物価上昇が急激に起こるインフレのこと

🐘：実はあともう1つあります。皆さんも一度は聞いたことがあると思うのだ

けど, 猛烈な勢いで物価が上昇するインフレがあります。これをハイパー・インフレーションといいます。

🐘：確か戦前のドイツで起こったことがあったような…

🐘：そうですね。有名なものとしては, 第1次世界大戦後のドイツで起こったことがありました。そのようなインフレのことです。

> **ことばの意味**
>
> ハイパー・インフレーション（Hyper inflation）：物価上昇が猛烈な勢いで起こるインフレのこと

🐘：進行速度に基づく分類としては, これら3つのインフレがあるので, しっかりと覚えておいてください。それでは, 終わりにしましょう。

🐘🐘：ありがとうございました。

Stage 2
フィリップス曲線

このStageでは，フィリップス曲線について学習します。そしてそれを使って政策の有効性について考えていきます。学派ごとにどのような違いがあるか比較しながら学習を進めましょう。

Part 1 7-2-1 フィリップス曲線とは

🐘:ここでは，フィリップス曲線に関する理解を深めましょう。

🐘🐘:よろしくお願いします。

🐘:イギリスのロンドン大学の教授であったフィリップスは，約100年間における名目賃金の上昇率と失業率の関係を調べました。

🐘:100年間なんてすごいな。よく調べましたね。

🐘:そうですね。すごいですよね。でも，すごいことを見付けたんですよ。それは，失業率が低かった時代は名目賃金の上昇率が高く，失業率が高かった時代は，名目賃金の上昇率が低かった，という関係があることに気付いたのでした。

アドバイス

フィリップスが実証分析の結果導いた結果：
- 失業率が低い　→　名目賃金上昇率が高い
- 失業率が高い　→　名目賃金上昇率が低い

この結果を図にしてみましょう。タテ軸に名目賃金上昇率$\frac{\Delta W}{W}$をとり，ヨコ軸に失業率Uをとります。

図1

縦軸：$\frac{\Delta W}{W}$（名目賃金上昇率）

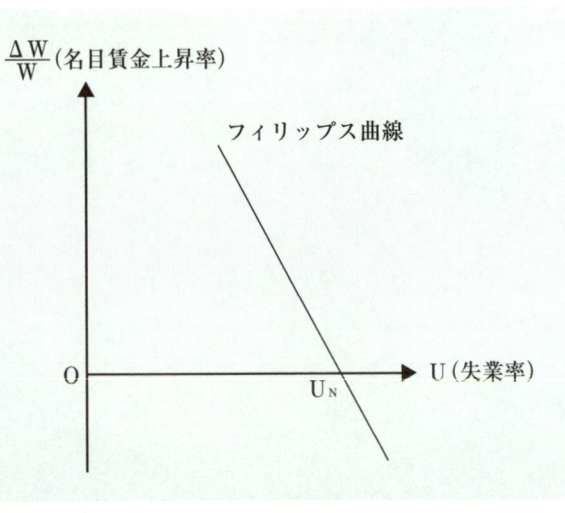

フィリップス曲線

横軸：U（失業率），U_N

: 先生！ 名目賃金の上昇率と名目賃金は，どう違うのですか。

: ゆっくり考えればわかるじゃない！ 上昇率は前の期に比べてどれだけ上昇したかを表すものでしょ。だから名目賃金はWで表すけれど，名目賃金上昇率は$\frac{\Delta W}{W}$で表すじゃない。

: なるほど。ゆっくり考えればわかるかもしれないね。

: このフィリップス曲線ですが，タテ軸が名目賃金の上昇率であること，ヨコ軸が失業率であること，そして右下がりになることを確認しておいてください。

: はい，わかりました。今回は簡単だったな。

: ユウゾウ先生，最後に質問があります。

: 何かな。

: このフィリップス曲線は何を意味するのですか。右下がりになることは確認できましたが，これが何を意味しているのかがわかりません。

: これは実証分析から求められたので，これが理論的にどうなるのかは，この時点では何もいえません。むしろ，これからこれを使って理論的に考えていくことになります。ただ，当時の政策当局者にとっては，この関係はショッキングだったらしく，失業率を下げようと努力すると，その国の名目賃金率上昇率が上昇してしまうというジレンマに陥ってしまっていたようです。

: 簡単だと思っていたのに，少し難しくなりましたね。

: とりあえずここでは，フィリップス曲線の軸と形を確認しておいてもらえればいいです。それでは，終わりにしましょう。

: ありがとうございました。

Part 2　7-2-2　物価版フィリップス曲線

🐘：ここでは，物価版フィリップス曲線の学習をしましょう。
🐘🐘：よろしくお願いします。
🐘：先ほどのPart 1で，フィリップス曲線の学習をしましたね。このフィリップス曲線のタテ軸は何だったか覚えていますか。
🐘：覚えています。タテ軸は名目賃金上昇率です。
🐘：そうですね。とりあえず図示しましょう。

図1

$\frac{\Delta W}{W}$（名目賃金上昇率）

フィリップス曲線

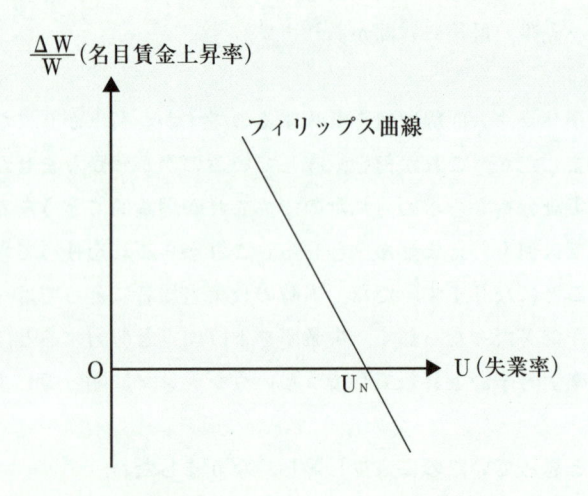

O　　　　　　　U_N　　　U（失業率）

このフィリップス曲線のタテ軸について考えていきますね。しっかりと聞いていてね。

🐘🐘：はい，わかりました。
🐘：タテ軸の名目賃金の上昇率が上昇するということは，賃金が上昇しますね。
🐘：はい。
🐘：賃金が上昇すると，人件費にあたる労働についてのコストが上がりますね。この労働コストが上がると，寡占市場ならばその商品の価格が上がってきますね。
🐘：そのメカニズムはわかります。けれど，なぜ寡占市場を仮定するのですか？

:完全競争市場よりも，むしろ寡占市場の方が現実的な市場だから，このように仮定するのです。これはフリードマンが考えたのですが，彼はフルコスト原理（マークアップ原理）を用いて説明しています。

> **補足**
>
> フルコスト原理：平均費用にマークアップ率を上乗せして価格を決定する理論
>
> $P = (1+m)AC$　　P：価格，m：マークアップ率，AC：平均費用

:これは確かミクロ経済学の寡占市場のところで学習したわ。

:ボクも何となく覚えています。

:厳密には，このマークアップ原理（フルコスト原理）を用いて説明していますが，ここでは寡占市場では労働の価格が上昇すると，価格が上昇するということを確認できていればいいですよ。

:はい，ありがとうございます。

:その国のあらゆる商品の価格が上昇すると，物価が上昇しますね。

:はい，あらゆる商品の価格が上昇すれば，当然物価が上昇すると思います。

:その結果，物価上昇率も上昇することになりませんか？

:確かに，あらゆる商品の価格が上昇すれば，物価も上昇することになりますね。

:つまり名目賃金の上昇率が上昇すると，物価上昇率も上昇することになりませんか。

:うーん。確かにじっくり考えるとそうなっているような気が…。

> **補足**
>
> 名目賃金上昇率の上昇　→　名目賃金の上昇　→　労働コストの上昇→　商品価格の上昇　→　物価の上昇　→　物価上昇率の上昇

:名目賃金の上昇率が上昇すれば，物価上昇率も上昇し，名目賃金の上昇率が下落すれば，物価上昇率も下落することになりますよね。そこでタテ軸を物価上昇率に置き換えることができると考えたんですね。そしてこのタテ軸を置き換えたフィリップス曲線を物価版フィリップス曲線といいます。

> **ポイント**
> 物価版フィリップス曲線の特徴：フィリップス曲線のタテ軸を物価上昇率に置き換えてつくる

🐘：なるほど。このように考えると置き換えることが可能ですね。

図2　$\pi = \dfrac{\Delta P}{P}$（物価上昇率）

物価版フィリップス曲線

O　　U_N　　U（失業率）

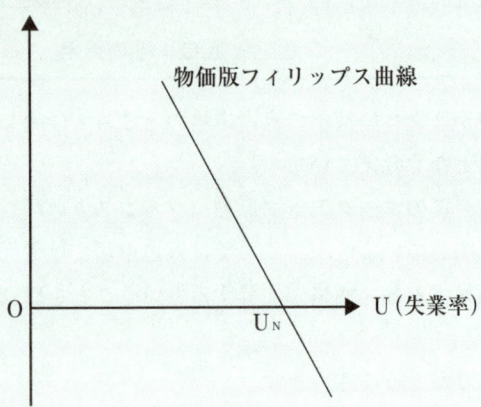

> **ポイント**
> 物価版フィリップス曲線：ヨコ軸に失業率，タテ軸に物価上昇率をとったときの右下がりの関係を表した曲線のこと

🐘：そして次のPart以降では，この物価版フィリップス曲線を使って学習を進めていきます。そして物価上昇率のことを，インフレ率と表現し，マクロ経済学では通常，πの記号で表します。この記号も覚えておいてください。

> **アドバイス**
> 物価上昇率（インフレ率）：一定期間（1年間）における物価の変化率のこと。通常$\dfrac{\Delta P}{P}$，またはπで表現する。

🐘：それでは，これで終わりにしましょう。
🐘🐘：どうも，ありがとうございました。

●●● Exercise ●●●

中小企業診断士　2002年

　ある国のエコノミストが，経済データを用いて，自国のフィリップス曲線の分析を行おうとした。このエコノミストが実証しようとしたこととして最も適切なものはどれか。

ア　可処分所得と貯蓄率の関係
イ　財政赤字とマネーサプライの関係
ウ　失業率とインフレーションの関係
エ　消費と投資の関係

解説　　正解　ウ

　ここで問われているのは，物価版フィリップス曲線のことと思われる。したがって，正解はウになる。

Part 3　7-2-3　ケインズ派によるフィリップス曲線に対する考察

🐘：ここでは，ケインズ派のフィリップス曲線に対する考え方を学習しましょう。

🐘🐘：よろしくお願いします。

🐘：先ほどのPart 2で物価版フィリップス曲線について学習しましたね。

🐘🐘：覚えています。

図1

$\pi = \dfrac{\Delta P}{P}$（物価上昇率）

物価版フィリップス曲線

O　　U_N　　U（失業率）

🐘：ケインズ派は物価版フィリップス曲線について，物価上昇率と失業率の間にはトレード・オフ（二者択一的な関係）の関係があることを認め，政府としては，自国にとって最適と思われる組合せを「裁量的政策」によって実現させる必要があると考えたのでした。

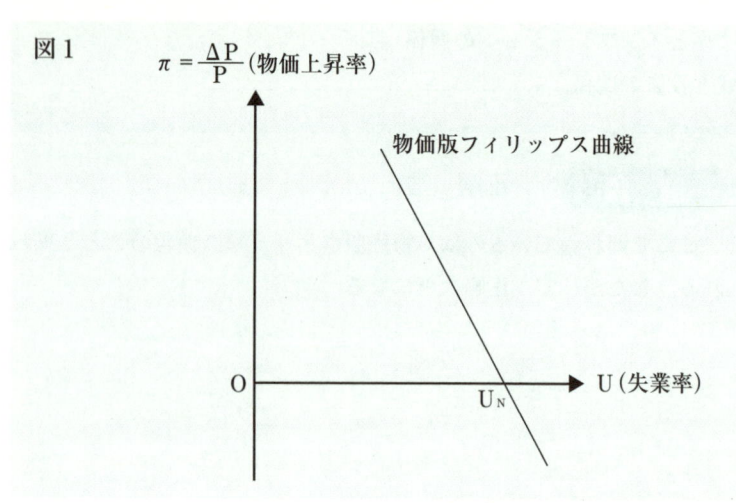

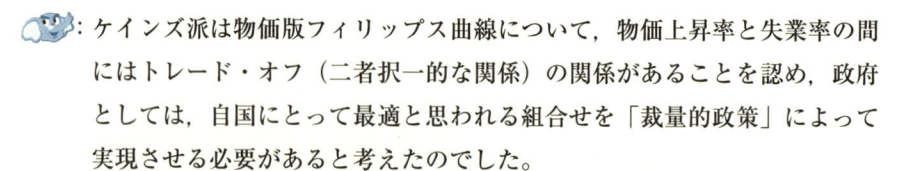

🐘：「裁量的」って何ですか？

🐘：「その場の状況に応じて人為的に」という意味に訳してください。つまり「その場の景気の状況に応じて人為的に行う」政策でもって，自国にとって最適と思われる失業率と物価上昇率の組合せを実現させる必要があると考えたのでした。

> **ポイント**
>
> ケインズ派のフィリップス曲線：失業率と物価上昇率の間にトレード・オフの関係（同時に解決できない二者択一的な関係であること）を認め，裁量的政策によって最適な組合せを実現させる必要があるとした

図2

$\pi = \frac{\Delta P}{P}$（物価上昇率）

物価版フィリップス曲線

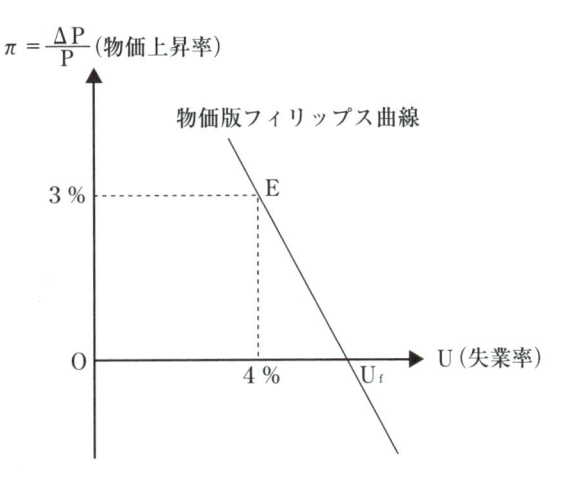

3％ ······ E

O　　　4％　　U_f　　U（失業率）

🐘：たとえば，自国にとって最適な組合せが，失業率4％，物価上昇率3％の点Eの組合せであったとしましょう。このとき，ケインズ派によれば，裁量的な財政政策や金融政策でもって点Eの状態に持っていく必要がある，としたのでした。

🐘：この状態に持っていくためには，失業率と物価上昇率の両方を動かさなければならないと思うのですが，どのようにして行うのですか。

🐘：AD－AS分析ですよ。ケインズ的政策を行うとAD曲線がシフトして均衡点は右上にシフトしますよね。そのシフトによって，国民所得Yの増加，すなわち失業率Uが低下しつつ物価が上昇すると思いませんか？ そして物価の変化は，物価上昇率の変化と実質的に同じことですよね。だから，通常のケインズ政策でもって，最適な水準に持っていくことができそうなのですよ。

図3

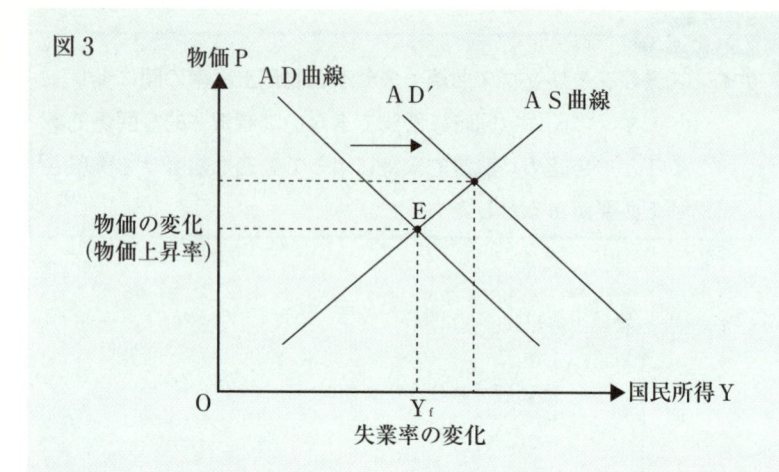

物価P / AD曲線 / AD′ / AS曲線 / 物価の変化（物価上昇率） / E / O / Y_f / 失業率の変化 / 国民所得Y

🐘：なーるほど，わかりました。
🐘：ボクも何とかわかりました。
🐘：それでは，終わりにしましょう。
🐘🐘：ありがとうございました。

Part 4　7-2-4　自然失業率仮説

🐘：ここでは，学者フリードマンを中心とするマネタリストが主張した自然失業率仮説について学習しましょう。

🐘🐘：よろしくお願いします。

🐘：フリードマンらをはじめとするマネタリストは，物価版フィリップス曲線を使って自然失業率仮説を提唱しました。これは，短期的にはケインズ的政策で失業率を低下させることができるが，長期的には失業率は自然失業率以下にすることができない，とするものです。

ことばの意味

自然失業率仮説：短期的には，ケインズ的政策で失業率を減少させることができる。しかし長期的には，その国の失業率を自然失業率以下にすることはできない。

🐘：先生！　自然失業率という知らない言葉が出てきましたが，これは何ですか？

🐘：はい，これはその国の社会の構造などによって決まってくる失業率のことですね。

🐘：社会の構造って何ですか？　イメージができないのですが…

🐘：たとえば，ある国で失業手当を充実させたとしますね。そうすると失業してしまっても，手当てが充実しているので，安心して失業できますね。だからその国の失業率は，失業手当があまり充実していない国に比べて高くなりがちになると思いませんか？

🐘：そう思います。

🐘：他にも，転職が比較的容易に行える国と，そうでない国とでは，転職が容易な国の方が失業率は高くなると思いませんか？

🐘：確かに転職が容易だと，摩擦的失業が高くなって，その国の失業率も高くなると思います。

🐘：このように，好景気や不景気といった景気によって起こる失業ではなくて，社会の構造によって起こる失業率のことを自然失業率といいます。

> **ことばの意味**
>
> 自然失業率：その国の社会構造などによって決まる失業率のこと。ほぼ，摩擦的失業，自発的失業の和によって構成されると考えてよい。図においては，フィリップス曲線のヨコ軸切片（U_N）にあたる。

🐘：先生！　とりあえず自然失業率はわかりました。次の説明をお願いします。

🐘：はい。それでは，フリードマンが主張する自然失業率仮説の説明に入りましょう。物価版フィリップス曲線を思い出してくださいね。

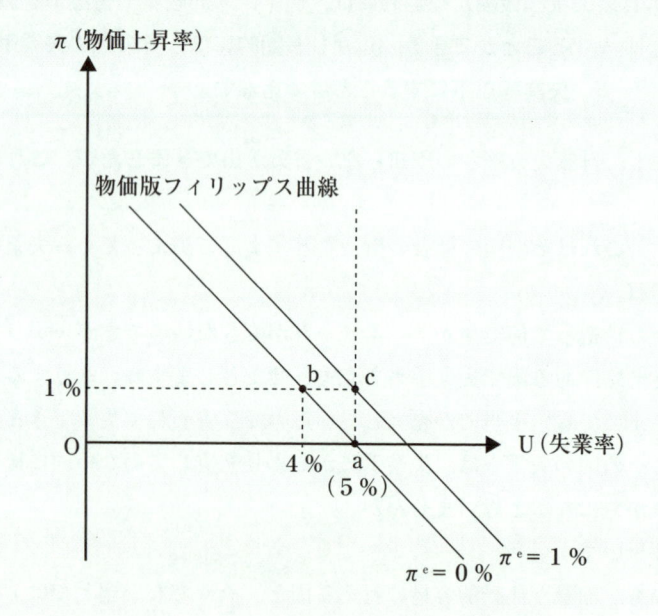

図1

点aから考えましょう。いま日本の国が点aの状態にあったとします。点aの状態とは，日本の国の失業率が，U＝5％，物価上昇率が，π＝0％であったと思ってください。この状態において，人々は，この国での将来的な物価上昇率はゼロ％であると予想していたとしましょう。この人々が予想している将来的な物価上昇率のことを期待物価上昇率，または期待インフレ率といいます。

ことばの意味

期待物価上昇率（期待インフレ率）：人々が予想する物価上昇率のこと

🐘：期待物価上昇率という言葉は初めて出てきましたが，人々がその国で起こるであろうと予想している物価の上昇率（インフレ率）であると考えていいのですか？

🐘：そうです。そのとおりです。人々がその国で今期（今年）に起こると考えている物価上昇率になりますね。

🐘：何となくですが，ボクもわかりました。

🐘：この状態から，ケインズ的政策を行ったとしましょう。そうすると，財市場で超過需要が発生して物価が上昇しますね。これは，AD-AS分析で確認できます。フリードマンらのマネタリストは，古典派の考え方に基づくのですが，理解を優先して（理論的厳密性を犠牲にして）説明すると，以下の図2で説明できます。

図2

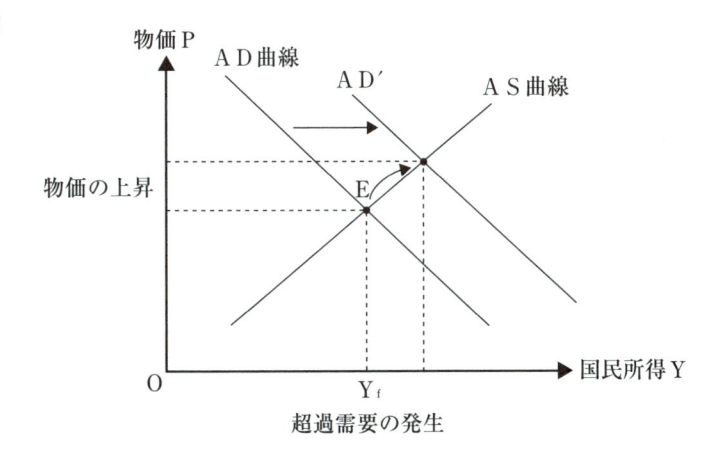

物価P／AD曲線／AD′／AS曲線／物価の上昇／E／O／Y_f／国民所得Y／超過需要の発生

🐘：ケインズ的政策を行うとAD曲線が右シフトしますね。その結果，超過需要が発生するので失業率が下がり，物価が上昇します。物価が上昇すると，物価上昇率が上昇することになりますよね。

> **アドバイス**
> ケインズ的政策を行う → 失業率の低下,物価上昇率の上昇

:失業率の低下と物価上昇率の上昇が起こるということは,図1のフィリップス曲線でいうと,点bの方へシフトする,ということですか?

:そのとおりです。アキコさんは優秀ですね。失業率が下がり,物価上昇率は上昇しますから,フィリップス曲線の左上の方へその国の状況が変化します。今,点bにその国の状況が変化して,失業率が4%,物価上昇率が1%になったとしましょう。このとき,なぜ失業率が低下したかについては,このように説明しています。

まず労働市場の需要サイドである企業側は,ケインズ的政策の結果,景気が拡大して好景気になってきたことに対応するために,(物価Pが上昇しているので実質賃金$\frac{W}{P}$を維持させつつ)短期的には名目賃金Wを上昇させて,雇用量水準を拡大させようとします。ところが,労働市場の供給サイドである労働者は,企業による名目賃金Wの上昇を,実質賃金$\frac{W}{P}$の上昇と錯覚して労働供給量を増やしてしまうからだ,としています。

> **アドバイス**
> ケインズ的政策を行った際の短期的効果
>   企業サイド:(実質賃金を維持しつつ)名目賃金を上昇させる
>   労働者サイド:物価上昇率の上昇に気付いていないために,名目賃金の上昇を,実質賃金の上昇と錯覚して,労働供給を増やす

:企業と労働者の行動の結果として,フィリップス曲線上の点bに移動するわけです。

:労働者サイドは,物価上昇率の上昇に気付いていないために,名目賃金の上昇を実質賃金の上昇と錯覚するとあるのですが,これはなぜなのですか。よくわかりません。

🐘：これは最初に確認したのですが，人々（労働者）は，期待物価上昇率をゼロであると考えてしまっています。期待物価上昇率とは，人々の予想する物価上昇率ですね。ところが政府のケインズ政策の結果，物価上昇率が当初の0％から1％に上昇してしまいました。つまりこの国では，1％の物価上昇が起こるようになったわけです。しかし，労働者はこれに気付いていないのですね。だから，企業が実質賃金を維持しつつ名目賃金Wを上昇させたときに，労働者は実質賃金の上昇と錯覚して労働供給を増やしてしまうのです。この労働者の錯覚のことを<u>貨幣錯覚</u>ということもあります。

ことばの意味

<u>貨幣錯覚</u>：（このケースでは）期待物価上昇率と現実の物価上昇率の数値の乖離から，名目賃金の上昇を実質賃金の上昇であると錯覚すること。（正確には）物価水準が正確に認識されておらず，実質値と名目値がズレて認識されている状態を指す。

🐘：点bになることはわかりました。ところで，この貨幣錯覚は永遠に起こるのですか。それともどこかの時点で錯覚から覚めるのですか？

🐘：とてもいい質問ですね。点bでは労働者が貨幣錯覚に陥っていたために，失業率が低下しました。ところが，この錯覚は永遠には続きません。実際にその国の物価上昇率が1％になったわけですから，労働者も<u>長期的</u>には，自分の国の物価上昇率がゼロから1％に変化したことに気付くわけです。気付けば，貨幣錯覚から覚めて解消することになりますよね。

🐘：解消するとどうなるのですか？

🐘：自国の物価上昇率を正しく認識したことになりますから，労働者は実質賃金が変化していないことに気付きます。するとその結果，労働者は失業率を元の水準に戻すことになります。つまり図1の点cに移動することになるのですね。

ポイント

物価水準を正しく認識すると，状況は点bから点cにシフトする

🐘：質問なのですが，点aには戻らないのですか。なぜ点cなのですか。

:それは戻った時点では，物価上昇率が，もはやゼロではなく1％になってしまっているからなのです。点bでこの国の物価上昇率が1％に変化したことに気付いたのですよね。だから実質賃金が変化していないことにも気付いて，労働供給をもとの水準に戻しました。戻した時点では人々は，実際の物価上昇率は1％，で失業率が5％になるわけです。だから点cに移動するのです。またこの点では，期待物価上昇率も上昇しています。人々はこの国で1％の物価上昇が起こっていることを認識しましたね。だから予想する物価上昇率，つまり期待物価上昇率も1％に上昇するのです。

:なるほど，わかりました。

:さて，この点cですが，この状態では，失業率5％，物価上昇率1％，期待物価上昇率1％となっています。この状態から，次の期に1％の物価上昇があったとしましょう。このとき労働者は貨幣錯覚を起こしますか。

:よくわからないです。ゆっくり考えさせてください。

:そんなに考えなくても，わかりますよ。貨幣錯覚は起こさないのではないですか。なぜなら期待物価上昇率が1％だから，人々は1％の物価上昇が起こると考えていて，実際に物価上昇が1％あったわけだから，このとき企業サイドから名目賃金Wの上昇があったとしても，物価上昇分だけ名目賃金が上がり，実質賃金は上がっていないことがすぐにわかります。だから貨幣錯覚は起こさないと思います。

:そうですね。アキコさんのいうとおりです。それでは，同じ状態の下で，その国で2％の物価上昇が起こるとどうなりますか？

:先ほどとは違う結果になりそうな気がします…

:人々の期待物価上昇率が1％のもとで，実際には2％の物価上昇が起こるわけだから，1％分だけ，また貨幣錯覚を起こすのではないですか？

:そのとおりです。この場合，企業は実は実質賃金を維持しつつ，企業は2％の名目賃金Wを上昇させていますから，1％分だけ実質賃金を上昇させたと錯覚を起こしますね。そうすると失業率は1％分だけ減少して4％になり，物価水準は2％になりますね。つまり図3の点dに移動します。

図3　　　π（物価上昇率）

物価版フィリップス曲線

　　　　　　　　　　d　　e

1％　　　　　　　　b　　c

O　　　　　　　4％　　a　　　　　U（失業率）
　　　　　　　　　（5％）

　　　　　　　　　　　π^e = 0％　π^e = 1％

🐘：点dでは，また貨幣錯覚に陥っているのですか？

🐘：そうです。貨幣錯覚に陥っています。

🐘：そうするとやがて，また錯覚に気付くのですか？

🐘：気付きますね。そうすると，点eに移動します。この点eでは，失業率は5％の元の水準にもどり，物価上昇率は2％，期待物価上昇率も2％になります。

🐘：先生！　今気付いたのですが，期待物価上昇率が，ゼロから1％，2％と上昇するとフィリップス曲線が上にシフトしているように見えるのですが，これは正しいのですか？

🐘：アキコさんは本当に大事なところに気付きましたね。これはものすごく大切なことで，期待物価上昇率が上昇すると，フィリップス曲線は上にシフトしていっているのですね。

> **ポイント**
>
> 期待物価上昇率が上昇すると，フィリップス曲線は上方にシフトする

図4

期待物価上昇率が上昇（下落）すると、フィリップス曲線は上に（下に）シフトする

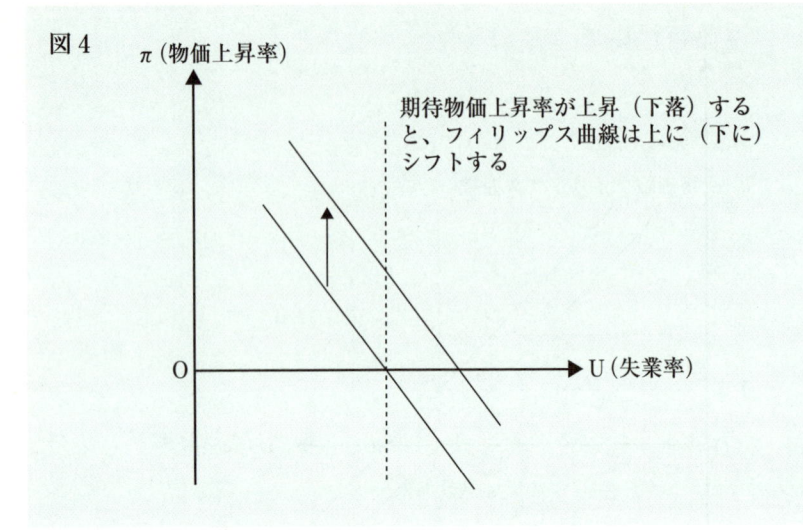

🐘：もう1つ重要なことがあって，失業率なのですが，労働者が貨幣錯覚を起こすと，どのようになっていますか？

🐘：これは簡単ですよ。失業率は低下しています。

🐘：でもこの錯覚に目覚めてしまうと，どうなりますか。

🐘：錯覚に気付くと，労働供給量をまた元の水準に戻すので，失業率は5％の水準に戻ると思います。

🐘：そうですね。そのとおりです。ところでこの5％の失業率ですが，物価上昇率がどのような値であろうと，錯覚に気付くと，この5％の状態に戻ることになるんですね。そうすると，この5％の失業率というのは，何か特別な失業率のような気がしませんか。

🐘：そんな気がしてきました。

🐘：わかったわ！　これが自然失業率じゃないのかしら…。

🐘：そうです。これが社会の構造によって生じる自然失業率になるのですね。図5でいうと点aの部分になりますね。

図5

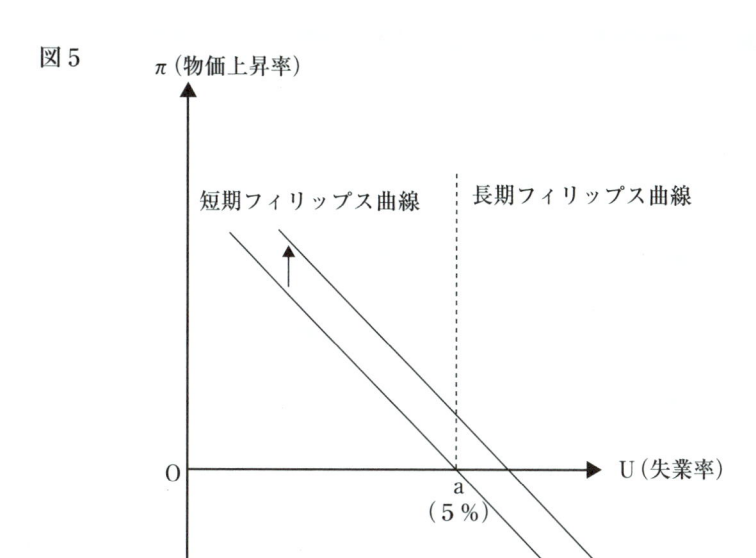

グラフ：縦軸 π（物価上昇率）、横軸 U（失業率）。点a（5%）を通る垂直な長期フィリップス曲線と、右下がりの短期フィリップス曲線（$\pi^e = 0\%$ と $\pi^e = 1\%$ の2本）が示されている。

🐘：それと，フィリップス曲線は，短期のフィリップス曲線と長期のフィリップス曲線があることを確認しておいてください。貨幣錯覚を起こしている右下がりのフィリップス曲線を短期フィリップス曲線，貨幣錯覚から覚めた後の貨幣錯覚に陥っていない状態の，物価水準がいくらであっても自然失業率の水準で失業率が決まるフィリップス曲線を，長期フィリップス曲線といいます。

ポイント

短期フィリップス曲線：**右下がりのフィリップス曲線**
長期フィリップス曲線：**垂直なフィリップス曲線**

🐘：貨幣錯覚を起こさない場合は，フィリップス曲線は垂直になると考えていいのでしょうか？

🐘：そうです。期待物価上昇率が実際の物価上昇率に等しくなって，貨幣錯覚を起こしていない状態では，フィリップス曲線は垂直になると覚えておけばいいでしょう。さて，これでやっと自然失業率仮説の結論が得られますね。

> **ポイント**
> - 短期的には貨幣錯覚を起こすので，右下がりのフィリップス曲線になり，ケインズ政策は失業率を低下させることができ，政策は有効になる
> - 長期的には，垂直のフィリップス曲線になるので，ケインズ的政策は失業率を低下させることができなくなり，政策は無効になる

🐘：これがマネタリストが強調したかった自然失業率仮説の結論なのです。
🐘：先生！ そろそろ復習したいので，これぐらいにしてください。
🐘：はい，わかりました。それでは，これで終わりにしましょう。
🐘🐘：どうもありがとうございました。

••• Exercise •••

裁判所事務官Ⅱ種　2005年

フィリップス曲線に関する記述について，（ A ）から（ D ）の各欄に入れる語句の組み合わせとして正しいものは，次のうちどれか（なお，同じ記号には同じ語句が入る）。

「フィリップス曲線は，短期においてインフレ率と失業率の（ A ）の関係を示すものであるが，その位置はインフレ期待に依存する。

インフレ期待が高まるときには，フィリップス曲線は上方シフトする。現実のインフレ率と期待インフレ率が等しいとフィリップス曲線は安定する。この状態の下での失業率を（ B ）失業率という。

なお，インフレ期待がインフレ率と一致するよう完全に調整された（ C ）でみると，（ C ）フィリップス曲線は横軸に（ D ）になると考えられている。」

（注）縦軸をインフレ率，横軸を失業率とする。

	A	B	C	D
1	比例	構造的	短期	水平
2	トレードオフ	自然	長期	垂直

3	トレードオフ	平均	長期	水平
4	バランスオフ	名目	長期	垂直
5	比例	実質	短期	水平

解説　正解　2

短期におけるフィリップス曲線は、トレードオフの関係を持つ。したがって、Aには「トレードオフ」が入る。

つぎに、フィリップス曲線が安定した状態、つまり長期の状態における失業率を、自然失業率というので、Bには「自然失業率」が入る。

さらに、インフレ期待（期待物価上昇率）とインフレ率が一致するように調整された状態は、長期の状態になる。したがって、Cには「長期」が入る。

最後に、長期フィリップス曲線は横軸に対して垂直になるので、Dには「垂直」が入る。

以上から、正解は2になる。

Part 5   7-2-5   合理的期待形成仮説

🐘：ここでは，合理的期待形成学派による合理的期待形成仮説に関する学習をしましょう。

🐘🐘：よろしくお願いします。

🐘：フリードマンらをはじめとするマネタリストは，短期的にはケインズ的政策は有効で，長期的には無効である，としたのですが，ルーカスらシカゴ大学の学派をはじめとする合理的期待形成学派は，人々は利用可能な情報はすべて用いるはずであり，インフレに対しても常に合理的に正しく予想するので，短期的にも長期的にもケインズ政策は無効になると主張しました。

ことばの意味

合理的期待形成仮説：人々は利用可能な情報はすべて用いて，インフレに対しても常に合理的に正しく予想するため，短期であっても長期であっても，ケインズ的政策によって失業率を自然失業率水準以下に下げることはできない，という考え方のこと。つまりケインズ政策は，短期的にも長期的にも無効になるとした。

🐘：なぜ，そのようなことがいえるのですか。マネタリストによる自然失業率仮説を学習したばかりのボクとしては，よくわからないです。

🐘：これは企業も労働者も，利用可能な情報はすべて用いて物価上昇率に対して合理的に（理性的に正しく）予想をするために，その国の物価上昇率を誤って認識することはありえないとしたからなんですよ。物価水準を誤って認識するようなことがなくなってしまうと，貨幣錯覚の状態が起きないわけだから，フィリップス曲線は常に垂直になってしまいます。そうすると当然，失業率は自然失業率以下にはなりませんよね。

図1

π（物価上昇率）

フィリップス曲線

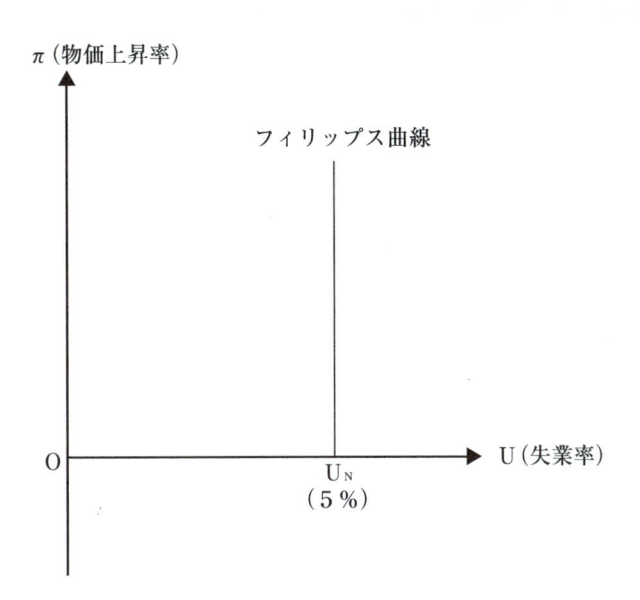

U_N
（5％）

U（失業率）

🐘：図1から，確かにフィリップス曲線が垂直になると，失業率は自然失業率U_Nの水準よりも下がらなくなると思います。でも本当に常にこのようになるのかしら…？

🐘：合理的期待形成学派は，あくまでも，期待物価上昇率が，実際の物価上昇率に等しいときにこのようになるとしているのです。そして利用可能な情報を合理的に正しく予想するので，このようになるとしているのです。したがって将来のことを合理的に予想できないときは，このようにはならないですね。

ポイント

人々が合理的に将来を予想できない場合は，ケインズ政策は有効性を持ちはじめる

🐘：なーるほど，わかりました。
🐘：それでは，終わりにしましょう。
🐘🐘：どうもありがとうございました。

Exercise

地方上級　2003年

完全雇用又は失業率に関する記述として，妥当なのはどれか。

1　フィリップス曲線は，名目賃金率の上昇率と失業率との関係について，名目賃金率の上昇率が高いときには失業率が高く，名目賃金率の上昇率が低いときには失業率が低いという，正の相関にあることを示したものである。
2　ケインズ派は，拡張的金融政策は，短期的には失業率を低下させるが，長期的には効果がなく，失業率を低下させないうえに，高いインフレ率だけを残すとした。
3　合理的期待形成学派は，民間の各経済主体が利用可能な経済情報を活用して一般物価水準の上昇率を完全に予想できる場合，財政政策は何の効果も持たず，短期的にも失業率の変化はないとした。
4　古典派雇用理論は，失業の主原因である総需要不足をマクロ需要拡大によって減少させ，労働力の質的ミスマッチに対してはミクロ的労働市場政策によって対処することで，インフレなき完全雇用の維持が可能であるとした。
5　自然失業率仮説は，競争が支配的であれば，完全雇用は自動的に成立し，そのときの賃金では働くことを欲しない自発的失業は存在しうるが，労働需要が不十分なため雇用され得ない非自発的失業は自動的に消滅するとした。

解説 正解 3

それぞれの選択肢について確認する。

1 妥当でない　負の相関にあることを示しているので妥当ではない。
2 妥当でない　これはケインズ派ではなくマネタリストの主張であることから妥当ではない。
3 妥当である　正解。妥当である。
4 妥当でない　古典派はマーケットメカニズムが機能することで，常に完全雇用が実現すると考えているため，経済政策は不要と考えているので，妥当ではない。
5 妥当でない　自然失業率仮説では，短期的にケインズ政策でもって自然失業率の水準よりも低い水準の失業率を実現させることは可能であっても，長期的には不可能であるとする。したがって，非自発的失業が自動的に消滅することを説明した仮説ではないので妥当ではない。

MEMO

第8部
国際マクロ経済学

ここでは，マクロ経済学の視点からみた国際経済学にについて学習します。具体的な内容は，ニュースや新聞の中で見たり聞いたりしたことのある国際収支や外国為替市場について学んだ後に，第4部で学習したIS－LM分析を海外との取引を考慮に入れた開放経済に拡張させた分析手法であるIS－LM－BP分析について学習します。

Stage 1
国際収支と外国為替

このStageでは，日頃から何となく見たり聞いたりしたことがあるはずの，国際収支や外国為替，外国為替市場，といった用語とそれに関連する語句についてみていきましょう。

Part 1　8-1-1　国際収支とは

🐘：ここでは，海外との間のさまざまな取引や資金の移動をまとめた結果であり，この第8部全体に関連する国際収支という用語について学習しましょう。

🐘🐘：よろしくお願いします。

🐘：ここからは，国内だけの閉鎖経済体制ではなく海外とのやりとりをも含めた開放経済体制を想定した国際マクロ経済学の学習をスタートさせるのですが，その第一歩として理解しておくべきことは，国際収支というものです。国際収支とは，いったい何だと思いますか？

🐘：それは簡単ですよ！　その言葉通りに受け止めれば，日本と外国との間でのすべてのお金の出入りの収支決算のことですよね？

🐘：いいですね。簡単に言えば，そういうことだよ。ただ，きちんと表そうとすると，結構大変なんだ。

🐘：それはどういうことですか？

🐘：少しきちんと見ておきましょう。実は，外国とのさまざまな経済的な取引や資金の動きは，国際収支表という形でまとめられています。それは，国民経済計算体系（SNA）を構成する5つの基本統計の中の1つの表として位置づけられているものです。覚える必要はないけれど，ちなみに他の4つの表は国民所得統計，産業連関表，資金循環表，国民貸借対照表です。

🐘：いろいろあって，大変なんですね…

🐘：話題を元に戻しましょう。ここで大切な国際収支についてですが，その内訳は次の表のようになっています。

表1

```
                                    ┌ 貿易収支 ┌ 輸出
                  ┌ 貿易・サービス収支 ┤         └ 輸入
         ┌ 経常収支┤                  └ サービス収支
         │        │ 所得収支
         │        └ 経常移転収支
国際収支 ┤
         │        ┌ 投資収支
         │ 資本収支┤
         │        └ その他の資本収支
         │ 外貨準備増減
         └ 誤差脱漏
```

🐘：ちょっと頭が痛くなってきました。

🐘：まあまあ、慌てずに聞いていてね。実は試験に向けて経済学的に確認しておいてほしい部分をまとめると、こうなるんだよ。

公式

国際収支＝経常収支＋資本収支＋外貨準備増減＋誤差脱漏

🐘：だいぶスッキリしてくれたので、ホッとしました。

🐘：私としては、表の中のそれぞれの部分が気になります。先生、説明してもらえませんか？

🐘：さすがにアキコさんは気になるようだね。それでは、細かい方から確認してみよう。輸出とは国内からの財の輸出総額のことで、輸入とは国内への財の輸入総額のことです。そして貿易収支とは、この輸出総額から輸入総額を差し引いて得られるものです。だからもちろん、その差し引きした結果である貿易収支の額がプラスになれば貿易黒字、マイナスになれば貿易赤字と呼ばれますね。

🐘：先生、さすがにそれは大丈夫です。

🐘：きっとそうだね。それでは、次のサービス収支について確認しよう。サービス収支とは、文字通り、サービスの輸出総額から輸入総額を差し引いて得られるものです。

🐘：先生，サービスの輸出や輸入ってどういうことなんですか？

🐘：もちろん，"サービス"という言葉は，国内でも市場経済のシステムとして取引されているもので，簡単に言えば"無形の財"と言ってもいいと思うよ。具体的には，旅行や輸送，運搬，通信，情報，文化や興行などに関して発生する収支のことだね。

🐘：それではつぎに，所得収支とは何ですか？

🐘：これは，雇用者報酬と投資収益という2つの側面に分けて考えることができます。雇用者報酬とは，日本人が海外に行って労働者として働いた結果得た給与から外国人が日本に来て労働者として働いた結果得た給与を差し引いた収支であり，投資収益とは，株式や債券などをはじめとするさまざまな金融資産や負債から発生する利子や配当金の受取りや支払いに関する収支です。

🐘：さすがにだんだん難しくなってきましたね。

🐘：それではつぎに，経常移転収支とは何ですか？

🐘：経常移転収支とは，資本形成の役に立つ移転とはみなされない，基本的には対価を伴わない取引の収支であり，具体的には食料援助や資金援助などの経済援助，国際的機関への拠出金などの額の収支だよ。

🐘：やっぱり細かい点まで考えているんですねぇ。

🐘：そうだね。それではつぎに，資本収支へと進みましょう。資本収支は投資収支とその他の資本収支の和によって計算されます。投資収支とは文字通り，企業に対する直接的な投資に関する収支であり，外国の投資家が日本企業に投資して国内に入ってきた額から日本の投資家が外国企業に投資して国外に出て行った額を差し引いた収支額だよ。そしてその他の資本収支とは，資本形成に役立つと考えられる資本の移転であり，特許権や著作権の取得・処分や大使館，領事館用地の取得・処分についての収支が計上されることになるんだ。

🐘：残りの2つはどういうものなのですか？

🐘：外貨準備増減とは，主に日銀を中心とする日本のさまざまな分野で，海外との取引や次のPartで学習する外国為替市場に必要に応じて多少介入を行おうとするときに外貨（外国の通貨）が必要になるので，その外貨の増減分についての数値だよ。そして最後の誤差脱漏とは文字通り，統計上の誤差や漏れに相当する数値だよ。ただ，これ

らの2つは経済学的には重視されるものではないので，基本的には，こう覚えてしまえばいいんだよ。

ポイント

国際収支＝経常収支＋資本収支

🐘：これだけ覚えておけばいいのですか？　かなりホッとしました。

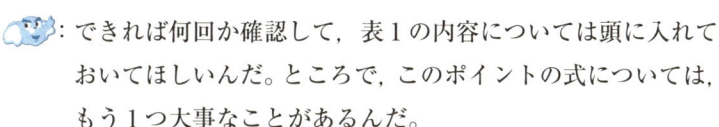

🐘：できれば何回か確認して，表1の内容については頭に入れておいてほしいんだ。ところで，このポイントの式については，もう1つ大事なことがあるんだ。

ポイント

国際収支は理論上ゼロになり均衡する。

つまり，国際収支＝経常収支＋資本収支＝0となる。

🐘：本当ですか？　どうしてそうなると言えるのですか？

🐘：本試験に向けては，この結果さえ知っていればいいのですが，少しだけ理由を考えてみましょう。経常収支とは，財やサービスに関する収支決算だから，とても単純に言い換えれば，貿易収支のようなものなんだよね。そして，もしもその経常収支，すなわちほぼ貿易収支にあたるものが黒字になっているとしよう。貿易収支が黒字であれば，その分のお金が国内に余っているはずだよね。しかし，国内にお金が余っていてもそのままでは儲からないので，少しでも余ったお金を有効活用して儲けようと考えるならば，理論的には国外に投資されていくと考えるべきだよね。

🐘：すごーい！　話のスケールがグローバルになりましたね！

🐘：先生，でも逆に経常収支，すなわちほぼ貿易収支にあたるものが赤字になっているとしたら，どう考えたらいいのですか？

🐘：それは，こう考えればいいんだよ。貿易収支が赤字であれば，その分のお金が国内で不足しているはずだよね。けれど，我々はお金が不足していることを実感することはほとんどないはずなんだ。その理由は，そのお金の不足分が海

外からの投資によるお金で賄われている，と考えられるからなんだよ。
🐘：そういうことだったんですか…
🐘：それでは，これで終わりにしましょう。
🐘🐘：ありがとうございました。

Part 2　8-1-2　外国為替市場

🐘：ここでは、ニュースや新聞でよく見かける外国為替市場について学習しましょう。

🐘🐘：よろしくお願いします。

🐘：最初に確認しておきたいことは、国内企業間での取引でも国際的な取引でも企業の中でよく使われている為替（かわせ）という用語についてです。為替って何だか知っていますか？

🐘：全然知りません。

🐘：聞いたことはありますが、考えたこともありません。

🐘：それでは、そこから説明を始めましょう。為替とは、簡単に言えば小切手のことです。

🐘：先生、小切手って何ですか？

🐘：企業内での勤務経験がないと知らないかも知れませんねぇ…。簡単に説明すると、多額の支払いをする時に用いられる現金の代わりの証書です。

🐘：どうして現金を使わないんですか？

🐘：企業間での取引ならば当然でしょ！　数万円程度の取引（売買）ならば現金やカードで支払い（決済）をすることも簡単だけど、数千万円とか億単位の支払いをすることを想像してごらんなさいよ。振込みだって最近は1回10万円しかできないのよ。わざわざお札を支払いの場所まで運んで行って支払うのはとても大変だし危険だし、それにお札の枚数を数えるだけでも何分かかると思う？　そんな不便なことを企業がしようとするはずはないわよ。

🐘：そうだね。そこで企業では、小切手という証書を作成して支払いに使うんだよ。企業にとって、この証書のよい点は、不便さや危険性やお札を数える手間が無い、といったことだけではなくて、支払いを受けて小切手を受け取った企業にとってみると、銀行に持ち込むとかなり早い日数（通常は、数営業日以内）で現金化できるのでとてもありがたいものなんだ。

🐘：先生、結局、為替って何なのですか？

🐘：まあまあ慌てないでね。今説明したように、小切手という証書はかなり早い日数で現金に換えられる便利な証書なので、とても便利な道具なんだけ

れど，企業にとっては，支払いの時にいつでも都合よく現金が準備できているとは限らないね。

：現金が準備できていなかったら，支払いができないじゃないですか。企業としてはどうするんですか？

：そこで，現金が準備できないときに小切手の代わりに支払いに使われるものが手形（てがた）なんだよ。

：その手形って何ですか？

：現金化できる証書，という点は小切手によく似ているんだけれど，違う点は，現金化できる期日が1カ月とか3カ月とか半年とかだいぶ先になっているものなんだよ。

：それは便利な道具ですね。そしてそれが為替なんですね？

：多少厳密には，ビジネスの世界では，手形と小切手を含めて"為替"と呼んでいるね。

：先生，そして結局，外国為替ってどういうものなんですか？

：ようやく本題になってきたね。外国為替とは，文字通り，外国企業との取引の結果用いられる為替のことだよ。

ことばの意味

外国為替：外国企業との取引の結果用いられる為替（手形，小切手）のこと

：先生，ということは，その外国為替が財として取引されている市場が外国為替市場なんですか？

：そういうことになるね。

：先生，手形も小切手も見たことない自分としては，為替，しかも外国為替を取引する市場だなんて，頭が痛いです…

：でも，試験に向けての経済学としては，心配いらないんだ。マナブ君やアキコさんは，海外旅行へ行ったことある？　ちなみにドル札紙幣なんて見たことある？

：はい。ハワイへ遊びに行ったことがありますから，もちろん使ったことがあります。

：私は友達とヨーロッパへお買い物ツアーに行ったことがありますからユーロもイギリスのポンドも使ったことがあり

ます。

: それならばみなさん2人は，外国為替を見たことがあることになりますね。

: えっ！ そうなんですか？

: 外国為替とは，簡単に考えれば外国紙幣のことなんだよ。

: それでいいんですか？ ホッとしました。

: つまり外国為替って，見た目は厳密には小切手や手形なんだけれど，結局は現金化されて紙幣になってしまうものなのだから，ドル札紙幣やユーロ，ポンドなどのような外国紙幣と考えてしまっていいのですね？

: そのとおりです。外国紙幣には，いろいろな種類がありすぎるので，これ以降では，世界の基軸通貨として長く使われてきたドル札紙幣だと思って学習を進めていきましょう。

アドバイス

外国為替については，外国紙幣と考えておけば問題ない

: だから結局，外国為替市場とは，たとえばドル札紙幣を"財"であるとみなして売買の取引が行われている市場，ということなんだよ。

: だからあんなに毎日，外国為替市場での取引の結果がニュースの中で流れているんですね。

: まあ，それ以外にもいろいろ理由はあるけれど，とりあえずそういうことにしよう。だからその取引の結果は，次のような図として均衡点が表されることになるんだ。

図1

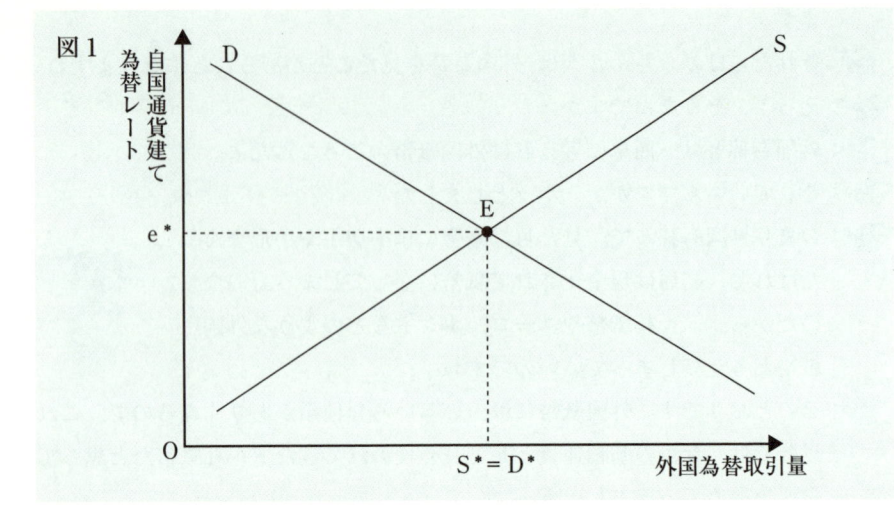

縦軸: 自国通貨建て為替レート
横軸: 外国為替取引量

D、S の交点 E において、e^*、$S^* = D^*$

🐘：ミクロ経済学の均衡の図に似ているので，ホッとしますよ。

🐘：そこでまずは，軸から確認しよう。ヨコ軸にある，<u>外国為替取引量</u>とは文字通り，外国為替，すなわち日米での関係であればドル札紙幣の売買取引量のことを指します。

🐘：それはだいたいわかります。

🐘：つぎにタテ軸ですが，<u>自国通貨建て為替レート</u>とありますね。これについては，少しずつ順番に考えてみよう。"自国通貨"とは，たとえば日米の関係であればもちろん，日本の通貨の"円"のことです。つぎに"建て"とあるのは，"換算して表示する"という意味です。そして為替とはもちろん"外国紙幣"のことで，最後の"レート"とは"交換比率"のことです。

🐘：結局，まとめると何を指していることになるのですか？

🐘：実は，日頃ニュースで見かける，たとえば，

　　"1ドル＝120円"

といった表示の右辺の数値のことなんだよ。

🐘：えっ！　どうしてそうなるんですか？

🐘：きっとマナブ君とアキコさんの2人は，ニュースの中で"1ドル＝120円"と聞いたらどう思う？

🐘：手数料を除くと，1ドルは120円と交換してくれる，と思います。

：ほらっ！　つまり，外国紙幣の1ドルを自国通貨の円で換算したら120円になるので，1ドル当たり120円の比率で交換します，という意味で受け止めていますよね。だからもしも"1ドル＝110円"とあればその"110円"の部分がタテ軸の自国通貨建て為替レートに相当する数値なんですよ。

：ただ先生，図1はミクロ経済学として考えたとすると，ヨコ軸は数量，取引量で，タテ軸は価格に相当するものになるはずですよね？　そう考えたらダメなんですか？

：いいえ。実はそのように考えることもできるようになってほしいんですよ。

：えっ！　どういうことですか？

：たとえば，ニュースの中で「1ドル＝120円です」と言っていたら，我々はドルも円も貨幣だから"交換するときの比率"だと思うんですよ。そうではなくて，もしもそんな先入観がない人がそれを聞いたらどう考えると思う？

：それはもしかすると，こういうことですか？　「"ドル"という財に"120円"という価格の値札が付いている」という意味で理解するのですか？

：さすがアキコさんですね。そのとおりです。つまりタテ軸は，たとえば外国紙幣"ドル"という"財"の価格に相当するものでもあるんですよ。

：それはすごい見方ですね。

：そうだね。そのように見ることができると，この次のPart以降の学習が楽になるはずだよ。

：ところで先生，1つピンと来ないことがあるんですが…

：何でしょうか？

：この図1の中にあるDとかSの記号はもちろん，"ドル"という財に対する需要量，供給量を表していますよね。たとえば，私たちが米国へ行くときに，ドルが必要だな，と考えて円をドルに換えるときがドルに対する需要で，逆に日本に帰ってきてドルを円に換えるときがドルに対する供給，と考えればいいのですか？

：いいですよ。ただ，そのような旅行関連で発生する，ドルに対する需要・供給よりも，企業間での支払いの際に発生する需要・供給の分の方がずっと多いて考えるべきだね。

：それはどういうことですか？

:たとえば，米国からさまざまな財を輸入している企業は，米国企業に支払いをするうえでドルが必要になるからドルを需要するよね。とすると，そのドルは当然，タテ軸で表されているドルの価格が高い日には買い入れたいとは考えず，安い日により多く買い入れたいと考えるよね。だから需要曲線は右下がりなんだよ。

:ということは，米国へさまざまな財を輸出している企業は，米国企業から財についての支払いをされた結果，ドルをたくさん保有するようになって，逆にドルを円に換えてドルを売ることが必要になるから，市場でドルを供給することになりますよね。そうすると，そのドルは当然，タテ軸で表されているドルの価格が安い日に売って供給したいとは考えず，高い日により多く売って供給したいと考えますよね。だから供給曲線は右上がりになっているんですね。

:それでまったく問題ないよ。それでは，これで終わりにしましょう。

:ありがとうございました。

Part 3 8-1-3 "円高・円安"と"輸出・輸入"との関係

🐘：ここでは，ニュースや新聞でよく聞く"円高・円安"という言葉の持つ意味とそれに関連する語句について学習しましょう。

🐘🐘：よろしくお願いします。

🐘：テレビのニュースや新聞などを見ていると，"円高・ドル安"とか"円安・ドル高"といった言葉を見かけるよね。どういう意味だか知ってる？

🐘：全然知りません。

🐘：そういえば，アメリカへよく大リーグを観戦に行く，という友人がとても気にしていたような気がするけれど，私はほとんど関心がありませんでした。どんな意味なんでしょうか？

🐘：それでは，実際にはこんなに1日で変化することはないんだけれど，具体的な数値を用いて考えてみよう。ある日に1日でこんな変化が起きたとしよう。

「1ドル＝150円から1ドル＝100円へ」

このような現象は，ニュースの中では通常，"50円の円高・ドル安"と表現されるんだ。

🐘：えっ！　逆のような感じがするんだけれど…

🐘：前のPart 2で学習したことを思い出してね。"1ドル＝150円"とは，"ドル"という"財"に"150円"という値札が付いている状態なんだよ。そして"1ドル＝100円"とは，"ドル"という"財"に"100円"という値札が付いている状態なんだよ。これは，"ドル"という"財"を買いたいと思う人にとってはどのように見えると思う？

🐘："ドル"という"財"が値下がりして安くなったように見えますね！

🐘：だから"ドル安"なんだよ。そして逆に，"円"という"財"を買いたいと考える米国人から見たら，この現象はどのように見えるかな？

🐘：えーと，少し難しすぎます…

🐘：これでいいのでしょうか…　1ドル＝150円とは，　$1円＝\dfrac{1}{150}$

ドルのことだし，1ドル＝100円とは，1円＝$\frac{1}{100}$ドルのことですよね。だから"円"という"財"は値上がりして高くなったように見えます。だから"円高"なんですね！

🐘：そうだね。そして，Part 2で学習したこととあわせて学習してみよう。"1ドル＝a円"という表示を見たら，この"a"の数値は自国通貨建て為替レートと呼ばれているんだから，以上のことをまとめると，こうなるんだよ。

ポイント
・自国通貨建て為替レートの上昇＝円安・ドル高
・自国通貨建て為替レートの下落＝円高・ドル安

🐘：ここはとても間違えやすいところなので，注意して復習しておいてね。それと，実はこんな表現もあるから注意しておいてね。"円安・ドル高"とは，"円"という財の価値が下がっていくことだから円の減価，"円高・ドル安"とは，"円"という財の価値が上がっていくことだから円の増価，ということもあるんだ。

アドバイス
・自国通貨建て為替レートの上昇＝円安・ドル高＝円の減価
・自国通貨建て為替レートの下落＝円高・ドル安＝円の増価

🐘：ややこしいですねぇ…

🐘：そうだよ。そしてこのPartでは，このことと輸出・輸入との関係についても学習するんだ。

🐘：円高や円安と輸出・輸入が関係あったんですか？

🐘：大いに関係あるよ。そこで，先ほどと同様に，ある日に1日で，「1ドル＝150円から1ドル＝100円へ」という円高・ドル安の変化があったとしよう。輸出や輸入を行っている企業としては，どのような影響を受けると思う？

🐘：全然見当が付きません…

🐘：それでは，やはり具体的に考えてみよう。輸出の企業の気持ちがわかれば輸入はその逆になることがわかるから，輸出のケースで考えてみよう。計

算しやすく，こう考えてみよう。

　1個300円のお菓子を日本国内で売っていて評判の良い企業が米国への輸出をするようになったとしよう。"1ドル＝150円"ならば，米国でそのお菓子にはいくらの値札が付くと思う？

🐘：きっと割り算をして2ドルになっているでしょうねぇ…

🐘：そうだね。そこで，ある日に1日で，「1ドル＝150円から1ドル＝100円へ」という変化があったとすると，今度は，米国でそのお菓子にはいくらの値札が付くと思う？

🐘：きっと同じように割り算をして3ドルになっているはずですね。

🐘：そうだね。それでは，この変化は，そのお菓子を輸出している企業にとってうれしい変化かな？

🐘：値上がりになってうれしいのじゃないかな？

🐘：何言ってるのよ！　2ドルから3ドルへと値上がりになったのだから，消費量が減ってしまって，でも悲しいことにどちらの日もレートの計算の結果，国内のお菓子輸出企業にとっては1個あたり300円の売上として計算されるのだから，結局，消費量の減少した分に300円を掛けた分だけ売上が減少してしまって全然うれしくありません。

🐘：落ち着いて筋道を立てて考えれば，そうなるよね。つまり結局，輸出を行っている企業にとっては円高は消費量の減少の結果，売上から利益を大きく減少させてしまうことになり，輸入を行っている企業にとっては，その逆になっているんだ。

アドバイス

- 円高（＝ドル安）になると…輸出（量）が減少して輸入（量）が増加することになる
- 円安（＝ドル高）になると…輸出（量）が増加して輸入（量）が減少することになる

🐘：理論的に考えるとこのようになるので，これもしっかりと復習しておいてください。それでは，これで終わりにしましょう。

🐘🐘：ありがとうございました。

Part 4　8-1-4　マーシャル＝ラーナー条件とJカーブ効果

- ：ここでは，輸入と輸出に関する重要な語句であるマーシャル＝ラーナー条件とJカーブ効果について学習しましょう。
- ：よろしくお願いします。
- ：この前のPart 3で，円高・円安と輸出・輸入との関係について学習しましたね。
- ：はい，覚えています。
- ：どんな関係だったか覚えていますか？
- ：こうですよね。

公式
- 円高（＝ドル安）になると…輸出（量）が減少して輸入（量）が増加する
- 円安（＝ドル高）になると…輸出（量）が増加して輸入（量）が減少する

- ：いいですね。実はこの関係が成立することを経済学としては，学者名を用いてマーシャル＝ラーナー条件が成立するというのです。

ことばの意味
マーシャル＝ラーナー条件の成立：上記の［公式］の内容が実現される状況になっていること（厳密には，自国の輸入と輸出の価格弾力性の和が1より大きいこと，と定義されている）

- ：この名前だけを覚えておけばよいのですか？
- ：実はそれだけではないんだ。何と困ったことに，現実の経済に注目すると，マーシャル＝ラーナー条件は理論的，長期的には成立すると考えて問題ないんだけれど，短期的には成立するとは限らず，次のような，まるで逆のような状況が発生しているケースが見受けられる可能性があるんだよ。

図1

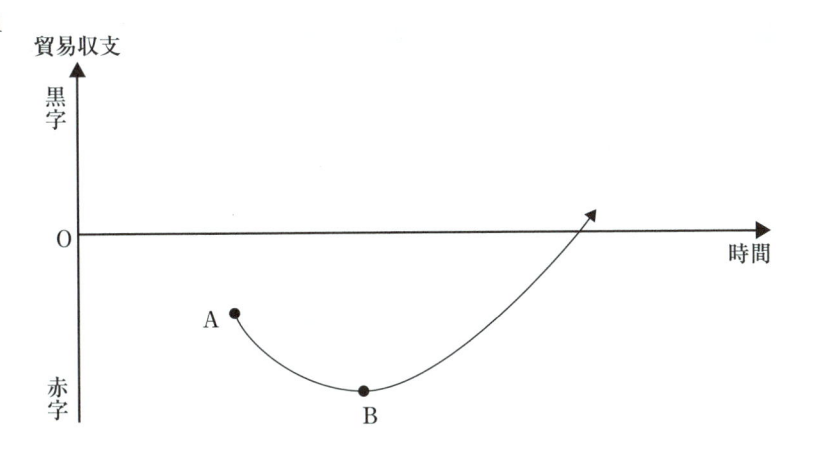

貿易収支 黒字／赤字、時間軸のグラフ。点Aから点Bへ下降し、その後上昇して時間軸を越えて黒字へ向かうJ字型の曲線。

🐘：つまりこれは、短期的には**マーシャル＝ラーナー条件**が成立しないこともあり、貿易収支が短期的に赤字や黒字が増加して均衡に向かうとは限らない、ということなんですね。

🐘：そうだよ。そして上の図1の曲線の形状から、このような状況が発生した時のケースを"**Jカーブ効果が発生している**"と呼ぶのです。

ことばの意味

Jカーブ効果の発生：短期的に**マーシャル＝ラーナー条件**が成立しないケースが発生している時にこのように呼ぶ

🐘：先生、理論的に考えれば短期的にも長期的にもマーシャル＝ラーナー条件は成立すると思うのですが、どうして現実の経済では短期的には成立しないようなケースが発生してしまうことがあるのでしょうか？

🐘：それはあまり気にしなくていい細かい点だよ。諸説あるんだけれど、その1つとして有力なものに、こんなものがあるよ。それは、為替レートの変動によって企業に発生する**為替差損**なんだ。企業としては、為替差損を回避したいので、価格や数量に関する契約をやや長期的なものにしようとする傾向があり、その結果、契約数量や価格を日々刻々と変化する為替相場に瞬時に順応させることはほぼ不可能となり、契約内容の変更、修正が後追い的な

ものになってしまうからだと言われているんだ。

🐘：さすがに現実のビジネスも奥が深いんですね。

🐘：それでは，これで終わりにしましょう。

🐘🐘：ありがとうございました。

Part 5　8-1-5　変動相場制と固定相場制

🐘：ここでは，為替市場における変動相場制と固定相場制について学習しましょう。

🐘🐘：よろしくお願いします。

🐘：このStageのPart 3で，自国通貨建て為替レートが変動する円高・ドル安とか円安・ドル高といったケースについて学習しましたね。

🐘：はい，覚えています。

🐘：現在わが国で採用されている，外国為替市場での取引の結果，自国通貨建て為替レートが決まり，その為替レートが毎日，市場で変動するままに任されているシステムのことを，変動相場制（変動為替相場制ともいう）といいます。

> **ことばの意味**
> 変動相場制：外国為替市場での取引に基づいて自国通貨建て為替レートが決定し，その為替レートが市場で変動するままに任されているシステム

🐘：現在の日本をはじめ，主要な経済先進国はほぼすべてこのシステムを採用しているよ。ところが少し困ったことに，為替市場のシステムはこれだけではないんだ。

🐘：他にどんなシステムがあるんですか？

🐘：自国通貨建て為替レートを一定の水準に維持して固定してしまうシステムで，固定相場制（固定為替相場制ともいう）といいます。

> **ことばの意味**
> 固定相場制：自国通貨建て為替レートを一定の水準に維持し固定するシステム

🐘：思い出しました。日本もかつてはこのシステムだったんですよね。

🐘：そうだよ。資格試験に向けては，変動相場制だけではなくてこの固定相場制についても知っておかなければならないんだ。特に若い人たちにとってはピンと来ないだろうけれど，日本も1973年までこのシステムを採用していて，1971年までは"1ドル＝360円"で，1973年までは"1ドル＝308円"

だったんだよね。

🐘：今と比べるとかなり円安状態だったんですね！

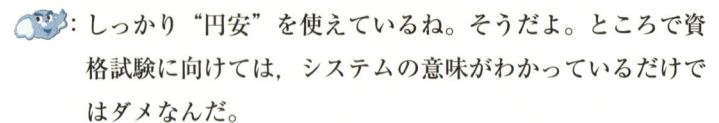

🐘：しっかり"円安"を使えているね。そうだよ。ところで資格試験に向けては，システムの意味がわかっているだけではダメなんだ。

🐘：どこまで知っておかなければならないんですか？

🐘：具体的には，誰がどのように為替レートを一定の水準に維持していたのか，という点だよ。

🐘：政府が国家予算を使って，ではないのですか？

🐘：それではまったくダメだよ。正確には，"中央銀行が為替市場に介入してマネーサプライを増減させながら"と答えなければならないんだよ。

🐘：日本であれば日銀は，実際にはどのように為替レートを一定の水準に維持していたのですか？

🐘：簡単に言えば，市場とは逆の動きをすればいいんだよ。たとえば，国内の為替市場でドルの供給量が増加してきたら，日銀はその増加分のドルを，円を売って買い取ればいいんだよ。そして逆に，国内の為替市場でドルの需要量が増加してきたら，日銀はその需要の増加分に対して，円を買って供給すれば（売れば）いいんだよ。ただしここで，重要な問題点が潜んでいるんだよ。

🐘：それは何ですか？

🐘：問題になる点は，今の説明の中の"円を売って"とか"円を買って"というところなんだ。国内の市場でいくら"ドルを買い取った"といっても，"円を売る"ということは，円のお札を日銀が供給することだから，国内の貨幣供給量であるマネーサプライが増加することになるんだ。

🐘：ということは，"円を買う"ということは，円のお札を日銀が"吸い上げる"ことだから，国内の貨幣供給量であるマネーサプライが減少することになるんですね。

🐘：そのとおりだよ。まとめると，こういうことになるね。

> **ポイント**
>
> 固定相場制において中央銀行の果たす意味
> ・国内の為替市場でドルの供給量が増加
> 　⇒中央銀行は円を売ってドルを買い取って為替レートを維持する
> 　⇒中央銀行が円を売ったので，国内のマネーサプライが増加する
> 　　＝金融緩和政策を行ったことと同じ影響が出る
> ・国内の為替市場でドルの需要量が増加
> 　⇒中央銀行は円を買ってドルを売って為替レートを維持する
> 　⇒中央銀行が円を買ったので，国内のマネーサプライが減少する
> 　　＝金融引締政策を行ったことと同じ影響が出る

🐘：ところで，これを見て何か感じることはない？

🐘：ボクは頭が一杯です…

🐘：これって為替市場が開く日には毎日必ずどちらかを日銀は実施しなければならないんですよね。これは日銀にとっては困ってしまう日が発生してしまいますよね。

🐘：さすがに気付いてくれたね。そのとおりだよ。国内の景気に関係なく，為替市場が開く日には毎日必ずどちらかを日銀は実施しなければならないのだから，景気の良い日には円を売りたくないし，景気の悪い日には円を買い取りたくないよね。景気にとって逆効果の政策的影響が出てしまうからね。

🐘：そうですよね。

🐘：そのような事態に対して日銀はどのような対応策をとるのだろうか，という点は難しいので，ここではこれで終わりにして，その点については次のPartで改めて【補論】として説明しましょう。

🐘🐘：はい，楽しみにしています。どうもありがとうございました。

Part 6　8-1-6　【補論】不胎化政策

🐘：ここでは，固定相場制の下で中央銀行によって行われると考えられる不胎化政策について学習しましょう。

🐘🐘：よろしくお願いします。

🐘：この前のPart 5で，変動相場制と固定相場制について学習しましたね。そこで，固定相場制のシステムにおいて中央銀行の役割はどのようなものだったか覚えていますか？

🐘：えーと，ごちゃごちゃしていて難しかったことだけしか覚えていません…

🐘：私は復習しておきました。

> **補足**
>
> 固定相場制において中央銀行の果たす意味
> ・国内の為替市場でドルの供給量が増加
> 　⇒中央銀行は円を売ってドルを買い取って為替レートを維持する
> 　⇒中央銀行が円を売ったので，国内のマネーサプライが増加する
> 　　＝金融緩和政策を行ったことと同じ影響が出る
> ・国内の為替市場でドルの需要量が増加
> 　⇒中央銀行は円を買ってドルを売って為替レートを維持する
> 　⇒中央銀行が円を買ったので，国内のマネーサプライが減少する
> 　　＝金融引締政策を行ったことと同じ影響が出る

🐘：そしてこれは，為替市場が開く日には毎日必ずどちらかを日銀は実施しなければならないんですよね。したがって，日銀にとっては困ってしまう日が発生してしまうんですよね。

🐘：そのとおりだったね。国内の景気に関係なく，為替市場が開く日には毎日必ずどちらかを日銀は実施しなければならないのだから，景気の良い日には円を売りたくないし，景気の悪い日には円を買い取りたくないよね。景気にとって

：逆効果の政策的影響が出てしまうからね。

：そうです。

：したがって経済学的には，固定相場制は日銀にとって"金融政策の自由度を奪われているシステムである"と考えることができます。

：日銀としても国民にとっても，このままでは困ってしまいますよね…

：そのような，日銀にとって望ましい方向とは逆の方向にマネーサプライの量が変化してしまう事態に対して，日銀はどのような対応策をとるのでしょうか。ここでのポイントは，その点なのです。

：日銀はどうするのですか？

：実は結論は単純で，たとえば公開市場操作などの手段によってマネーサプライの量を改めて調整し直す政策をとるのです。その調整政策のことを不胎化政策と呼ぶのです。

ことばの意味

不胎化政策：固定相場制下において，為替レートを維持する対応を日銀がとった結果，マネーサプライが増減しないように調整し直す政策

：さすがに日銀はすごいですね。

：現実の固定相場制では，このような政策が行われる可能性が高い，と考えてもらっていいです。ただ，これを学習すると，経済先進国としては，固定相場制から脱却して変動相場制に移行し，中央銀行の独立性を維持しておきたい，と考える理由がわかるような気がしませんか？

：確かにそうですね。

：それでは，これで終わりにしましょう。

：ありがとうございました。

MEMO

Stage 2
IS-LM-BP分析

ここでは，海外とのさまざまな取引や資本の移動についても考慮に入れた，開放経済を前提としたIS-LM分析であるIS-LM-BP分析について学習します。変動相場制と固定相場制において財政政策や金融政策を実施するとどのような影響が出てくることになるか，結論だけでなくプロセスにも注意しながら理解しましょう。

Part 1　8-2-1　ＢＰ曲線の定義と導出

🐘：ここでは，国際収支の均衡を表すＢＰ曲線について学習しましょう。

🐘：よろしくお願いします。

🐘：このStageのタイトルになっているＩＳ－ＬＭ－ＢＰ分析とは，開放経済体制を想定して財政政策，金融政策の効果を分析するものであることから，"ＩＳ"という財市場の均衡を表す曲線と"ＬＭ"という貨幣市場の均衡を表す曲線と"ＢＰ"という前のStageのPart 1で確認した国際収支の均衡（ＢＰ：Balance of Payment）を表す曲線を同時に用いて分析を行います。しかし，ＩＳ曲線とＬＭ曲線については，もうすでに学習していますから，ここではＢＰ曲線について学習します。

🐘：何だかとっても難しそうですね…

🐘：ただ，ＩＳ－ＬＭ分析の枠組みを活用するのだから，こう考えればいいんだよ。

ことばの意味

ＢＰ曲線：国際収支を均衡させる（経常収支と資本収支の和をゼロにさせる）国民所得Ｙと利子率ｒの組合せの軌跡

🐘：どうすればその形状がわかるのかな…？

🐘：最初は，今の日本を取り巻く状況を頭に浮かべながら，国際収支の均衡を前提として国民所得Ｙと利子率ｒの間にどのような関係があるかを考えていけばいいんだよ。タテ軸がｒでヨコ軸がＹだよね。だからこんな関係が成立していると考えられるよね。

補足

国内の利子率 r が上昇（下落）する
　⇒国内の債券価格が下落（上昇）する
　⇒海外の投資家による国内の債券に対する需要が増加（減少）する
　⇒外国通貨が国外から流入（国外へ流出）して資本収支が黒字化（赤字化）する
　⇒国際収支の均衡を前提とすれば，その分だけ経常収支が赤字化（黒字化）する必要がある
　⇒経常収支が赤字化（黒字化）するためには，輸入が増加（減少）する必要がある
　⇒輸入は国民所得Ｙの増加関数であることから，輸入が増加（減少）するためにはＹが増加（減少）する必要がある
　⇒Ｙと r には右上がりの増加関数の関係があることがわかる

🐘：したがって，ＢＰ曲線を表すと次のようになるね。

図１

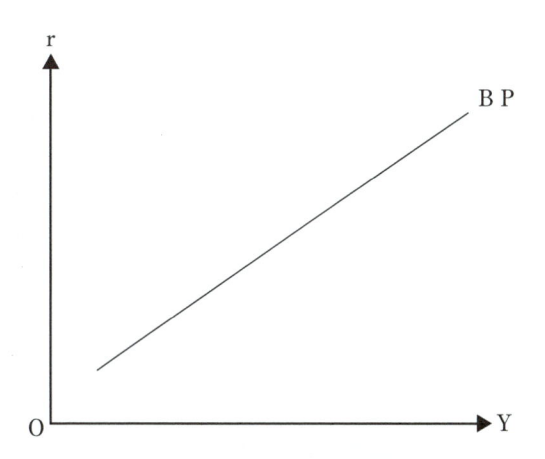

🐘：それでは，これで終わりにしましょう。
🐘🐘：ありがとうございました。

Part 2　8-2-2　ＢＰ曲線の形状と国際収支

🐘：ここでは，国際収支の均衡を表すＢＰ曲線について，より深く学習しましょう。

🐘🐘：よろしくお願いします。

🐘：ＢＰ曲線ついて前のPart 1 で右上がりの形状になっていることを学習しましたが，この線上では国際収支が均衡している（ＢＰ＝０が成立している）わけですが，それ以外の領域（ＢＰ曲線の上側と下側）においては，国際収支はどうなっているのだろうか？

🐘：まったく見当が付きません。

🐘：先生，これでいいのでしょうか？　ＢＰ曲線上では国際収支が均衡しているのだから，ＢＰ曲線よりも上側では利子率ｒが高くなっているので資本収支が黒字化するはずだから国際収支が黒字になっていて，逆にＢＰ曲線よりも下側では利子率ｒが低くなっているので資本収支が赤字化するはずだから国際収支が赤字になっているのではないでしょうか？

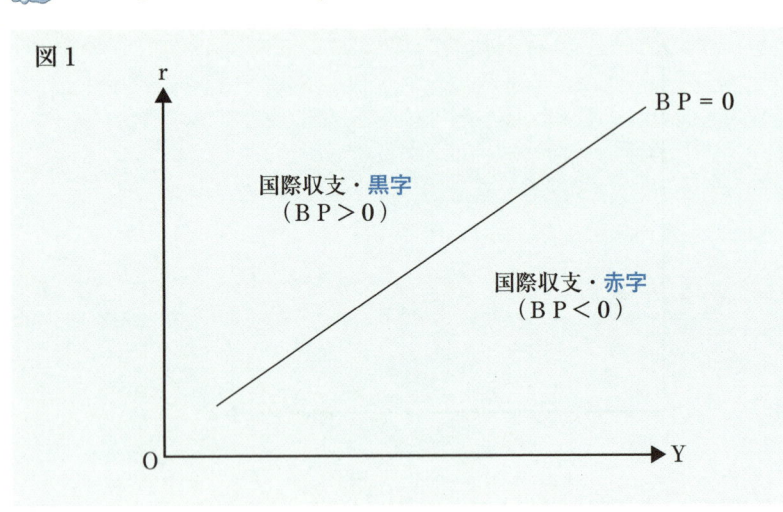

🐘：とてもいいね。だから，このように復習しておこう。

図1

国際収支・黒字
（ＢＰ＞０）

ＢＰ＝０

国際収支・赤字
（ＢＰ＜０）

🐘：そこで，少し難しいかも知れないけれど，今，"資本収支が黒字化・赤字化する"といった表現が出てきたので，こんなことも確認しておこう。

> **補足**
> - 資本収支は，利子率 r の増加関数である
>   （「国内利子率 r ↑⇒資本が国外から国内へ流入⇒資本収支の黒字化」となることよる）
> - 経常収支は，国民所得 Y の減少関数であり，自国通貨建て為替レート e の増加関数である

🐘：ところで，図1のようにBP曲線が右上がりになっている現在の日本を取り巻く状況について，経済学的には"資本移動が不完全である"と表現するんだけれど，将来BP曲線の形状はどうなると思う？

🐘：先生，"資本移動が不完全である"ってどういうことですか？

🐘：資本移動とは，国と国との間での利子率の差に注目して利子率の高い国へと迅速に的確に資本を移すことなんだけれど，マナブ君とアキコさんは，常に各国の利子率の情報を入手して迅速に的確に資本を移すことをしているかな？

🐘：いいえ。資産運用に常にとても注意を払っている人ならばやっているかも知れませんが，僕はやっていません。

🐘：私もそうです。理論的にはそうしたほうが得だからいいなぁ，とはわかりますが，面倒で大変そうだし，外国の銀行，と言われても全然ピンと来ません…

🐘：そうだね。つまり"資本移動が不完全である"というのは，国と国との間での利子率の差に注目して利子率の高い国へと迅速に的確に資本を移すことをきちんとやっている人と，マナブ君やアキコさんのように，そんなことをしない人が国内で混在している状況を指すんですよ。それでは，改めて質問するね。将来は，資本移動についてどうなり，BP曲線の形状はどうなると思いますか？

🐘：きっと経済もネット社会もグローバル化が進んで，資本移動については，きちんと行うことを考えて実行する人はどんどん増えていきますよね…

🐘：きっとそうだよね。それを経済学的には"資本移動が完全である"とか"資本移動が完全自由である"と表現するの

🐘：です。つまり，国内のほぼ全員がどんどん資本移動できるようになる，ということだよね。

🐘：きっとそうなると，国内の人々は利子率の変化や国と国との間の利子率の差にどんどん敏感に反応していって，ＢＰ曲線は水平化していってしまうはずですよね。

🐘：さすがですね。そのとおりです。つまり，国内の利子率 r が日本以外の国々における世界利子率 r^* と長期的に異なっている，という状態が続くことが考えられなくなってしまうのですよ。さらに，ＢＰ曲線よりも上側では利子率 r が高くなっているので資本収支が黒字化するはずだから国際収支が黒字になり，逆にＢＰ曲線よりも下側では利子率 r が低くなっているので資本収支が赤字化するはずだから国際収支が赤字になることがわかるので，"**資本移動が完全である**"ような，将来を表すケースのＢＰ曲線を図示すると，次のようになるんだね。

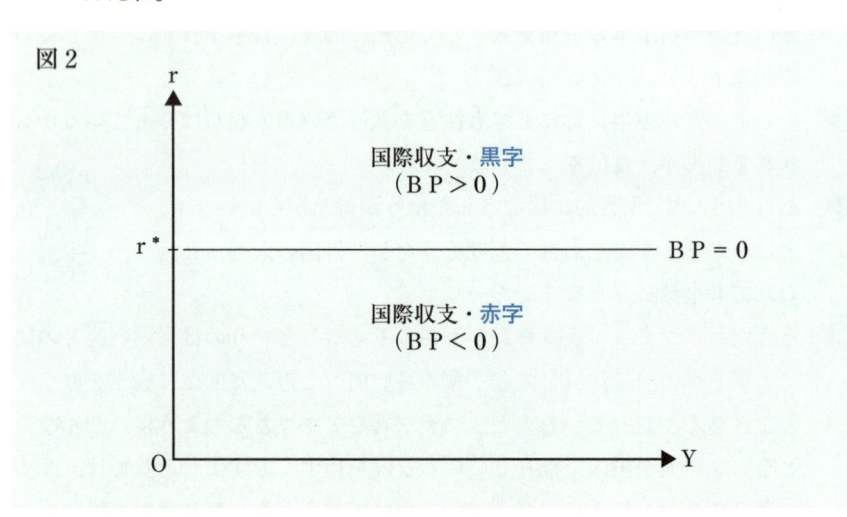

図2

国際収支・**黒字**
（ＢＰ＞０）

r^* ─────────── ＢＰ＝０

国際収支・**赤字**
（ＢＰ＜０）

O ────────→ Y

🐘：先生，今のケースは将来のことについて考えましたが，逆に過去に遡って行ったらどうなるのでしょうか？　たとえば，江戸時代には，お金持ちの人も資産を増やしたいと考えていた人はいくらでもいたと思うのですが，資本移動なんてまったく起きていませんよね。そんなケースは，どうなるのですか？

🐘：とてもいい質問だね。そんなケースについては，経済学としては"**資本移**

動がまったく行われていない(ゼロの)ケースである"と呼ばれているんだ。そしてＢＰ曲線の形状は，国際収支の中から(資本移動がまったくないので)資本収支を除外して考えていいので，簡単に言えば国際収支は経常収支そのものになってしまい，391ページの［補足］でわかるように，国際収支ＢＰ(すなわち経常収支)は，国民所得Ｙと自国通貨建て為替レートｅだけから影響を受け，利子率ｒからまったく影響を受けなくなるので，結局，ＢＰ曲線の形状は垂直になるんだよ。

🐘：先生，ＢＰ曲線上では国際収支は均衡しているわけですが，そのＢＰ曲線の右側と左側で国際収支はどうなっているのですか？

🐘：どうなっていると思う？ 考えてごらんよ。

🐘：ＢＰ曲線の右側は，国内の均衡国民所得Y^*よりもＹが多いのですから，景気が良いので……わかりました！ 輸入が増加して貿易収支，つまり経常収支が赤字化して国際収支は赤字化するんですね。だからＢＰ曲線の左側はその逆に考えて輸入が減少して貿易収支，つまり経常収支が黒字化して国際収支は黒字化するんですね。

🐘：よくできました。だからまとめると，次のような図になりますね。

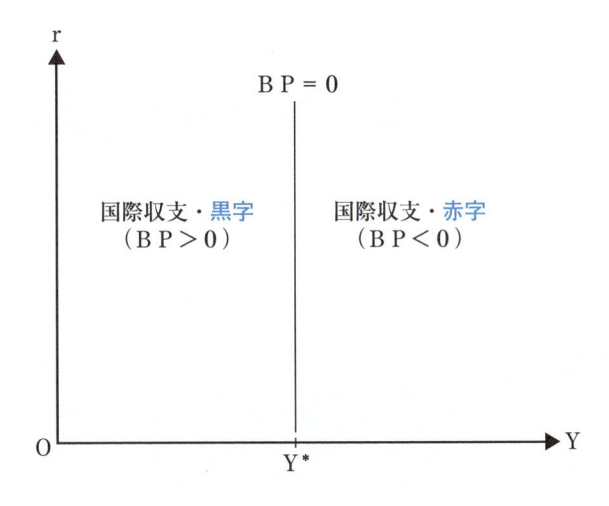

図3

```
      r
      ↑
      │    BP = 0
      │     │
      │     │
  国際収支・黒字 │ 国際収支・赤字
   (BP > 0)   │  (BP < 0)
      │     │
      │     │
      O─────┴──────────→ Y
           Y*
```

🐘：ここで，少しだけ先取りしてお話してしまいますが，ちょっぴり残念なことに，本番の試験で最も出題される可能性が高いのは，現在のＢＰ曲線が右上がりの状況ではなくて，何と"資本移動が完全(自由)なケース"の

ＢＰ曲線が水平なケースなのです。そこで次のPart以降の，財政政策・金融政策の効果を分析する話については，このＢＰ曲線が水平であるケースのみを用いています。そこでぜひここで，さまざまなＢＰ曲線の形状のケースについて慣れておきましょう。それでは，これで終わりにしましょう。

🐘🐘：ありがとうございました。

Part 3　8-2-3　変動相場制下での財政政策

🐘：ここでは，変動為替相場制の下で財政政策を実施した場合における政策の有効性について学習しましょう。

🐘🐘：よろしくお願いします。

🐘：そこで，下図を活用して考えてみましょう。

図1

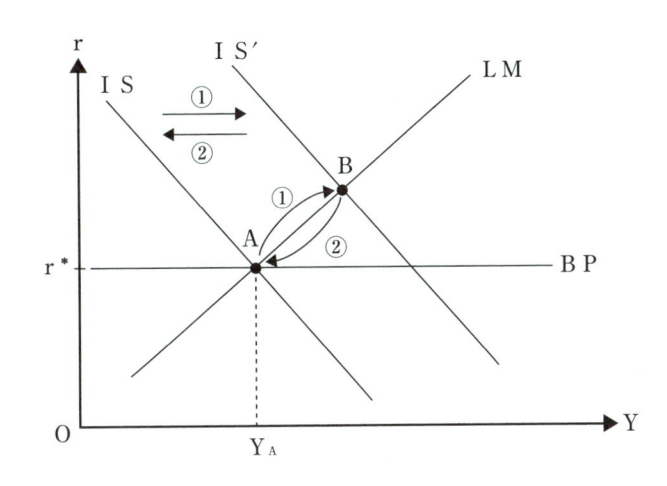

（r-Y平面のグラフ：IS曲線がIS'に右シフト，LM曲線は右上がり，BP曲線はr^*の水準で水平。当初均衡点A（Y_A, r^*）から①で点Bへ，②で点Aへ戻る動きが示されている）

🐘：念のため，分析を行ううえでの仮定を確認しておこう。IS曲線は通常の右下がり，LM曲線は通常の右上がり，資本移動は完全に自由であるとしてBP曲線は水平な形状とするよ。だから当初の均衡点は，それらの3つの曲線の交点である点Aだよ。長期的にも短期的にもマーシャル＝ラーナー条件が成立し，Jカーブ効果は発生しないこととするよ。また少し細かいけれど，当該国は諸外国に経済的な影響を与えない「小国」であると仮定して，短期的な国内での利子率の変化は外国利子率r^*（世界利子率，国際利子率とも呼ばれる）を変動させることはないものとする。

🐘：ここまでは大丈夫です。

🐘：閉鎖経済体制から開放経済体制へと変わって，どういうことになるのかとても楽しみです。

🐘：それでは始めよう。政府が財政支出を増加させるか，あるいは減税を行って拡張的財政政策（財政拡大政策）を発動させるところからスタートするよ。

:もちろん、IS曲線がIS'へと右（上）方シフトしますよね。
:そうだね。そうすると、どうなるかな？
:短期的には均衡点が点Aから点Bへと右上方へシフトします。
:そうだね。そうすると、国内の経済はどうなっているかな？
:国内の利子率が上昇します。
:そうだね。そしてここまでについては、第4部で学習した閉鎖経済で政策を実施したケースとまったく同じだね。そしてここからが大切なんだよ。国内の利子率が上昇すると何が起きるのかな？
:先生、全然ピンと来ません…
:こう考えたらどうかな？ たとえば、外国利子率が3％の時に、もしも日本の利子率が5％になったら、外国の人から見たらどのような行動を取りたいと思う？
:わかりました！ 日本国内の高くなった利子率を目当てにして、日本国内の銀行に預金したいと考えますよね。
:そうだね。つまり、国外から国内へと資本が流入してくることになるよね。でもその時に、気を付けなければならないことがあるんだ。
:どういうことですか？
:たとえば、アメリカ人が日本の高い利子率を目当てにして日本国内の銀行に預金しようとする際には、いくらそのアメリカ人がお金持ちであったとしても、ドル札紙幣で日本国内の銀行に預金することは不可能だよね。だから預金するためには、ドルを円に交換する、すなわちドル札紙幣を売って円の紙幣を買わなければならないわけだよね。
:そう言われてみれば、確かにそうですね！
:そこで、円の紙幣を"財"とみなせば、この状況は、円の紙幣を買いたい人が殺到しているはずだから、円の紙幣に対する需要が高まって、円の紙幣の価格が上昇して、円高という状況になってくることがわかるよね。
:そうなれば、マーシャル＝ラーナー条件の仮定によって、輸出が減少して輸入が増加することになりますね！
:そうすると、国内の財市場では何が起きてくることが確認できるかな？
:先生、どうすればいいのかわかりません…

🐘：輸出が減少して輸入が増加するのだから，総需要の式を考えてみればすぐにわかるよ。（　）内に注目してごらん。

$$総需要：Y_d = C + I + G + (X\downarrow - M\uparrow)$$

🐘：あっ！　総需要Y_dが減少することになりますね。

🐘：そのとおりだね。国内では，まるで総需要引締政策を実施したかのようになってしまっているね。

🐘：そうすると，輸出が減少して輸入が増加した結果，ＩＳ曲線が左（下）方シフトすることになるのですね？

🐘：もちろんそのとおりだよ。そしてＩＳ曲線はどこまで左（下）方シフトすることになるのかな？

🐘：外国利子率よりも国内の利子率の方が高くなっているのであれば輸出の減少と輸入の増加が続くはずですから，外国利子率と国内の利子率に差がなくなるところまでＩＳ曲線は左（下）方シフトして，つまり元の位置に戻ってしまうのですね！

🐘：そうそう，そのとおりだよ。だから長期的には均衡点が再び点Aになってしまい，財政政策の効果は無効であると結論付けられるんだよ。

ポイント

変動相場制における財政政策の効果（ＢＰ曲線が水平なケース）
⇒無効である

🐘：それでは，これで終わりにしましょう。

🐘🐘：ありがとうございました。

Part 4　8-2-4　変動相場制下での金融政策

🐘：ここでは，変動為替相場制の下で金融政策を実施した場合における政策の有効性について学習しましょう。

🐘🐘：よろしくお願いします。

🐘：そこで，下図を活用して考えてみましょう。

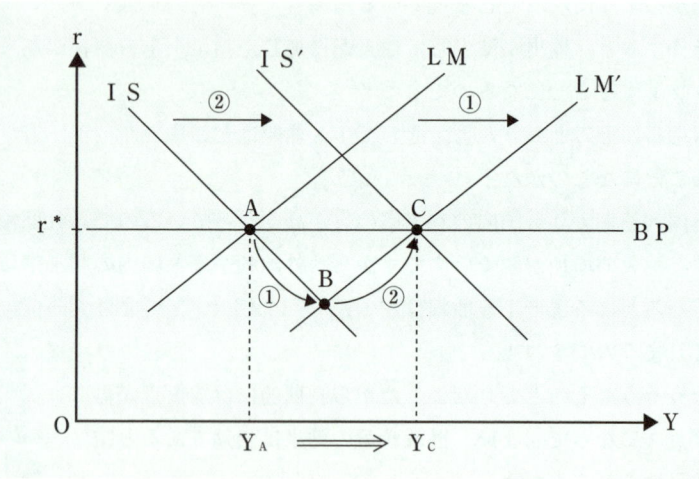

図1

🐘：念のため，分析を行ううえでの仮定を確認しておこう。ＩＳ曲線は通常の右下がり，ＬＭ曲線は通常の右上がり，資本移動は完全に自由であるとしてＢＰ曲線は水平な形状とするよ。だから当初の均衡点は，それらの3つの曲線の交点である点Ａだよ。長期的にも短期的にもマーシャル＝ラーナー条件が成立し，Ｊカーブ効果は発生しないこととするよ。また少し細かいけれど，当該国は「小国」と仮定して，短期的な国内での利子率の変化は外国利子率 r^*（世界利子率，国際利子率とも呼ばれる）を変動させることはないものとする。

🐘：ここまでは大丈夫です。

🐘：ここもどういうことになるのか，とても楽しみです。

🐘：それでは始めよう。政府がマネーサプライを増加させる拡張的金融政策（金融緩和政策，金融拡大政策）を発動させるところからスタートするよ。

🐘：もちろん，ＬＭ曲線がＬＭ′へと右（下）方シフトしますよね。

:そうだね。そうすると，どうなるかな？

:短期的には均衡点が点Aから点Bへと右下方へシフトします。

:そうだね。そうすると，国内の経済はどうなっているかな？

:国内の利子率が下落します。

:そうだね。そしてここまでについては，第4部で学習した閉鎖経済で政策を実施したケースとまったく同じだね。そしてここからが大切なんだよ。国内の利子率が下落すると何が起きるのかな？

:先生，全然ピンと来ません…

:こう考えたらどうかな？　たとえば，外国利子率が3％の時に，もしも日本の利子率が1％になったら，外国の人から見たらどのような行動を取りたいと思う？

:わかりました！　日本国内の低くなった利子率を避けて，国外の銀行に預金したいと考えますよね。

:そうだね。つまり，国内から国外へと資本が流出していくことになるよね。でもその時に，気を付けなければならないことがあるんだ。

:どういうことですか？

:たとえば，日本人が米国の高い利子率を目当てにして米国の銀行に預金しようとする際には，いくらその日本人がお金持ちであったとしても，円の紙幣で米国の銀行に預金することは不可能だよね。だから預金するためには，円をドルに交換する，すなわち円の紙幣を売ってドル札紙幣を買わなければならないわけだよね。

:そう言われてみれば，確かにそうですね！

:そこで，ドル札紙幣を"財"とみなせば，この状況は，ドル札紙幣を買いたい人が殺到し，円の紙幣を売っているはずだから，円の紙幣に対する需要が下がって，円の紙幣の価格が下落して，円安という状況になってくることがわかるよね。

:そうなれば，マーシャル＝ラーナー条件の仮定によって，輸出が増加して輸入が減少することになりますね！

:そうすると，国内の財市場では何が起きてくることが確認できるかな？

:どうなるのでしょうか…

:輸出が増加して輸入が減少するのだから，総需要の式を考えてみればすぐ

にわかるよ。（ ）内に注目してごらん。

$$総需要：Y_d = C + I + G + (X\uparrow - M\downarrow)$$

:あっ！ 総需要Y_dが増加することになりますね。

:そのとおりだね。国内では，まるで総需要拡大政策を実施したかのようになってしまっているね。

:そうすると，輸出が増加して輸入が減少した結果，ＩＳ曲線が右（上）方シフトすることになるのですね？

:もちろんそのとおりだよ。そしてＩＳ曲線はどこまで右（上）方シフトすることになるのかな？

:外国利子率が国内の利子率よりも高くなっているのであれば輸出の増加と輸入の減少が続くはずですから，外国利子率と国内の利子率に差がなくなるところまでＩＳ曲線は右（上）方シフトしてしまうのですね！

:そうそう，そのとおりだよ。だから長期的には均衡点は点Ｃとなり，金融政策の効果は有効であると結論付けられるんだよ。

> **ポイント**
>
> 変動相場制における金融政策の効果（ＢＰ曲線が水平なケース）
> 　⇒有効である

:それでは，これで終わりにしましょう。

:ありがとうございました。

Part 5　8-2-5　固定相場制下での財政政策

🐘：ここでは，固定為替相場制の下で財政政策を実施した場合における政策の有効性について学習しましょう。

🐘🐘：よろしくお願いします。

🐘：そこで，下図を活用して考えてみましょう。

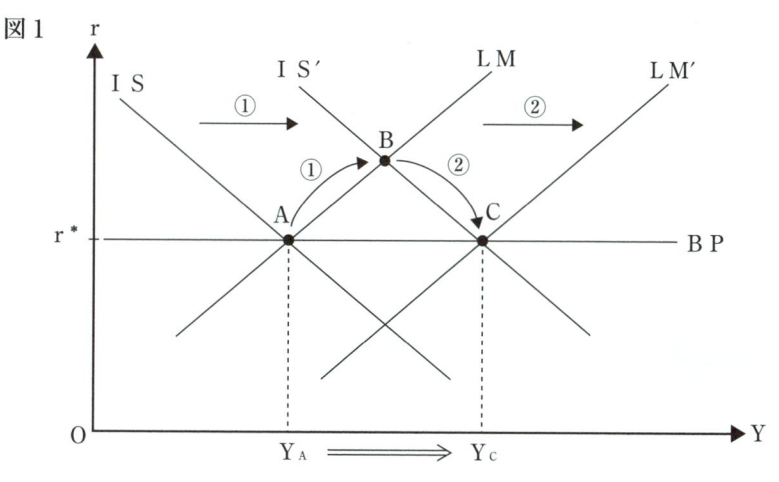

図1

🐘：念のため，分析を行ううえでの仮定を確認しておこう。IS曲線は通常の右下がり，LM曲線は通常の右上がり，資本移動は完全に自由であるとしてBP曲線は水平な形状とするよ。だから当初の均衡点は，それらの3つの曲線の交点である点Aだよ。長期的にも短期的にもマーシャル＝ラーナー条件が成立し，Jカーブ効果は発生しないこととするよ。そして，ここは固定相場制なのだから，実際には中央銀行によって不胎化政策が行われることが想定されるけれども，理論的には，長期的な不胎化政策の実施は困難であると考えられることから，不胎化政策は発動されないものとするよ。また少し細かいけれど，当該国は「小国」と仮定して，短期的な国内での利子率の変化は外国利子率 r^*（世界利子率，国際利子率とも呼ばれる）を変動させることはないものとする。

🐘：ここまでは大丈夫です。

🐘：ここではどういうことになるのか，とても楽しみです。

🐘：それでは始めよう。政府が拡張的財政政策（財政拡大政策）を発動させ

：ところからスタートするよ。
：もちろん，ＩＳ曲線がＩＳ′へと右（上）方シフトしますよね。
：そうだね。そうすると，どうなるかな？
：短期的には均衡点が点Ａから点Ｂへと右上方へシフトします。
：そうだね。そうすると，国内の経済はどうなっているかな？
：国内の利子率が上昇します。
：そうだね。そしてここまでについては，第４部で学習した閉鎖経済で政策を実施したケースとまったく同じだね。そしてここからが大切なんだよ。国内の利子率が上昇すると何が起きるのかな？
：えーと…
：こう考えていいよ。たとえば，外国利子率が３％の時に，もしも日本の利子率が５％になったら，外国の人から見たらどのような行動を取りたいと思う？
：わかりました！　日本国内の高くなった利子率を目当てにして，国内の銀行に預金したいと考えますよね。
：そうだね。つまり，**国外から国内へと資本が流入する**ことになるよね。でもそのときに，気を付けなければならないことがあるんだ。
：どういうことですか？
：たとえば，米国人が日本の高い利子率を目当てにして日本の銀行に預金しようとする際には，いくらその米国人がお金持ちであったとしても，ドル札紙幣で日本の銀行に預金することは不可能だよね。だから預金するためには，**ドルを円に交換する**，すなわちドル札紙幣を売って円の紙幣を買わなければならないわけだよね。
：そういわれてみれば，確かにそうですね！
：そこで，円の紙幣を"財"とみなせば，この状況は円の紙幣を買いたい人が急増することになるんだね。ただ，ここでさらに注意すべき点があるよ。
：どういうことですか？
：ここは固定相場制だから，"円高"や"円安"といった現象は発生しないし，為替相場を"固定化"させる主役は中央銀行だから，急増した円の紙幣を買いたい人は，中央銀行へ行かなければならなくなるんだよ。
：それはつまり日本であるとすれば，日銀が窓口となって，固定相場を維持

するために，ドルの紙幣を売って円の紙幣を買いたい米国人からドルの紙幣を買い取って円の紙幣を売る，という業務を行う，ということになるんですね？

🐘：さすがですね，そのとおりです。そしてそうなると，国内では何が起きてくることが確認できるかな？

🐘：どうなるのでしょうか…

🐘：日銀はドルの紙幣を買い取って円の紙幣を売ってあげたんだよね。でも，その円の紙幣は結局，米国人の手元を経てどこへ行ってしまうことになるのかな？

🐘：米国人は元々，日本国内の高くなった利子率を目当てにして，日本国内の銀行に預金したいと考えてドルの紙幣を売って円の紙幣を買ったのですから，結局，円の紙幣は日本国内の金融機関の預金口座に入ってしまうのですよね。つまりそれは最終的には，日本国内のマネーサプライを増加させてしまう，ということなんですね！

🐘：そういうことなんだよ。すると図の中ではどんなことが起きるのかな？

🐘：マネーサプライが増加するのだから，LM曲線が右（下）方シフトすることになります。

🐘：そのとおりだね。そしてLM曲線はどこまで右（下）方シフトすることになるのかな？

🐘：国内の利子率が外国利子率よりも高くなっているのであれば，ここで確認したマネーサプライの増加が続くはずですから，外国利子率と国内の利子率に差がなくなるところまでLM曲線は右（下）方シフトしてしまうのですね！

🐘：そうそう，そのとおりだよ。だから，長期的には均衡点は点Cとなり，財政政策の効果は有効であると結論付けられるんだよ。

ポイント

固定相場制における財政政策の効果（BP曲線が水平なケース）
⇒有効である

🐘：それでは，これで終わりにしましょう。

🐘🐘：ありがとうございました。

Part 6　8-2-6　固定相場制下での金融政策

🐘：ここでは，固定為替相場制のもとで金融政策を実施した場合における政策の有効性について学習しましょう。

🐘🐘：よろしくお願いします。

🐘：そこで，下図を活用して考えてみましょう

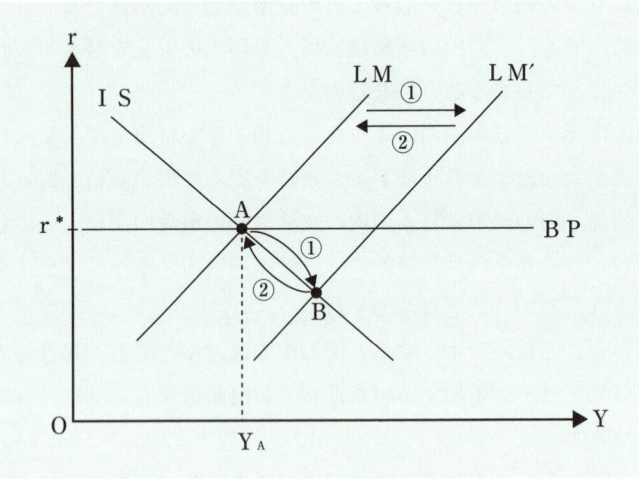

図1

🐘：念のため，分析を行ううえでの仮定を確認しておこう。ＩＳ曲線は通常の右下がり，ＬＭ曲線は通常の右上がり，資本移動は完全に自由であるとしてＢＰ曲線は水平な形状とするよ。だから当初の均衡点は，それらの3つの曲線の交点である点Ａだよ。長期的にも短期的にもマーシャル＝ラーナー条件が成立し，Ｊカーブ効果は発生しないこととするよ。そして，ここは固定相場制なのだから，実際には中央銀行によって不胎化政策が行われることが想定されるけれども，理論的には，長期的な不胎化政策の実施は困難であると考えられることから，不胎化政策は発動されないものとするよ。また少し細かいけれど，当該国は「小国」と仮定して，短期的な国内での利子率の変化は外国利子率 r^*（世界利子率，国際利子率とも呼ばれる）を変動させることはないものとする。

🐘：ここまでは大丈夫です。

🐘：ここも，どういうことになるのかとても楽しみです。

🐘：それでは始めよう。政府が拡張的金融政策（金融緩和政策）

を発動させるところからスタートするよ。

🐘：もちろん，LM曲線がLM′へと右（下）方シフトしますよね。

🐘：そうだね。そうすると，どうなるかな？

🐘：短期的には均衡点が点Aから点Bへと右下方へシフトします。

🐘：そうだね。そうすると，国内の経済はどうなっているかな？

🐘：国内の利子率が下落します。

🐘：そうだね。そしてここまでについては，第4部で学習した閉鎖経済で政策を実施したケースとまったく同じだね。そしてここからが大切なんだよ。国内の利子率が下落すると何が起きるのかな？

🐘：えーと…

🐘：こう考えていいよ。たとえば，外国利子率が3％の時に，もしも日本の利子率が1％になったら，日本人はどのような行動を取りたいと思う？

🐘：わかりました！　日本国内の低くなった利子率を避けて，国外の銀行に預金したいと考えますよね。

🐘：そうだね。つまり，国内から国外へと資本が流出することになるよね。でもそのときに，気を付けなければならないことがあるんだ。

🐘：どういうことですか？

🐘：たとえば，日本人が米国の高い利子率を目当てにして米国の銀行に預金しようとする際には，いくらその日本人がお金持ちであったとしても，円の紙幣で米国の銀行に預金することは不可能だよね。だから預金するためには，円をドルに交換する，すなわち円の紙幣を売ってドル札紙幣を買わなければならないわけだよね。

🐘：そう言われてみれば，確かにそうですね！

🐘：そこで，ドル札紙幣を"財"とみなせば，この状況はドル札紙幣を買いたい人が急増することになるんだね。ただ，ここでさらに注意すべき点があるよ。

🐘：どういうことですか？

🐘：ここは固定相場制だから，"円高"や"円安"といった現象は発生しないし，為替相場を"固定化"させる主役は中央銀行だから，急増したドル札紙幣を買いたい人は，中央銀行へ行かなければならなくなるんだよ。

🐘：それはつまり日本であるとすれば，日銀が窓口となって，固定相場を維持

するために，円の紙幣を売ってドルの紙幣を買いたい日本人から円の紙幣を買い取ってドルの紙幣を売る，という業務を行う，ということになるんですね？

🐘：その通りです。そしてそうなると，国内では何が起きてくることが確認できるかな？

🐘：どうなるのでしょうか…

🐘：日銀は円の紙幣を買い取ってドルの紙幣を売ってあげたんだよね。でも，そのドルの紙幣は結局，日本人の手元を経てどこへ行ってしまうことになるのかな？

🐘：日本人は元々，国外の高くなった利子率を目当てにして，たとえば米国の銀行に預金したいと考えて円の紙幣を売ってドルの紙幣を買ったのですから，結局，円の紙幣は日銀によって回収されてしまうことになるのですよね。つまり，それは最終的には，日本国内のマネーサプライを減少させてしまう，ということなんですね！

🐘：そういうことなんだよ。すると図の中ではどんなことが起きるのかな？

🐘：マネーサプライが減少するのだから，LM曲線が左（上）方シフトすることになります。

🐘：そのとおりだね。そしてLM曲線はどこまで左（上）方シフトすることになるのかな？

🐘：国内の利子率が外国利子率よりも低くなっているのであれば，ここで確認したマネーサプライの減少が続くはずですから，外国利子率と国内の利子率に差がなくなるところまでLM曲線は左（上）方シフトしてしまうのですね！

🐘：そうそう，そのとおりだよ。だから長期的には均衡点は点Aへと戻ってしまうこととなり，金融政策の効果は長期的には，無効であると結論付けられるんだよ。

ポイント

固定相場制における金融政策の効果（BP曲線が水平なケース）
　⇒無効である

🐘：それでは，これで終わりにしましょう。

🐘🐘：ありがとうございました。

INDEX

英字（A〜Z）

AD-AS分析	322
AD曲線	284,288,289,298
AD曲線のシフト	292,294
AS曲線	298,303,311
AS曲線のシフト	315
BP	388
BP曲線	388
C＋R	157
CD	155,156
GDE	27
GDP	12,14,15
GNI	22,23
GNP	23
IS曲線	194,197
IS曲線のシフト	203
ISバランス式	92
ISバランス論	91
Jカーブ効果	379
LM曲線	206
M_1	155
M_2	155
M_2＋CD	156
M_3	155
SNA	23

ア行

安全資産	137
インフレ	332
インフレーション	332
インフレギャップ	94,96,97
インフレ率	342
売りオペレーション	177
営業余剰	26
円高	375,376
円安	375,376

カ行

買いオペレーション	176
海外からの純要素所得	22
外貨準備増減	365,366
外国為替	369,370
拡張的財政政策	226
可処分所得	72
価値尺度機能	125,127
価値保蔵機能	126,127
貨幣	137
貨幣供給	154
貨幣錯覚	351
貨幣市場の均衡	186
貨幣需要	148
貨幣乗数	159,161
貨幣数量説	188,242,243,244
貨幣の3機能	124
貨幣の流通速度	188
為替	369
為替差損	379
間接税	26

完全雇用	281
危険資産	137
基準割引率及び基準貸付金利	166,168
規制緩和	317
帰属計算	16,17,18,19
基礎消費	70
期待インフレ率	348,349
期待物価上昇率	348,349
ギャロッピング・インフレーション	335
旧国債	175
金額表示	38
均衡国民所得	90
金融拡大政策	295
金融政策	230,231
クラウディング・アウト	228,229
クリーピング・インフレーション	335
経常移転収支	365,366
経常収支	365,391
ケインズ	2
ケインズの流動性選好説	132
ケインズ派	4,62
ケインズ派のAS曲線	304,312
ケインズ派の労働供給	275
減価	376
限界消費性向	70
限界税率	78
限界貯蓄性向	74
限界輸入性向	79,80
減価償却費	26
現金・預金比率	160
現金残高方程式	190
減税乗数	121
公開市場操作	175
構造的失業	280
公定歩合	166
公定歩合操作	167
合理的期待形成学派	358
合理的期待形成仮説	358
国際収支	364,365,390
国際収支の均衡	388
国内総固定資本形成	27
国内総所得	23
国内総生産	12,14,15
国民総所得	22
国民総生産	23
誤差脱漏	365,366
コスト・プッシュ・インフレーション	333
固定資本減耗	26
固定相場制	381,401,403,404,406
古典派	2,4,62
古典派のAS曲線	303
古典派の第1公準	253,255,263,270
古典派の第2公準	258,259,261,263,270
古典派の労働供給	275
古典派の労働市場	267
古典派の労働市場の均衡	264

雇用者所得	26
雇用者報酬	366
雇用量への波及効果	54
コンソル債	141

サ　行

サービス収支	365
債券	136,137
債券価格	142
在庫品増加	27
財市場と貨幣市場の同時均衡	220
財政拡大政策	295
財政収支	91
財政政策	225
先高感	142
先安感	142
サプライサイド学派	315,328,330
サプライサイド経済学	319
差分方程式	8
産業連関表	36,37
三面等価の原則	25,41
自家消費	17
自国通貨建て為替レート	372,376
支出面からみたGDP	27
自然失業率	348
自然失業率仮説	347
失業率	338
実質	29
実質賃金	255
実物利子論	245,247,248
自発的失業	279

支払機能	125,127
資本移動	391
資本移動が完全	391
資本移動が不完全	391
資本収支	365,366,391
乗数効果	107,109
消費	27,65,66
消費関数	68,71
所得収支	365,366
新規国債	175
新古典派	3,4,62
信用乗数	159,161
信用創造	178
信用創造額	180,181
数量表示	38
数量方程式	48,50
ストック	32
政策金利	168
生産面からみたGDP	25
セイの法則	60,61
政府最終支出	27
政府支出	27,66,77
政府支出乗数	111,117
政府収支	91,92
政府総固定資本形成	27
増価	376
増加関数	135
増加分	8
総供給	64,65
総供給曲線	311
総需要	64,66,67

総需要管理政策	100,102,104,296
総需要曲線	288,289
租税	65
租税乗数	119,120
その他の資本収支	366

タ行

短期フィリップス曲線	355
中央銀行の役割	164
中間生産物	14
中間投入額	14
超過供給	198,200,213
超過需要	198,200,213
長期フィリップス曲線	355
貯蓄	65
貯蓄関数	74
賃金率の低下	318
通貨乗数	161
ディマンド・プル・インフレーション	332
手形	370
デフレ	332
デフレーション	96,332
デフレギャップ	94,95,96,100
投機的需要	136
投機的動機	130
投資	27,66
投資関数	75
投資収益	366
投資収支	365,366
投資乗数	113,114

投資の限界効率論	81,82
投資の利子弾力性がゼロ	238,239,240,241
投入係数	44,45
投入係数行列	46
取引需要	133,134
取引動機	128,129
トレード・オフの関係	345

ハ行

ハイパー・インフレーション	336
ハイパワード・マネー	157
販路構成	38,41
非自発的失業	277,279
費用構成	38,41
フィリップス曲線	338
フェルドシュタイン	328
付加価値	12,13
不胎化政策	384
物価上昇率	342
物価版フィリップス曲線	340,342
フリードマン	347
フルコスト原理	341
フロー	32
分配面からみたGDP	25
変動相場制	381,397,400
貿易・サービス収支	365
貿易収支	91,92,365
法人税の減税	317
法定準備率操作	171
法定預金準備率	160,169

補助金	26

マ 行

マークアップ原理	341
マーシャル＝ラーナー条件	378
マーシャルのk	190
マクロ生産関数	308
摩擦的失業	280
マネーサプライ	154
マネタリスト	347
民間最終消費支出	27
民間収支	91,92
名目	29
名目賃金上昇率	338
名目賃金の下方硬直性	272,273,274

ヤ 行

有効需要の原理	60,61
輸出	27,66,79,365
輸入	27,66,79,365
要素所得	22
預金準備金総額	157
預金総額	180,181
予備的動機	129

ラ 行

ラッファー	328
利子率	245
流動性選好説	132
流動性のわな	146,209,235

労働供給	252,261
労働市場の均衡	263,276,298
労働需要	252
労働需要曲線	256
労働の限界生産力	255
労働の限界不効用	259

ワ 行

割引現在価値	139

＜執筆＞

宮本裕基（みやもと・ひろき）
　慶應義塾大学経済学部卒業，同大学大学院経営管理研究科修士課程修了。
　中高一貫の進学校での教員やシンクタンクでの経済分析研究員としての勤務等を経た後に1998年よりＬＥＣ専任講師となり，経済学，経営学を中心に様々な資格試験を目指す多くの受講生に講義，指導，サポートをしている。ＭＢＡコースを修了していることもあり，講義では抽象的で堅苦しく難しいテーマよりも，身近なわかりやすい具体例を取り入れた話題が多く出る点が特徴。

宮本裕基のスッキリわかるマクロ経済学

2007年7月5日　第1版　第1刷発行
2012年1月10日　　　　　第4刷発行

　　　　執　筆●宮本　裕基
　　　　編著者●株式会社　東京リーガルマインド
　　　　　　　　LEC総合研究所　公務員試験部

　　　　発行所●株式会社　東京リーガルマインド
　　　　　　　〒164-0001　東京都中野区中野4-11-10
　　　　　　　　　　　　　アーバンネット中野ビル
　　　　　　　　　　　　☎03(5913)5011(代　表)
　　　　　　　　　　　　☎03(5913)6336(出版部)
　　　　　　　　　　　　☎048(999)7581(書店様用受注センター)
　　　　　　振　替　00160-8-86652
　　　　　　www.lec-jp.com/

　　　　　　本文フォーマットデザイン＆カバーイラスト●デザインスタジオ　ケイム
　　　　　　カバーデザイン●エー・シープランニング　千代田　朗
　　　　　　印刷・製本●秀英堂紙工印刷株式会社

©2007 TOKYO LEGAL MIND K.K., Printed in Japan　　ISBN978-4-8449-0411-3
複製・頒布を禁じます。
本書の全部または一部を無断で複製・転載等することは，法律で認められた場合を除き，著作者及び出版者の権利侵害になりますので，その場合はあらかじめ弊社あてに許諾をお求めください。
なお，本書は個人の方々の学習目的で使用していただくために販売するものです。弊社と競合する営利目的での使用等は固くお断りいたしております。
落丁・乱丁本は，送料弊社負担にてお取替えいたします。出版部までご連絡ください。

LEC INFORMATION

LEC独自の情報満載の公務員試験サイト!
LEC公務員サイト
www.lec-jp.com/koumuin/

さらに見やすく、さらに便利に!

ここに来れば「公務員試験の知りたい」のすべてが分かる!!

公務員試験案内

講座案内

無料講座説明会

オンラインショップ

掲載情報

最新試験情報
各種の国家公務員試験はもちろん、全国各地の地方公務員試験の最新試験情報を、いち早くお知らせします。

試験DATA
各公務員試験の仕事内容や試験概要・日程など、志望先を決定するのに役立つ最新情報を提供します。

イベント情報
特別企画の説明会や官庁講演会、合格者座談会など公務員試験受験生に有益なLECのさまざまなイベントをご紹介しています。

メールマガジン
毎週金曜日に送信される「合格へのパスポート」は、試験情報や特別公開講座・講演会など各種イベント情報や講師からの学習アドバイスなどの最新の公務員試験情報をお届けします。登録は随時受付中。

講師紹介
長年にわたって公務員試験の受験指導を続けている、経験豊富なLEC講師陣から、受験生の皆様へメッセージをお伝えしています。

※実際の運用に際しては、一部変更となる場合がございます。あらかじめご了承ください。

公務員書籍のご案内

大人気！畑中敦子シリーズ

＜シリーズ第4弾＞
畑中敦子の数的処理の9回勝負！ ～畑中敦子シリーズの集大成～

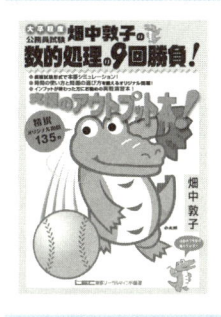

畑中敦子シリーズの集大成です。本試験で役立つテクニックを大公開しています。数的処理は全部解ければいい訳ではありません。限られた時間内で確実な得点を目指すためのテクニックを満載している一冊です。

定価：1,575円（税込）
（KD00409）

大人気！大卒程度ワニ本3部作　～これで数的処理は完璧!!～

＜シリーズ第1弾＞
畑中敦子の数的推理の大革命！

数的推理のポイントは、"いかに短時間で多くの問題を解くことができるか"ということです。本書にはそのための裏ワザやスピード解法が満載です。

定価：1,575円（税込）
（KD00197）

＜シリーズ第2弾＞
畑中敦子の判断推理の新兵器！

公務員試験でウェイトが高く、受験生が引っかかりがちな判断推理を徹底解説します。付録のCD-ROMは、例題の図形を視覚的に捉えやすい内容となっています。

定価：1,680円（税込）
（KD00198）

＜シリーズ第3弾＞
畑中敦子の資料解釈の最前線！

グラフの正確な読解と多くの計算で、膨大な時間がかかるのが資料解釈の特徴です。本書には資料解釈問題をスピード解答するためのウラ技やテクニックを満載しています。

定価：1,260円（税込）
（KD00199）

高卒程度ワニ本　～基本から数的処理を身に付けたい方向け～

畑中敦子の天下無敵の数的処理！

第1巻
判断推理・空間把握編
定価：1,470円（税込）
（KD00395）

第2巻
数的推理・資料解釈編
定価：1,470円（税込）
（KD00396）

高卒程度公務員試験の問題を60パターンに分析したうえで、講義形式で解説が書かれています。高卒程度公務員試験の数的処理対策には必携の一冊です。また、大卒程度公務員試験の数的処理対策の入門本としても最適な本です。

算数・数学を基本からやり直したい方向け

畑中敦子の算数・数学の超キホン！

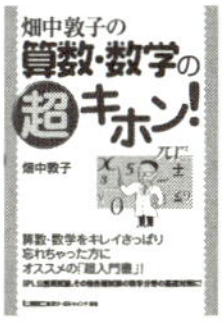

定価：1,050円（税込）
（KD00394）

算数・数学をキレイさっぱり忘れちゃった方におススメの「超入門書」です。公務員試験はもちろん、就職試験のSPIやその他各種試験の数学分野の基礎対策にも利用していただけます。

LEC Webサイト

資格最新情報や講座申込受付まで、いつでも情報満載でご案内しております。

情報盛りだくさん！

資格を選ぶときも、
講座を選ぶときも、
最新情報でサポートします！

最新情報
各試験の試験日程や法改正情報。対策講座、模擬試験の最新情報を日々更新しています。

資料請求
講座案内など無料でお届けいたします。

受講・受験相談
メールでのご質問を随時受け付けております。

よくある質問
LECのシステムから、資格試験についてまで、よくある質問をまとめました。疑問を今すぐ解決したいなら、まずチェック！

適性診断サービス（有料）
あなたのパーソナリティーの分析から、仕事・資格の適性を診断します！

充実の動画コンテンツ！

ガイダンスや講演会動画、
講義の無料試聴まで
Webで今すぐCheck！

動画視聴OK
パンフレットやWebサイトを見てもわかりづらいところを動画で説明。いつでもすぐに問題解決！

Web無料試聴
講座の第1回目を動画で無料試聴！気になる講義内容をすぐに確認できます。

LEC公式サイト www.lec-jp.com/ ▷▷▷

LECのWebサイトは最新情報だけではありません。お気軽にアクセスしてください。

自慢のメールマガジン配信中！（登録無料）

LEC講師陣が毎週配信！ 最新情報やワンポイントアドバイス、改正ポイントなど合格に必要な知識をメールにて毎週配信。

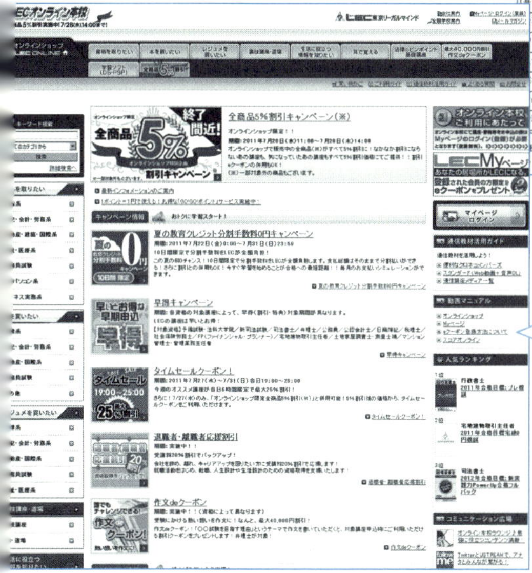

LECオンライン本校

LECで販売している通信講座・書籍・講義補助教材などいつでもご注文いただけます。さらに購入額の1%をポイント付与！

online.lec-jp.com/

LECモバイル 携帯サイト www.lec-jp.com/i/

いつも近くにLECモバイル

LECモバイルは資格情報やLEC全国学校情報や学習サポートコンテンツも充実！

一問一答サービス
携帯電話に問題を毎日配信。本試験までのペースメーカーに最適です！

モバイルメルマガ
試験情報やキャンペーン情報など毎週配信。その他「携帯小説」や「用語集」など、いつも近くにある携帯だからこそ使える学習コンテンツを順次提供中。

※資格試験によっては実施していないサービスがありますので、ご了承ください。

LECれっく全国学校案内

*講座のお問い合わせ、受講相談は最寄りのLEC各本校へ

LEC本校

■ 関東

渋谷駅前本校 ☎03(3464)5001
司法試験学院 ☎03(3464)5007
〒150-0043 東京都渋谷区道玄坂2-6-17 渋東シネタワー

池袋本校 ☎03(3984)5001
〒171-0022 東京都豊島区南池袋1-25-11 第15野萩ビル

水道橋本校 ☎03(3265)5001
〒101-0061 東京都千代田区三崎町2-2-15 Daiwa三崎町ビル

新宿エルタワー本校 ☎03(5325)6001
〒163-1518 東京都新宿区西新宿1-6-1 新宿エルタワー

新宿西口本校 ☎03(5325)6001
〒160-0023 東京都新宿区西新宿7-10-1 新宿第2アオイビル
※新宿西口本校へのお問い合わせ等は、新宿エルタワー本校にて承っております。

高田馬場本校 ☎03(6861)5001
〒169-0075 東京都新宿区高田馬場2-14-17 高田馬場宮田ビル

早稲田本校 ☎03(5155)5501
〒162-0045 東京都新宿区馬場下町62 三朝庵ビル

中野本校 ☎0570(064)464
〒164-0001 東京都中野区中野4-11-10 アーバンネット中野ビル

立川本校 ☎042(524)5001
〒190-0012 東京都立川市曙町1-14-13 立川MKビル

蒲田本校 ☎03(5744)5331
〒144-0051 東京都大田区西蒲田8-20-8 アゼル3号館

町田本校 ☎042(709)0581
〒194-0013 東京都町田市原町田4-5-8 REGALOビル

八王子本校 ☎042(631)1911
〒192-0082 東京都八王子市東町2-12 京王八王子東町ビル

上野本校 ☎03(3834)6611
〒110-0015 東京都台東区東上野3-37-9 かみちビル

浅草本校 ☎03(5827)0561
〒111-0032 東京都台東区浅草1-10-2 YS-1ビル

錦糸町本校 ☎03(5638)0411
〒130-0022 東京都墨田区江東橋4-11-5 東亜ビル

西葛西本校 ☎03(5878)3661
〒134-0088 東京都江戸川区西葛西6-16-7 西葛西駅前三某ビル

北千住本校 ☎03(5284)2601
〒120-0036 東京都足立区千住仲町19-6 和光ビル

竹ノ塚本校 ☎03(5831)2161
〒121-0813 東京都足立区竹ノ塚1-27-1 タケoビル

新橋本校 ☎03(5510)9611
〒105-0004 東京都港区新橋2-14-4 マルイト新橋レンガ通りビル

大宮本校 ☎03(3984)5001
〒330-0802 埼玉県さいたま市大宮区宮町1-24 大宮GSビル
※大宮本校へのお問い合わせ等は、池袋本校にて承っております。

川口本校 ☎048(224)9811
〒332-0012 埼玉県川口市本町4-1-6 第一ビル

南越谷本校 ☎048(961)1811
〒343-0845 埼玉県越谷市南越谷1-12-11 イーストサンビル2

所沢本校 ☎04(2929)4511
〒359-1124 埼玉県所沢市東住吉9-5 ARAIビル

横浜本校 ☎045(461)5001
〒220-0011 神奈川県横浜市西区高島2-19-12 スカイビル

横浜西口本校 ☎045(311)5001
〒220-0004 神奈川県横浜市西区北幸2-6-1 横浜APビル

日吉本校 ☎045(286)5001
〒223-0062 神奈川県横浜市港北区日吉本町1-22-10 日吉駅前ビル

川崎本校 ☎044(211)3831
〒210-0006 神奈川県川崎市川崎区砂子2-5-11 りそな川崎ビル

藤沢本校 ☎0466(55)205
〒251-0055 神奈川県藤沢市南藤沢21-7 平野ビル

横須賀本校 ☎046(828)641
〒238-0006 神奈川県横須賀市日の出町1-2-2 明香ビル

千葉本校 ☎043(222)500
〒260-0015 千葉県千葉市中央区富士見2-3-1 塚本千葉ビル

柏本校 ☎04(7142)271
〒227-0852 千葉県柏市旭町1-6-4 島田ビル

船橋本校 ☎047(433)721
〒273-0011 千葉県船橋市湊町2-11-3 ASビル

水戸本校 ☎029(302)501
〒310-0803 茨城県水戸市城南2-8-38 常磐第一ビル

高崎本校 ☎027(330)517
〒370-0831 群馬県高崎市あら町67-1 高崎あら町センタービル

宇都宮本校 ☎028(650)141
〒320-0811 栃木県宇都宮市大通り4-2-10 宇都宮駅前ビル

■ 甲信越・北陸

甲府本校 ☎055(221)851
〒400-0858 山梨県甲府市相生1-1-1 M-1ビル

長野本校 ☎026(238)351
〒380-0821 長野県長野市大字鶴賀上千歳町1137-23 長野1137ビル

新潟本校 ☎025(240)778
〒950-0901 新潟県新潟市中央区弁天3-2-20 弁天501ビル

富山本校 ☎076(443)581
〒930-0002 富山県富山市新富町2-4-25 カーニープレイス富山

金沢増泉本校 ☎076(247)261
〒921-8025 石川県金沢市増泉2-7-16 グリーンヒルズビル

■ 北海道・東北

札幌本校 ☎011(210)500
〒060-0004 北海道札幌市中央区北4条西5-1 アスティ45ビル

旭川本校 ☎0166(29)621
〒070-0035 北海道旭川市5条通9丁目 ロイヤルビル

青森本校 ☎017(721)803
〒030-0823 青森県青森市橋本2-19-21 バランテックビル

仙台本校 ☎022(380)700
〒980-0021 宮城県仙台市青葉区中央3-4-18

■ 東海・中部

静岡本校 ☎054(255)500
〒420-0857 静岡県静岡市葵区御幸町3-21 ペガサート

浜松本校 ☎053(451)541
〒430-0944 静岡県浜松市中区田町230-17 田町ファーストビル

名古屋駅前本校 ☎052(586)500
〒450-0002 愛知県名古屋市中村区名駅3-26-8 名古屋駅前桜通ビル

岡崎本校 ☎0564(25)701
〒444-0059 愛知県岡崎市康生通西3-5 森岡崎ビル

岐阜本校 ☎058(265)277
〒500-8847 岐阜県岐阜市金宝町1-1 UTビル

四日市本校 ☎059(350)840
〒510-0067 三重県四日市市浜田町12-16 ネットプラザ四日市本校

■ 関西

京都駅前本校 ☎075(353)953
〒600-8216 京都府京都市下京区東洞院通七条下ル東塩小路町680-2 木村食品ビル

大津駅前本校 ☎077(510)291
〒520-0051 滋賀県大津市梅林2-1-28 アクティ大津

携帯電話からはかんたんアクセス！
LEC公式サイト www.lec-jp.com/　【携帯サイト】www.lec-jp.com/i/　（バーコード対応機種のみ）

全国学校案内へ！

田駅前本校　☎06(6374)5001
530-0013 大阪府大阪市北区茶屋町1-27　ABC-MART梅田ビル

梅田本校　☎06(6374)5001
530-0012 大阪府大阪市北区芝田2-9-20 学園ビル
※梅田本校へのお問い合わせ等は、梅田駅前本校にて承っております。

天王寺北校　☎06(6772)1051
543-0062 大阪府大阪市天王寺区逢阪2-3-2　リンクハウス天王寺ビル

難波駅前本校　☎06(6646)6911
542-0076 大阪府大阪市中央区難波4-7-14　難波阪神ビル

神戸本校　☎078(325)0511
650-0021 兵庫県神戸市中央区三宮町1-1-2　三宮セントラルビル

尼崎本校　☎06(6491)4311
661-0976 兵庫県尼崎市潮江1-20-1　アミング潮江20-1号棟

姫路本校　☎079(287)2351
670-0935 兵庫県姫路市北条口2-7　カーニープレイス姫路第二ビル

奈良大宮本校　☎0742(30)5701
630-8115 奈良県奈良市大宮町4-266-1　三和大宮ビル

■中国・四国

岡山本校　☎086(227)5001
700-0024 岡山県岡山市駅元町1-6　岡山フコク生命駅前ビル

広島本校　☎082(511)7001
730-0011 広島県広島市中区基町11-13　広島第一生命ビルディング

山口本校　☎083(921)8911
753-0814 山口県山口市吉敷下東 3-4-7　リアライズⅢ

松山本校　☎089(947)7011
790-0012 愛媛県松山市湊町3-4-6　松山銀天街GET！

高松本校　☎087(851)3411
760-0023 香川県高松市寿町2-4-20　高松センタービル

徳島本校　☎088(612)0781
770-0832 徳島県徳島市寺島本町東3-12-8　K1ビル

高知県庁前本校　☎088(820)5131
780-0870 高知県高知市本町5-6-35　つちはしビル

■九州・沖縄

福岡本校　☎092(715)5001
810-0001 福岡県福岡市中央区天神1-10-13　天神MMTビル

北九州本校　☎093(533)3661
802-0001 福岡県北九州市小倉北区浅野2-7-22　小倉興産19号館

熊本本校　☎096(355)5001
860-0804 熊本県熊本市辛島町6-7　辛島第一ビルディング

大分本校　☎097(540)5801
870-0021 大分県大分市府内町1-4-16　河電ビル

長崎本校　☎095(832)4311
850-0036 長崎県長崎市五島町3-3　プレジデント長崎

宮崎本校　☎0985(35)7311
880-0001 宮崎県宮崎市橘通西2-4-20　アクア宮崎ビル

鹿児島本校　☎099(812)8211
890-0053 鹿児島県鹿児島市中央町3-36　西serviceMNビル

那覇本校　☎098(867)5001
902-0067 沖縄県那覇市安里2-9-10　丸姫産業第2ビル

| LEC提携校 | ※所在地はLEC本校と実施講座およびサービスが異なります。 |

〈提携校名〉　〈提携先〉

北海道―北見駅前校【提携校】　志学会

青森―八戸中央校【提携校】　新教育センター

福島―郡山並木校【提携校】　㈱エイム

群馬―群馬玉村校【提携校】　早稲田進学スクール

千葉―京成佐倉駅前校【提携校】　光英塾

〈提携校名〉　〈提携先〉

埼玉
熊谷筑波校【提携校】　ケイシン
深谷駅前校【提携校】　ケイシン
東松山駅前校【提携校】　ケイシン
北浦和駅東口校【提携校】　WIN&WINセミナー

東京―東京駅八重洲口校【提携校】　グランデスク

山梨―甲府中央校【提携校】（旧LEC甲府校）　山梨情報専門学校

石川―金沢駅西校【提携校】　㈱ヒューマン・デザイン

福井―福井南校【提携校】　㈱ヒューマン・デザイン

静岡
三島駅前校【提携校】　M-netパソコンスクール
沼津駅前校【提携校】　M-netパソコンスクール
浜松小豆餅校【提携校】　A-GOOD ITスクール

三重―四日市富田駅前校【提携校】　教育サプライ

滋賀―滋賀草津駅前校【提携校】　パソコンスクールビット

和歌山―和歌山駅前校【提携校】　KEG

島根
松江殿町校【提携校】　山路イングリッシュスクール
松江北陵校【提携校】　アイム教育事業部

山口
岩国駅前校【提携校】　英光学院
山口大学前校【提携校】　GESプレップスクール
宇部琴芝校【提携校】　GESプレップスクール
防府駅前校【提携校】　慶應英数学院

香川―高松兵庫町校【提携校】　トータル教育桜咲く

愛媛―新居浜駅前校【提携校】（旧新居浜中萩）　㈲プラネット

高知―高知駅前校【提携校】　アールシステム㈱

福岡―北九州小倉砂津校【提携校】　GESプレップスクール

長崎
佐世保駅前校【提携校】　㈱智翔館
浦上駅前校【提携校】　㈱智翔館

沖縄―沖縄プラザハウス校【提携校】　共学琉大セミナー

※上記の所在地は2011年12月1日現在のものです。

お問い合わせ窓口

書籍・講座・資料のお問い合わせ・お申し込み

○ **LECコールセンター** （お申し込みは書籍・通信講座のみ）

☎ 0570-064-464

受付時間　月〜金 11:00〜20:00　土・祝 10:00〜19:00　日 10:00〜18:00

知りたい！
聞きたい！

※このナビダイヤルは通話料お客様のご負担となります。
※固定電話・携帯電話共通（PHS・IP電話からはご利用できません）。
※書店様のご注文・お問い合わせは、下記の受注センターで承ります。

○ **オンライン本校** （お申し込みは書籍・通信講座のみ）

online.lec-jp.com/

【携帯サイト】www.lec-jp.com/i/
＊iモード・EZweb・Yahoo!ケータイ対応

携帯電話からはかんたんアクセス！
（バーコード対応機種のみ）

○ **最寄りのLEC各本校**
LEC全国学校案内をご覧ください。

書店様の書籍のご注文

○ 受注センター　**☎ 048-999-7581**
　　　　　　　　　Fax 048-999-7591

受付時間　月〜金　9:00〜17:00
　　　　　土・日・祝　休み

書籍の内容に関するお問い合わせ

内容に関するご質問は受け付けておりません。
誤字・誤植等についてはLECオンライン本校に掲載の訂正情報をご覧いただくか、Webサイト内「お問合せ」「よくある質問」の各種フォームよりお問い合せください。

オンライン本校（トップページ）　online.lec-jp.com
＊「本を買いたい」から「LEC書籍の訂正情報」でご確認ください。

※LECの講座は全国有名書店・大学生協・購買部にて受付しております。具体的な店舗についてはコールセンターへお問い合わせください。

無料体験入学・無料試聴制度

★ あなたもLECの講義を体験してみませんか？

LECは講義に自信があります。お申し込みを迷っている方は、講義の第1回目を試しにWebで受講していただけます。

| お問い合わせ お申し込み | 無料試聴……インターネットで▶www.lec-jp.com/　携帯サイト（LECモバイル）で▶www.lec-jp.com/i/ |

※講座によって無料体験入学・無料試聴の対象とはならないものもあります。事前にお問い合わせください。

LEC取扱試験種一覧

■**法律系**　法科大学院／司法試験／司法書士／行政書士／弁理士／法務事務職（パラリーガル）／ビジネス著作権検定／知的財産管理技能検定／ビジネス実務法務検定試験／米国司法試験対策／ビジネスコンプライアンス検定

■**公務員系**　国家総合職・一般職／外務専門職員／国税専門官／財務専門官／労働基準監督官／裁判所事務官／家庭裁判所調査官補／心理・福祉公務員／警察官・消防官／教員採用試験／経験者採用試験／保育士採用試験

■**会計・金融系**　公認会計士／税理士／日商簿記／全経簿記能力検定／証券アナリスト／ビジネス会計検定試験／建設業経理士／貸金業務取扱主任者／FP（ファイナンシャル・プランナー）

■**コンサルタント系**　中小企業診断士／社会保険労務士／証券外務員／年金アドバイザー

■**労務系**　衛生管理者試験／運行管理者／危険物取扱者

■**不動産系**　宅地建物取引主任者／不動産鑑定士／マンション管理士／管理業務主任者／土地家屋調査士／測量士補

■**IT系**　ITパスポート

■**医療福祉系**　登録販売者／保育士／診療報酬請求事務能力認定試験／福祉住環境コーディネーター

■**その他**　通関士／販売士検定／秘書検定／ビジネス実務マナー検定／サービス接遇検定／TOEIC

LECグループ

■**人材開発・キャリア開発サポート　企業研修**
企業内での集合研修やeラーニング・通信教育の企画提案・提供
partner.lec-jp.com/

■**子育て支援**
株式会社プロケア
保育所「ちゃいれっく」の経営や、学童クラブ・児童館・一時預かり保育施設の受託運営
www.procare.co.jp/

■**事務所作りをトータルサポート　株式会社輪法**
合格後の独立開業をバックアップ
☎03-5913-5801

■**専門士業のワンストップサービス　士業法人グループ**
新たな士業ネットワーク構築と、独立支援・実務能力の養成をめざす
社会保険労務士法人LEC（エル・イー・シー）
sharoushi-houjin.lec-jp.com/
司法書士法人法思　homepage3.nifty.com/mat-shiho/
税理士法人LEC（エル・イー・シー）
弁護士法人LEC（エル・イー・シー）

人材サービス

■**プロキャリア事業部**
資格や学習知識を活かした就・転職をサポート
東京オフィス・横浜オフィス・名古屋オフィス・大阪オフィス
☎ 0120-923-067
www.procareer.co.jp/